警察法若干问题研究

师　维　著

中国人民公安大学出版社
·北　京·

图书在版编目（CIP）数据

警察法若干问题研究/师维著. —北京：中国人民公安大学出版社，2012. 9
ISBN 978 - 7 - 5653 - 0999 - 1

Ⅰ. ①警… Ⅱ. ①师… Ⅲ. ①警察法—研究—中国 Ⅳ. ①D922. 144

中国版本图书馆 CIP 数据核字（2012）第 218631 号

警察法若干问题研究

师 维 著

出版发行：中国人民公安大学出版社
地　　址：北京市西城区木樨地南里
邮政编码：100038
印　　刷：北京泰锐印刷有限责任公司

版　　次：2012 年 9 月第 1 版
印　　次：2012 年 9 月第 1 次
印　　张：14. 75
开　　本：787 毫米 ×1092 毫米 1/16
字　　数：310 千字

书　　号：ISBN 978 - 7 - 5653 - 0999 - 1
定　　价：42. 00 元

网　　址：www. cppsup. com. cn　　www. porclub. com. cn
电子邮箱：zbs@ cppsup. com　　zbs@ cppsu. edu. cn

营销中心电话：010 - 83903254
读者服务部电话（门市）：010 - 83903257
警官读者俱乐部电话（网购、邮购）：010 - 83903253
公安业务分社电话：010 - 83905672

当前我国警察法研究思路梳理与反思（代序）

根据第二十次全国公安会议精神，当前我国公安机关在法制工作方面的奋斗目标是：执法为民思想牢固树立，执法工作更加规范，执法质量显著提高，公安法规体系基本完善，执法监督机制健全有效，切实做到严格、公正、文明执法。这一奋斗目标对于加强公安法制建设、繁荣警察法学理论研究有着重大的意义。

警察法是法学领域亟待开拓、深入研究的基础性学科，是我国公安法制建设的重要内容。基于对中国传统警察法的考察研究，以纵向归纳和横向比较的两维视角，我们应以着力构建我国警察法的理论研究体系，提出建立完善我国警察法体系的构想为重点开展下一步的研究。同时，研究成果也应为我国警察法的实践提出若干发展性建议。

20 世纪三四十年代，基于警察在社会生活中的重要地位，使得警察法的研究较为发达，涌现出余秀豪的《现代警察行政》和《警察学大纲》、郑中楷的《现代警察之理论与实践》和《警察法总论》、酆裕坤的《现代警察研究》，直到范扬先生集大成于“大学丛书”《警察行政法》等一系列优秀的警察法学的著述。昔时警察法的研究，在探索中发展，富有成就的学者大多有国外学习的背景，在研究成果上也体现出了对国外警察法研究成果的传承与借鉴。

中华人民共和国成立后，面临复杂的治安形势，警察立法渐进发达，警察法的实践在公安实践中也凸显出重要地位。但警察法的研究工作在整个法学研究薄弱的情况下，明显欠发达。20 世纪 80 年代以前，鲜有警察法的专门著述。而在我国台湾地区，李震山、邱华君等先生为代表的研究群体对警察法的研究如火如荼，我国台湾地区警察法研究的繁荣恰恰与警察学、行政法学等相关学科的繁荣密切相关。1987 年，在中国人民公安大学戴文殿、吴杰等先生的主持下，大陆地区有了关于警察法研究的著作——《公安法规教程》，这部带有教材性质的著作，是老一代警察法学者辛勤耕耘的成果，也大致反映出了当时背景下公安法制建设的状况。这部著作的贡献还在于培养了一批警察法的学者，在以后的一个时期，这些学者在这部著作的基础上贡献出了大批的研究成果。依此线路进行的警察法的研究工作，致力于将警察法作为一个部门法来进行打造，刻意于将警察法与行政法、刑事法等部门法相区别，将警察法体系构架为公安组织法、公安行政法和公安刑事法三个部分。与此同时，从学术研究机构到公安实践部门也都在对警察法研究进行着积极的探索，如河南省公安厅于1988年成立了全国第一个警察法学研究会，并出版了《警察法学》专著等。中国的警察法研究开始步入一个渐进繁荣的时期。

20世纪90年代中期，我国大陆地区的警察法研究线路开始了明显的变化。随着行政法学研究的深入，大批境外行政法学研究成果被引介进来。其中，比较有代表性的有日本行政法学家室井力先生的《日本现代行政法》等。应当说，这一时期，以德国、日本、法国行政法为代表将警察法作为行政法的部门法研究的线路在国内备受关注。20世纪80年代兴起的警察法研究线路开始受到质疑，原有的警察法的学科体系被打破。一批优秀学者从行政法的角度，乃至宪法的角度展开了对警察法的研究，其中，余凌云教授所著《警察行政权力的规范与救济——警察行政法若干前沿性问题研究》一书是集中代表。

在国外，警察法研究已经有了不少成就。追溯历史，从英国大宪章规定“人们不得因为轻罪而受重罚”，到19世纪~20世纪德国警察行政法的理论研究和实践探索，再到日本、法国法学家对警察法的很多精辟论述，直至今天世界各国学者对警察法的持续研究和新一轮警务革命的高潮迭起，应当说，有大量的成果值得我们整理、反思、学习与借鉴。

通过对警察法历史发展与现状的梳理，我们逐渐认识到，虽然中国警察法一直在本土法文化与西方法文化的不断碰撞中向前发展，直至今天，这种发展仍未停止，并取得了一些重要成就，但是，我们也必须看到，当代中国的警察法研究仍然存在很多问题。具体地讲，包括以下几个方面：

第一，研究群体单薄。自20世纪80年代始，与传统警察法的研究同步，中国的警察学研究也开始进入了一个繁荣时期，但遗憾的是，警察法的研究群体尚未形成，势单力薄。这种现状直至2010年中国警察法学研究会的成立才逐步改变。

第二，研究内容缺乏与时俱进。在警察法研究的内容上，新起步的警察学的研究成果也没能很好地融入到警察法学研究之中，并成为警察法研究的基础。很多在警察法实践中的热点、难点问题没有及时在警察法的理论研究成果中体现出来。

第三，研究方法解决问题乏力。自20世纪90年代以来，以行政法学的视角和研究方法展开的警察法研究，应当说是值得肯定的，但遗憾的是，仍没能将警察学的基本理论问题引入到警察法的研究之中，警察法的研究不能在有效地把握警察发展规律的基础上展开。特别是在中国警察发展变革时期，这种研究方法并不能有效地解决中国警察法律制度实践（从立法到执法）存在的问题。

第四，注释法学研究是主流。在传统警察法研究领域，程度不同地存在着一些短视性的研究现象，甚至说，纯粹注释法学研究现象一度盛行。理论研究跟在立法身后，亦步亦趋，步步注解。昨天出台一部《公安机关人民警察内务条令》，很多人就围绕该条令著书立说，阐述看法。今天出台一部《中华人民共和国治安管理处罚法》，又有很多人围绕该法发表论文，进行注解和评析。此种现象，不一而足。这种现象严重阻碍了警察法学研究的长远发展。真正的理论研究应当具有一定的系统性和前瞻性，应当既立足于法治实践，又对实践具有一定的引导作用。因此，这样一种研究现状必须改变。

第五，理论研究泛化。这是在传统警察法研究领域存在的一种不良研究现象。很多传统警察法学的基本问题研究仅仅停留在表面，研究深度和力度不够。近年来对于集会游行示威法领域的研究就是典型。围绕集会游行示威的宪法、行政法归属、时间和地点问题研究等内容，一直欠缺有重大理论价值的力作问世，甚至很多人不屑于对这些问题的研究。这种状况与我国台湾地区和国外相关领域的研究相比，已经明显滞后，如果不引起足够的重视，将严重影响到警察法整体研究水平的提高。

第六，跨法域比较研究鲜有。虽然近代以来中国警察法的发展从来没有脱离过西风东渐的影响，但我们也注意到，我国警察法学者对很多国外相关领域的横向研究仍然有很多空白需要补足，如德萨米《公有法典》中警察法的思想、亚当·斯密的警察思想等。无论是对这些思想本身的研究还是如何对这些思想实现中国本土化的研究，都鲜有人进行系统而深入的思考。

我们认为，中国的警察法研究应当立足于中国的警察实践，在探索中国的警察发展规律的基础上，以警察学研究成果和法学研究成果的有机结合为切入点，展开对中国警察法的研究，从而构建符合中国国情的警察法体系。应当说，这样一种研究思路既有对近年来警察法研究思路的传承，又有研究视角的鲜明区别。这也正是我们下一步努力研究的创新点之一。

按照这样的思路，我们虽然将警察法研究首先定位为法学的子范畴，但并不忽视警察学研究在其中的基础性地位。否则，警察法的研究就成了无本之木，许多重大理论和实践问题将无法解决，我们就有可能回到水是水、鱼是鱼，鱼水分离的研究老路上去。我们认为，警察的含义，直接关乎着警察法的体系构建与警察执法的正当性；警察权的界定，直接涉及立法价值的选择和执法者执法意识的养成；警察规律的探索，才可能使警察法凸显出现实性和实践的可能性，并适时创新；警察意识体系的构建与发展又是警察立法导向与警察执法环境建设的基础。事实上，近代以来，对中国警察法研究影响深远的大陆法系法学家们的研究中，也一直没有忽视从警察发展规律和警察社会现象的角度作为切入点，展开警察法的研究。例如，日本行政法学家室井力先生在其《日本现代行政法》一书中，就是从分析传统警察概念与警察种类、警察目的、警察手段等问题入手，将警察法放在宪法、行政法的大框架下展开研究的。遗憾的是，这种研究思路在当代中国的警察法研究中遭遇了研究断层，没有继续下去（当然，这种研究思路没有继续下去的原因是复杂的）。现在对历史进行反思，我们认为，有必要对这样一种研究思路重新进行审视并给予足够的关注。当然，我们在研究中还必须思考，如何在进行学科体系重构和理论创新的同时，结合时代特色，走真正的本土化之路，构建地地道道的中国警察法体系，并以此为基础解决中国公安工作的实践问题，实现理论与实践的有机结合与良性互动。令人欣慰的是，在 2011 年中国警察法学会年会上，警察法学作为法学与公安学（警察学）下属的二级交叉学科的研究定位得到了大部分与会代表的认同，警察法研究正在出现研究进路和研究方法的新的转型。

以上梳理与反思，代为序。

师　维

二〇一二年八月

目　　录

第一章　从元点谈起：关于警察法的几个基本理论问题

第一节　警　察

我国通说认为，“警察”一词作为近代警察制度的产物，在我国是一个外来词，与近代警察制度在我国确立之前的“警察”的含义并不一致。但是，笔者认为，境外警察制度被引进中国并让其生根予以培养时，选定“警察”作为制度的名字，就已经说明中外“警察”在语词和制度上的内在相近性甚至一致性，以及分析可比性。

一、我国古代的“警察”源流

笔者曾经详细考证研究了我国古代的“警察”源流，“警察”的内涵随着社会的发展不断演变。最初，“警察”二字是分开使用的。“警”和“察”结合示意，最早出自《汉书·卷六十三·武五子传第三十三》：“密令警察不欲宣漏也。”① 在我国古代的历史文献中，找到的“警”和“察”结合示意的内容不是很多，主要从宋代开始。《宋史·蔡挺传》有“警”和“察”连用的记载：“河北多盗，精择诸郡守，以挺知博州。申饬属县严保伍，得居停奸盗者数人，弛其宿负，补为吏，使之察警，盗每发辄得。”②

二、国外古代的“警察”源流

关于国外古代的“警察”源流，通说的主要内容是：“警察”一词源于希腊语“Politcia”与拉丁语“Politia”。其希腊语意是城邦，是指一般国家政务，即

---

① 师维：《我国实定法上的警察含义——兼议我国〈人民警察法〉的修改》，载《河南公安高等专科学校学报》2008 年第 3 期。

② 我国古代“警察”源流的详细考证研究，参见张超：《警察权原论》，武汉大学 2008 届法学博士学位论文。

城邦的组织与管理，包含有政治、宗教等广泛内容。官员皆有义务负有警察责任，因为官员的主要任务是保证国家的安全，有权基于公共秩序、安全、道德与福利等共同利益管理城邦事务。“Police”后被描述为一个由男女成员组成，亦运用强制手段使每个人服从法律、抓捕罪犯、保护人身和财产的正式团体。到了中世纪，政治与宗教分离，“Police”一词延伸为国家或城市的意思，包括所有影响城邦居民的事物。大约在14世纪传入德国，被赋予良好秩序的含义，表示有秩序而幸福的社会。当时，该词的使用，是指国家的整个政策，不限于警察方面，仍然是广义的警察。随着近现代国家职能的不断扩展，各种国家的作用不断细分，诸如外交、国防、财政等从上述警察意义中分出而独立。只因当时国家对人民的生活干涉过甚，而这种干涉又常常由警察来完成，于是良好的秩序就演变成此时的内务行政的意思。在18世纪~19世纪的自由资本主义时期，刚刚挣脱了封建专制桎梏的资本主义生产关系，完成了从“身份”到“契约”的转变。人们笃信自由竞争、自动调节、自由放任的经济原则，要求经济完全按照市场自身的规律自由发展，反对国家以任何形式干预经济。正如古典政治经济学始祖亚当·斯密所言，在市场的自发秩序下，政府不应过多地干预经济，而应当由市场这只看不见的手指引着去实现公共利益。① 于是，政府甘居幕后，扮演“警察”的角色，担当起社会的“守夜人”，行政的职能集中于“秩序行政”，即保障国家的安定、社会的安宁，确保人民的权利（私有财产权）和自由（契约自由）。行政法理念是适应当时社会的经济发展状况的。总的来说，自由资本主义时期的行政法理念集中于“权力行政”，即“警察行政”。正如路易·亨金所言：“宪法告诉政府不要做什么，而不是它必须做什么。宪法制定者认为，政府的目的是充当警察和卫士，而不是提供衣食住行。”② 人们深信“最好的政府，最少的管理”。这一时期政府的任务在于（1）保护国土，不受邻国侵犯；（2）在国内维持正义，安定秩序，使富人财产不受侵犯；（3）举办私人所不愿办之事业。公共行政被局限于国防、外交、警察、税收等以“权力行政”为特征的狭小范围。正因为如此，在被誉为“行政法母国”的法国，19世纪70年代以前，行政法都是以“公共权力学说”为其基本理念。③

在我国的警察类书籍中的研究结果认为，17世纪~18世纪，是西方国家政

---

① ［英］亚当·斯密：《国民财富的性质和原因的研究》（即《国富论》），郭大力、王亚南译，商务印书馆1974年版，第27页。

② 杨小君：《二十世纪西方国家行政权的扩张》，载《法律科学——西北政法学院学报》1986年第2期。

③ 林莉红、胡劲松：《论行政法的演变及其发展》，载《湘潭大学学报（哲学社会科学版）》1999年第1期。

府普遍利用警察权力来实现国家目的的时期，由于警察负有积极履行国家目的的任务，警察权力不受限制，因此警察权仍很广泛，基本涵盖了人们生活的各个方面。学者把这一时期称为“警察国家时代”，即指不受任何法律约束，直接凭借警察力量维持政治统治的国家时代。

如果对这两种描述只做简单的理解，就容易认为，警察书籍所述观点，和当时西方处于自由资本主义时期的公认基本历史事实和经济基础决定上层建筑的基本原理进行对比分析时，出现难以解释的冲突。笔者认为，虽然在警察书籍中从警察及其权力行使的角度所作的描述，与行政法学界的前述主流观点及其考证相比，是有明显区别的，但二者具有适应性，是相互结合的。因为，前述分别起名为“警察行政”和“警察国家时代”的社会基础和动因已经表明，这两个名称中的“警察”的含义是不同的，取自于警察含义的两个方面，前者是警务为经济提供公共服务的特点，后者是警务为统治者提供政治服务的特点。两个特点体现出的是两个方面，一个是经济干预，另一个是国家秩序管理。经济干预和国家秩序管理是两个紧密相关、相互依存的领域，但是，在二者的运行规律、具体治理要求和手段上具有明显的相对独立性。而且，随着自由资本主义的发展，对国家干预的影响逐渐加大。①

三、近代以来的“警察”

警察在不同的历史时期和不同的地域，具有不同的含义，这是警察作为一个概念，其含义自然而然具有的时空场域特征。

近代警察学研究中，对警察的含义基于不同的研究角度，有着不同的理解。主要有三个角度的理解与使用：

从承载主体的角度讲，警察是依法维护国家安全和管理社会治安的行政组织、人员，或者包括组织及其人员。即组织意义上的警察。当然，警察外延为组织载体的范围，在认识上及其具体的使用中是有明显差别的。例如，被称为欧美社区警务战略之父的英国警察学家约翰·安德逊，在其代表作《警务论》中提出了广义警察定义，又叫警察的哲学性定义。②

从行为及其运行的角度讲，警察是在国家统治和社会治理中，运用各种手段维护国家安全与社会治安秩序的行为。

---

① 关于国外古代“警察”源流的更多梳理，参见张超：《警察权原论》，武汉大学2008届法学博士学位论文。

② 王大伟主编：《欧美警察科学原理——世界警务革命向何处去》，中国人民公安大学出版社2007年版，第34页。王大伟比较全面地梳理了国内外学者在语言学上关于警察含义的认识，参见该书第30~38页。

从功能和作用的角度讲，警察是以依法维护治安秩序、维护公共安全、防止一切危害、促进人民福祉为目的，以强制、指导、服务为手段的行政作用。包括了警察的消极行政作用、积极行政作用和协助诸般行政作用。所谓警察的消极行政作用，是指统治者为了实现统治秩序，以限制人的自由的方式实施的行政作用；所谓积极行政作用，是指警察不仅仅体现出限制人的自由消极行政作用，还具有促进社会福利发展的行政作用；所谓协助诸般行政作用，是指警察行政作用作为国家行政的一部分，应协助其他行政作用的实现。①

近代以来，法治成为世界主要国家之治国方略，我国确立法治国家的根本治国方略已逾十年。法治国家中的警察，依法建警、依法治警是根本原则，警察的含义是通过警察法及其实施表现出来的。警察是一个应运而生的事物，产生、存在和发展基础是其应当具有的属性所决定的可供释放的功能及其可以实现的价值。所以，警察是围绕国家安全和社会治安这一基本内涵和外延确定但具有开放性的动态概念，随着经济建设、社会发展和国家法治建设的进步，警察的内涵和外延会有所变动。因此，从立法层面讲，警察含义的表述，往往是与警察承担的职能和追求的目标分不开的，更明确的表述首先是确立警察的性质。

四、“公安”与“警察”

警察作为一个特定领域的通用名称，已经得到公认。在我国，也是如此，公安只是警察的一个组成部分。

进行概念对比分析，首先需要建立对比分析的基础，然后分析二者的关系。建立对比分析的基础，主要是明确相同的分析视角和层面，交错的部分是二者之间的区别，如有必要则进行差异分析；交叉重合的部分是对二者关系进行对比分析的主要领域。

前文已述近代警察学研究中对“警察”的含义，主要有三个角度的理解与使用：一是从承载主体的角度，即组织意义上；二是从行为及其运行的角度；三是从功能和作用的角度。

根据我国公安学研究中使用“公安”的情况，② 从言辞学上看，对“公安”的理解和使用包括了上述三个角度，可以作为分析的基础。而每一个角度都有其联系和区别。一是从承载主体的角度，“公安”的外延是“警察”外延的一部

① 毛志斌主编：《警察法》，河南人民出版社2005年版，第5~7页。

② “公安学”，也可以使用“警察学”。因为在我国理论界曾出现明显的概念之争，老一辈学者倾向于“公安学”，年轻学者则倾向于“警察学”。概念来源于实践，是理论建构的基础，决定理论研究和指导实践，但是，与实践有明显隔阂的概念之争，其争论的意义是很有限的。

分，二者是种属关系。二是从行为及其运行的角度，“公安”包括了行为运行的追求目标和结果，而且是公安概念含义的重心所在；“警察”含义的重心在行为本身及其追求目标和结果的过程。三是从功能和作用的角度，“公安”包括了功用的效能及其实现，也是公安概念含义的重心所在；“警察”含义的重心是为效能的实现和提高创造条件奠定基础，使其自然而然地产生。①

从语词意义和实践两个层面上讲，不同国家不同时期的公安都是警察，只是表达的侧重点不同，公安是侧重于管理秩序或者追求管理目标的角度使用的名称，警察是侧重于管理行为或者管理过程的使用的名称。但是，在实践层面和从组织意义上讲，二者在不同的国家和地区，在不同的时期，具有不同的地位和组织设置，公安可能是警察的内部一个组成部分的名称，或者是警察的代名词，或者这两个词都在使用、指代不同的组织。包括我国在内，世界上有少数国家有“公安”的称呼，国际上一般统称“警察”。

“公安”溯本求源，最早见之于北美英属殖民地的莱斯勒起义。② 无产阶级革命使用“公安”称谓最早出现于巴黎公社时期。1871 年，巴黎公社设立了公安委员会。它的任务是负责共和国的安全和监视任何形迹可疑的公民，“行使普遍警察制的职权”。“要使警察、军队、官吏同全民的武装融为一体。”③

“公安委员会是指为了从根本上免除危险、威胁伤害和风险攻击，从一个较大团体中选举出一组人，专职或兼职担负特别责任或有关工作。公安委员会的‘公安’含义指一般性、本质性、全面性的安全。公安委员会的实际情况与‘公安’的含义比较吻合。社会处于快速剧烈的系统变革时期时，变革的推行者似乎比较热衷于把‘公安’称谓与强制暴力维护阶级统治，以及提供公众治安服务联系起来。”④

中华人民共和国成立后，人民公安体制的建立，并没有使“警察”的称谓成为历史，新中国成立初期，公安的领章上就是“人民警察”四个字，突出的是政治含义上的人民性，也是作为与近代警察相区别的主要标志。

全国人大常委会 1957 年制定了《人民警察条例》和 1995 年制定了《人民警察法》，在立法中都包含了警察的含义。而立法中的警察含义，一般都包含了作为警察力量、警察行为和警察行政作用等方面的含义。在不同时期的立法中，

---

① 关于“警察”与“公安”之间的一些比较分析现状，参见王大伟主编：《欧美警察科学原理——世界警务革命向何处去》，中国人民公安大学出版社 2007 年版，第 36 ~ 38 页。

② 黄绍湘著：《美国史纲（1492—1823）》，重庆出版社 1987 年版，第 155 页。

③ ［前苏联］凯尔任策夫编：《巴黎公社史》，中国人民大学编译室译，生活 · 读书 · 新知三联书店 1961 年版，第 38 页。

④ 王虹铈：《公安称谓由来延续辨析》，载《江苏警官学院学报》2004 年第 1 期。

警察的含义也是不尽相同的。①

五、警察性质

考察我国对警察性质的研究，特别是对我国警察性质的研究，可以看到主要是从两个紧密结合的视角和路径进行的研究：一是政治；二是国家治理。前者的定位是人民民主专政的重要工具，所以，警察是“人民警察”，这已经处于不言而喻、无须论证的公理地位，其出现的场合主要是作为论证其他命题的基础，少量的针对性、辨析性研究文章是在追求明晰和深化一些已经有的与“人民警察”相关的认识和命题。② 也有学者多次指出其局限性，认为警察不是“无产阶级专政”的工具，把警察定位为人民民主专政的工具具有局限性，警察是依法维持秩序的国家强制力。③ 笔者认为，这一分析结论已经说明，作者已经把“政”和“法”两个相对独立的视角和路径进行密切结合予以分析了，更确切地讲，其分析的路径和得出的结论是人民当家做主和依法治国相结合对警察性质分析的产物。后者的定位，在新中国成立六十多年的历史发展中有过激烈的争论、明显的变化和发展。

追溯警察立法历程，可以在很大程度上看到决策者和学者对警察性质定位的认识及其变动。在过去的 30 年中，前 15 年施行的是 1957 年全国人大常委会制定实施的《人民警察条例》第 1 条规定：“中华人民共和国人民警察属于人民，是人民民主专政的重要工具之一，是武装性质的国家治安行政力量。”

1995 年，全国人大常委会颁布实施了《人民警察法》，没有像《人民警察条例》那样直接地明确体现警察性质的概念。在该法的起草过程中，曾经对《人民警察条例》第 1 条进行了修改，认为其比较准确地体现了人民警察的基本性质，但是考虑到人民警察不仅是武装性质的国家治安行政力量，而且还具有刑事侦查、执行刑罚等刑事司法职能，人民法院、人民检察院也还有司法警察。所以，将警察的性质表述为“人民警察是人民民主专政政权武装性质的治安行政力量和司法力量”，并写进了《人民警察法》草案，提请全国人大常委会审议。但全国人大常委会在审议时，这一关于警察性质的草案条文被修改，明确警察性质的条文没有体现在立法中，只是在《人民警察法》的第 2 条第 2 款表述：“人

---

① 《人民警察条例》和《人民警察法》对“警察”和“公安”的立法规定及其解读，参见张超：《警察权原论》，武汉大学 2008 届法学博士学位论文。

② 汪勇：《试论政治建警与人民警察的性质》，载《公安学刊》1999 年第 6 期。

③ 参见胡大成：《关于我国警察性质的探析》，载《江苏警官学院学报》2007 年第 2 期；胡大成：《基于政权本质分析的警察性质界定》，载《江苏警官学院学报》2003 年第 5 期。

民警察包括公安机关、国家安全机关、监狱、劳动教养管理机关的人民警察和人民法院、人民检察院的司法警察。”这样，警察性质在《人民警察法》中首先是以一种组织力量被体现出来。也有学者总结认为，全国人大常委会颁布了《人民警察法》，“人民警察是人民民主专政政权武装性质的治安行政力量和司法力量”这一条立法没有获得通过，主要的理由是，不能将人民警察定性为武装力量。有学者专门撰文指出，“公安机关是武装性质的”论断在现阶段是缺乏法律依据和理论根据的。①

分析警察的性质，可以换一个角度考察和研究，这一路径可以从警察与警察权之间的逻辑关系着手，而且更能进一步探究警察性质定位的正当性。我们系统研究的结论是警察权是具有鲜明特色的行政权。② 所以，关于警察性质，可以得出的结论是：警察的基本性质是行政执法力量，而不是司法力量，而且是具有鲜明特色的行政执法力量，是国家治安行政力量，武力适用性等前文所述系列特征就是其具体的一个特色。

六、警察任务

在2003年召开的第二十次全面公安会议上，确立了公安机关的“三大政治和社会责任”是巩固中国共产党执政地位、维护国家长治久安和保障人民安居乐业。这是最高层积累经验教训、吸取各界研究成果基础上提出来的，是对警察任务的基本定位，是我国现阶段警察界对警察任务的主流认识。

1957年《人民警察条例》第2条规定：“人民警察的任务是依照法律惩治反革命分子，预防、制止其他犯罪分子的破坏活动，维护公共秩序和社会治安，保护公共财产，保护公民的权利和合法利益，以保卫人民民主制度，保障国家的社会主义建设顺利进行。”这是对革命战争时期和新中国成立初期公安工作的积累和研究基础上提出来的。

1995年《人民警察法》第2条第1款规定：“人民警察的任务是维护国家安全，维护社会治安秩序，保护公民的人身安全、人身自由和合法财产，保护公共财产，预防、制止和惩治违法犯罪活动。”这是对十余年改革开放的经历和对历史经验教训总结的基础上提出的。

《人民警察法》颁布实施以后，随着信息时代的来临，警察学研究越来越繁荣，立足现实、瞻望未来、古为今用、洋为中用，对警察任务的研究有了明显的深入和发展。

有学者认为，警察的首要任务是维护秩序。在现实工作中，警察执行法律并

① 章剑：《对公安机关性质的新认识》，载《江苏警官学院学报》2004年第1期。

② 张超：《警察权原论》，武汉大学2008届法学博士学位论文。

提供服务，这两种重要但有时又矛盾的职能都是维持秩序的重要手段，但在实现这一职能的过程中，是偏重执行法律还是注重提供服务，这又涉及警察执法角色定位的问题。应该在重点研究警察的角色定位的基础上，分析警察应如何实现维护秩序这一工作目标。

有学者寻根溯源挖掘警察任务的本质和决定因素，认为警察的本质受制于国家的本质，警察的职能是警察本质的外在表现。当前，应当强调警察的社会性本质与社会管理职能，以适应政府的职能转变。对警察的职责的传统表述客观上阻碍了警务发展，应从三个方面加以理解：保护和服务的职责；指导和维持的职责；防止和查处的职责。

有学者从价值的深刻层面分析警察的任务，认为警察实践是人的一种特殊的价值活动、从哲学层面追究，秩序、正义、自由和安全应当是最为基本和最为重要的警察价值，或曰终极警察价值、维护社会治安秩序是警察的首要职能、警察是依法“除暴安良”、“扶正压邪”的正义力量。警察作为社会的法治公器，其行政执法和刑事执法的目的和价值就在于依法限制少数人违法犯罪的非法自由和依法保护最大多数人的合法权利和自由。当代世界绝大多数文明的国家，都把维护国家安全和维护社会公共安全作为警察的基本职责和任务通过法律加以规定，并授予其相应的权力。

有学者对现有警察任务提出了尖锐的批评，认为我国在传统的计划经济影响下，警察机关被视为无所不能的机构，使社会对于警察的期望和评价标准过高，加重了警察机关的责任和工作量。全天候工作制使警察不能完成正常的角色转换，导致警察角色紧张和角色冲突，进而产生效率低下和职务犯罪。通过修改警察法，对警察职业角色进行重新定位，是保护警察合法权益，提高警务职能效率，减少腐败现象的必经之路。

有学者在纵横捭阖的比较中研究警察的任务，认为近代专职警察产生后，西方国家经历了四次警务革命，每次都引起了警察职能的变化。追寻其变化轨迹，发现有一个“政治镇压——打击犯罪——服务民众”的职能重心转变过程。考察我国警察的发展，其职能的演变规律与西方具有明显的一致性。我国在 20 世纪 80 年代实现了警察职能重心由“政治镇压”到“打击犯罪”的转变，现阶段正在进行由“打击犯罪”向“服务民众”的职能重心的转变。认识到这一规律，警察机关就会主动适应并促进警察职能的转变。

第二节　警 察 权

日常生活中，在警察学者心里，一提起警察权，往往会有一种既熟悉又陌生的感觉，好像在弹指之间就把人引入一个似乎是雾中的哲学悖论的境界。之所以熟悉，张嘴脱口“警察”、提笔随书“警察权”，一是警察的飒爽英姿是几乎每一个刚开始牙牙学语的孩子明眸凝视、心中崇拜的救生英雄，警察权就是其手中的扫恶宝剑；二是一个人不可能不与警察打交道，原因就是走进人们生活角角落落的警察权，及其搭建和决定的密切警民关系。言及陌生，直接原因在于握笔举眉之际很容易问自己最基本的问知话语：警察权是什么意思？警察权在哪里？

一、警察权认识的现状与呼唤

社会大众中一直有一种公认程度很高、极易产生共鸣的说法：有两种职业的人，人们不可能不与其打交道，一个是警察，一个是医生。这一说法来源于人们社会生活的切身体会，主要意思在于表明，从人们出生到离世，这两个职业的工作都与人们的日常生活相关，其与人们联系的时间之长、涉及民众权利义务内容之多、范围之广和产生的影响之强，是首屈一指的。

特别是警察，在这些方面的表现更为明显。因为，与医生打交道，民众自己掌握着主导权，有主动权和选择权，是施动者，作为权利，自己可以自主行使，甚至随意放弃。与警察打交道，主导权在警察，虽然“警力有限、民力无穷”是公理，民众在社会治安方面的力量和积极作用是无限的，但是在警民关系中，民众自己的主动权与配合义务相比，可以说微不足道，更没有明显的选择权。虽然警民关系也是互动的，而且，从方式上可以强调和更多地体现警察的服务宗旨，但是在工作内容上，民众基本上处于受动者的地位。

搭建警民关系的桥、掌控警民关系的决定力量，就是警察权。所以，警察权的存在和运行，与国计民生密切相关，处于被聚焦的主要标的，其时空变迁牵动着社会各界的视线息息而动。①

在法学界众所周知，与警察和警察权相关的一些基本问题，诸如：警察是什么？其行使的警察权是什么性质的权力？行政权？司法权？还是兼而有之？警察权的内容、构造和运行的特点是什么？随静态和文本视角观摩而来的是动态规

① 各种大众传媒中，警民关系亲和、疏离和冲突的新闻，数不胜数，分析对象、批评和指责对象动辄指向“警察权”。

制，怎样保障警察权在遵循自己的运行规律、在公共关系和谐互动中规范运行？在人权保障为核心和终极关怀的警察权运行机制中，公民、法人和其他组织可能认为警察机关侵犯了自己的合法权益，可以寻求什么符合警察权运行规律的救济途径？这些问题，在理论界，是长久以来没有休止的争论；在法律层面，要么是比较模糊地回避，要么有些像大型座钟低垂的指针一样，在时间的演进中左右摇摆。

从我国警察权理论研究和立法的过程和现状，可以窥豹一斑。

在理论层面的探讨中，以警察权作为题名或者关键词，在中国期刊网中搜索，结果数以百计，观点不一。但是，在行政法、刑法和诉讼法等相关领域及其具体问题的讨论中，涉及警察权上述问题的文章和观点讨论是不计其数的；更不要说在互联网中统计相关的问题和讨论，因为是做不到的。在这些理论研究成果与警察执法实践的互动中产生的对警察权的认识过程及其结论，是令人担忧的。“就中国行政法的全部内容而言，在西方主要国家已成行政法重要分支并显示独立化倾向的警察、教育、租税、环境、经济行政的研究几乎空白，看不到行政法的系统研究成果。长期以来，行政法学界对部门行政状况的关注，主要是为行政法总论研究的需要（如研究各个行政领域的处罚、强制、许可、收费行为，研究各部门行政人员配置与行政职权分配的关系），对行政法分论的具体研究十分缺乏。”[①] 这些话，是对我国部门法学研究现状的富有针对性的概括，更是对研究方向的指导。

近年来，警察法学者正是有了这方面的认识，加深了对警察工作实践的理解和反应，警察法学开始走上起步阶段，而且正在逐步显示出其理论价值和社会意义。在看到希望的同时，应该充分注意到理论研究的不足和理论研究者肩负的社会责任。现有的警察法学研究，特别是在基础命题研究上，表现出几个明显的问题。例如，成果的内容质量上，有高水平的，得到学界和社会上的良好反响，但是，更多的是有待提高质量的内容；成果的内容布局上，有“东一榔头，西一棒槌”的散乱现象，不是散文的形散神不散，而是形散神难聚；成果的观点上，就问题谈问题，没有充足的理论依据和分析；论证的过程中，可以经常看到常识性论证逻辑错误。

这些现象，虽然在学术研究过程中是难免的，但是，在当前警察法学的起步阶段，是很明显的。而且，正如开篇所言的社会流行说法，警察权与人们的日常生活相关，其与人们权利义务联系的时间之长、涉及内容之多、范围之广和产生的影响之强，是首屈一指的，一旦产生了损害，也是难以恢复甚至常常是不能恢复的。

---

① 罗豪才主编：《现代行政法制的发展趋势》，法律出版社 2004 年版，第 87 页。

从法律层面上讲，2007 年开始实施的《公安机关组织管理条例》，是第一部规范政府职能部门组织管理的行政法规，可以说是公安队伍建设走向科学化、正规化、制度化、法制化的重要里程碑。该条例对公安机关的性质定位，是人民民主专政的重要工具，对人民警察的性质定位是武装性质的国家治安行政力量和刑事司法力量。①

追溯警察立法历程，可以在很大程度上看到决策者对警察和警察权定位的认识及其变动。1995 年全国人大常委会颁布了《人民警察法》，该法从起草的第一稿到表决前的最后一稿，都有这样一句话："人民警察是人民民主专政政权武装性质的治安行政力量和刑事司法力量。"但是，这一条立法没有获得通过，主要的理由是，不能将人民警察定性为武装力量。②

再往前追溯，1957 年全国人大常委会制定的《人民警察条例》第 1 条，对警察所做的定位是："中华人民共和国人民警察属于人民，是人民民主专政的重要工具之一，是武装性质的国家治安行政力量。"③

1931 年 11 月，中华苏维埃中央临时政府成立，政府机构中设立了国家政治保卫局、内务部民警管理局和刑事侦查局，标志着中国共产党领导下的人民警察机关的正式成立。但是，这么多年来，主流观点是：国家政治保卫局是人民警察机关的唯一来源和成立标志。

自古以来，"万丈高楼平地起"、"基础不牢地动山摇"是经验教训的总结。毛泽东过去讲过，你要做什么事情都要知道那个事情的规律，了解它的性质、了解它的规律这样才能做好。④ 寻根溯源，从人民警察起源的通说、理论研究和立法实践的历程，就可以看出，在我国，自人民警察成立以来，在认识和法律上一直明显存在尚待解决的基本问题：警察权是什么？这也就成为应当解决而没有解决的警察权法治建设的"肠梗阻"，所以，需要为法治警政建设，探寻警察权权力归属和互动之源。

---

① 《公安机关组织管理条例》第 2 条："公安机关是人民民主专政的重要工具，人民警察是武装性质的国家治安行政力量和刑事司法力量，承担依法预防、制止和惩治违法犯罪活动，保护人民，服务经济社会发展，维护国家安全，维护社会治安秩序的职责。"

② 王鹰：《政府公共警察研究》，四川大学出版社 2001 年版，第 4～5 页。1995 年《人民警察法》第 1 条："为了维护国家安全和社会治安秩序，保护公民合法权益，加强人民警察的队伍建设，从严治警，提高人民警察的素质，保障人民警察依法行使职权，保障改革开放和社会主义现代化建设的顺利进行，根据宪法，制定本法。"

③ 1957 年《人民警察条例》第 1 条。

④ 《军人生来为战胜 解放军第五代作战条令正在报批》，载新华网，http://news.xinhuanet.com/mil/2008－03/23/content_7840887.htm。

“凡立言，先正所用之名以定命义之所在。”[①] 对某一术语的定义，使用不同的定义方法必然导致该术语不同的内涵和外延。界定术语有两种方法：一是词典性的（Lexicographical）；二是设定性的（Stipulative）。词典性定义是非任意性的定义，它们不仅设定某一术语必须在某一特定意义上使用，而且还记录着这些术语约定俗成的使用方式。设定性定义则是任意性的，术语纯粹是靠人们设定或确定他们在某一特殊意义上使用来获得定义的。[②]

在法治国家的建设进程中，法治警政是重要内容，解决警察权的规制是法治警政的核心内容。在警察权的规制中，应当规制警察权的什么内容、怎样规制警察权，明确确定这些内容的前提，是研究警察权的恰值与恰制。所谓警察权的恰值，就是警察权应当是一个具有什么内容的权力。所谓警察权的恰制，就是警察权应当具有和发挥什么样的运行机制，使其不远离其恰值，释放其应有的积极作用，预防和遏制其消极作用，以及挽救和弥补消极作用的后果。研究警察权之恰值与恰制之基础是探索警察权是什么权力，为警察权在国家权力结构体系中寻求一个科学合理正当的定位；警察权的特点是什么，梳理和明晰警察权之特有属性。

警察权的定位研究，就是摸索警察权的性质及其包含的规律，实现路径就理所当然地研究其法理和法律基础。通过为警察权探索理论基础，争取能够得到研究者的共识，得出的结论能够成为社会公众认可、欣然接受的说法。为警察权寻求法律基础，这一研究体现为：一是研究现行法律对警察权的态度，二是法律对警察权应该确立的态度。这一研究的过程和内容，警察权的理论基础和法律基础两个方面，既相互独立，又相辅相成，为警察权的定位确立更有说服力的逻辑和结论。

在理论研究层面，在众多不可计数的文章和探讨中，通过浏览和接触，从整体上讲，发表的这些文章和进行的讨论之中，学者的观点不一，不过，更多的是侧重于警察权是行政权，并把此观点作为分析问题的基点。应当说，学者的研究，充满着从中立、研究和弱势群体合法权益保护的角度出发，但是，应该处理好两个问题：一是需要深入系统的分析研究，奠定坚实的分析基础，否则，有无源之水，无本之木之嫌；二是警察权兼具行政权和司法权双重权力属性的观点占有明显的地位，也具有明显的影响力。同时，从人民警察起源的通说可以看出，警察学研究者是应该以更为理性的态度予以反思和研究的。社会公众的观点，更多的是在具体事件和案件的讨论中意见纷呈，发出充满激情的声音，很多很有感

---

① 张建伟：《刑事司法体制原理》，中国人民公安大学出版社2002年版，第13页。

② ［美］霍伊：《自由主义政治哲学》，刘锋译，生活·读书·新知三联书店1992年版，第13页。

染力甚至是冲击力，但没有足够的说服力。官方的发言谨慎，但仍然是议论纷纷。

在法律层面，中华人民共和国成立后，从《人民警察条例》、《人民警察法》到《公安机关组织管理条例》，虽然这些法律法规，主要是从组织法的角度，为警察和警察机关的性质作出的规定，但是，也就等于规定了警察执行的警察权的性质，这些不同的规定也体现出对警察权认识明显摆动之一角。

《人民警察条例》规定，警察是国家治安行政力量，是在说明警察是行政人员，其行使的警察权就是行政权。否则，如果认为，作为国家治安行政力量的警察行使的国家权力，既是行政权又是司法权，或者既有行政权又有司法权，就是明显的名不正言不顺，自相矛盾了。《人民警察法》虽然最终回避了警察和警察权属性的规定，但其立法过程体现出来的，学者认为是对我国人民警察性质认识上的发展，甚至被认为是一种飞跃。①

《公安机关组织管理条例》对公安机关的性质定位，是人民民主专政的重要工具，对人民警察的性质定位是武装性质的国家治安行政力量和刑事司法力量，就是认为公安机关既是行政机关又是司法机关，其行使的警察权既有行政权又有司法权。该条例是行政法规，应当说，该条例对公安机关及其人民警察的认识，体现的是作为行政机关的政府对人民警察及其行使权力的认识。政府对公安机关作出如此的定性规定，且不说这一认识的正确与否、正当与否，仅从立法权限上讲，这一规定是值得商榷的。即便从认为我国实行的是议行合一的政治体制观点分析，行政机关作出这样规定的立法权限，也是应当受到质疑的。

二、警察权的特征辨析

在国家权力体系中，警察权可能是近年来学术界对单一种类二级国家权力中关注和研究最多的内容，涉及警察权的内容及其某一特征的内容是比较多的，但是，对警察权特征这一基础性问题进行研究的文献是很有限的。在中国期刊网上搜索，以警察权特征命名的文章只有一篇，② 在所有文献全文中，有“警察权特征”一词的文章，只有10多篇，其研究内容基本上涉及了对警察权特征概括。③而且，概括的警察权特征是值得商榷的。更多的警察权相关的文章，则是以自己

---

① 王鹰：《政府公共警察研究》，四川大学出版社2001年版，第4~5页。

② 姬新江：《警察权特征之研究》，载《新疆警官高等专科学校学报》1998年第2期。

③ 参见司谦：《我国警察权力的法律控制研究》，郑州大学2007届法学硕士学位论文；李艳：《浅议警察权的规范和控制》，载《政府法制》2007年第6期；陈士果：《试论警察权的人权保障职能》，载《公安教育》2005年第8期；赵燕：《警察刑事职权研究》，中国政法大学2002届法学博士学位论文。

对警察权的感性认识作为理所当然的公理前提，展开对自己关心的与警察权相关的问题的分析。2007 年 8 月 18 日，中国人民大学警察法治研究所成立大会暨“警察法治与和谐社会”论坛上，主办方希望论坛的首要焦点是在警察权特征问题上与会的全国警察法学者能够有精彩发言，但结果却不尽如人意。

我们希望努力学习和充分吸收先行者的智慧，从警察权的内容和运行两个层面和视角，摸索分析警察权的特征。

1. 警察权特征研究之主要观点

综观关于警察权特征的研究，① 学者把警察权的特征主要总结为以下方面：

第一，国家性，或称之为国家固有性。国家性是警察权最重要的特征。给警察权确定这一特征的理由主要是：马克思主义警察观认为，警察随着国家的建立而起源，是国家的警察，警察权是国家权力，警察权的行使主体只能是国家；国家不能没有警察，警察权是国家固有的必不可少的权力，它是国家主权的重要组成部分；警察权的国家性也体现了阶级性的特点。

第二，强制性，或称之为特殊强制性。给警察权确定这一特征的主要理由是：警察是拥有武装和特殊强制手段的执法力量，法律的权威性，常常需要以警察的强制为后盾。警察肩负着特殊的任务，具有鲜明的暴力性质，国家赋予其相应的其他国家机关不拥有的特殊强制手段。除军事活动以外，警察活动具有最大的强制力。不同时期、不同国家警察产生、发展的历史，都深深地烙上了暴力和强制的痕迹。

第三，法定性，或称之为法律性。警察权的法定性主要体现在：国家通过立法确定警察权的权力范围，明确行使警察权的主体，规范警察权的运用，监督警察权的实施，保障警察权的实现等方面。给警察权确定这一特征的主要理由是：现代法治国家的性质决定的。警察权的法定性是对国家权力而言的一种制衡，它的理论基础是国家权力的分权制衡学说，目的在于防止出现警察专制和警察专权。

第四，公共性。警察权的公共性，体现在维护国家安全和社会治安秩序的过程中对社会、公众产生的间接的积极效应和服务性职能。给警察权确定公共性特征的主要理由是：我国人民警察权的公共属性，是由国家性质和人民警察的性质

① 应当说明的是，没有在梳理出的每一个观点中分别列出直接的具体参考文献，我们认为前文已经列举了相关参考文献，没有必要进一步细分。因为，一是这些学者观点是被多数相关文章认可的；二是学者文章对其罗列的观点没有说明是对警察权特征在相互衔接中的周延归纳，而支撑具体观点的是该观点的直接论据和论证，分开列举不影响对其内涵和外延的认识；三是我们在梳理中全面归纳了学者各观点的论据及其论证。后文在对行政权与司法权研究辨析中进行观点梳理时等处有类似的情形。

及根本宗旨决定的。《人民警察法》将全心全意为人民服务确定为人民警察的根本宗旨，“严格执法，热情服务”已成为人民警察的行为准则。“公安机关提供24小时昼夜服务”等社会承诺已变成人民警察的自觉行动。

第五，单方性。给警察权确定单方性特征的主要理由是：警察权是警察权主体的单方行为，其效力发生不以相对人的意志为转移。警察权的单方性基于两个条件：一是警察行使警察权乃是代表国家而为之，不存在警察与公民、法人和其他组织协商如何行使权力。二是警察权的行使是由国家法律明确规定的，不仅公民、法人和其他组织应当服从、遵守，而且警察也必须严格依法执行，此乃警察对国家的义务。

第六，不可处分性。不可处分性包括两项内容：警察机关不得自由转让警察权，除符合法定条件，经法定程序外；警察机关不得自由放弃职权，否则必须承担法律责任。给警察权确定这一特征的主要理由是：没有法律依据并经法定程序，警察不能增加、减少、放弃或转让警察权，这是“权力”的属性所决定的。警察自由裁量权的现实存在，并不意味着警察权的“不可处分性”发生动摇或“特征虚拟”。

第七，优益性。警察权的优益性，是指警察在行使警察权时享有优先权和受益权。优先权包括三个方面的内容：一是先行处置权；二是获得社会协助；三是推定有效权。警察的处罚决定并非一经作出就生效，有的需要经过复议裁决，有的需要经法院裁判，如果警察的决定要走完所有复议、诉讼程序并被确认有效后方能执行，那么，势必妨碍社会秩序的稳定性。因此，法律特许在这种条件下，推定警察决定有效，可先行执行。警察受益权的内容集中表现为国家向警察提供装备及相关设施。给警察权确定这一特征的主要理由是：警察优先权是警察职务上的优益条件。警察受益权，是指国家为保证警察有物质能力行使警察权、警察职权而向它提供物质条件。

第八，与警察职责的统一性。给警察权确定这一特征的主要理由是：《人民警察法》第6条规定了14项警察的职责，而警察有这14项职责是随着警察权的产生、变更、消灭而产生、变更和消灭的。警察职责的正确履行，是警察依法行使警察权的具体表现。

第九，执行性。给警察权确定这一特征的主要理由是：警察权从根本上说是执行法律、执行权力机关意志的一种国家权力。这与立法权、司法权以及一般意义上的行政权是有区别的，警察权的运用必须对国家权力机关和主管部门负责。

第十，主体的特定性和广泛性。主体的特定性，是指警察权主体范围是由国家宪法和法律予以明确规定的一个特定范围，这一特定范围内的某一具体警察权主体只能行使法律赋予其的那部分警察权，不得超越其权力范围行使由其他警察权主体享有的权力。在不同时期、不同的国家由于政治、法律制度、历史传统等不同，对警察权主体的规定千差万别，从而使警察权主体又呈现出广泛性。给警察权确定这一特征的主要理由是：我国目前，国家主席行使警察权中的戒严权；各级政府对同级公安机关行使领导管理权；检察院、法院对所属的司法警察行使领导管理指挥权；监狱、国家安全机关、劳动教养管理部门对所属警察行使领导管理权；林业部、铁道部、交通部、民航总局、海关总署对所属警察行使领导管理权；警察机关及警察人员行使相应的警察职权；国务院及行使警察权的相关部、委、署、局还有依法创制警察法律规范权。西方法治文明国家存在多个国家行政组织拥有警察权的现象。从法治理论和实践两方面考察，均没有发现在理论上支持或在实践中置配立法机关、司法机关以警察权的事实，所以，警察权主体的广泛性存在着一条不得突破的底线标准，即立法机关、司法机关不得拥有警察权。

第十一，权力种类的多样性和结构体系的完整性。给警察权确定这一特征的主要理由是：警察权在理论上的分类较多，按警察权作用领域和产生后果的不同，可以将警察权分为警察法律规范制定权、警察组织领导管理权、警察公务执行权三大类。每一类权力又包括一系列权力。

第十二，广泛性。给警察权确定这一特征的主要理由是：警察权涉及范围广泛，与人们的生活十分密切。一个人从“摇篮”到“坟墓”，不能不经常与警察权发生关系。

第十三，严重性。给警察权确定这一特征的主要理由是：警察权涉及公民的人身权利和财产权利的限制及剥夺，人身自由权和财产权是公民享有其他权利的前提和基础，利用国家权力侵害公民的这些权利影响极大，性质十分严重。

第十四，双重效应性。给警察权确定这一特征的主要理由是：警察权设置的根本目的在于维护国家安全和社会秩序，为人们的生活和生产提供一个有序的环境，这是警察权存在的正效应。由于权力制约机制的不健全，权力行使者法制观念的淡薄和其他的主客观原因，导致了一些以权谋私、徇私枉法、恣意行使警察权侵犯他人合法权益的负效应的出现。

2. 现有警察权特征研究之检讨

众所周知，特征是指事物的特有属性。所以，警察权特征，是指警察权的特有属性，就是警察权有而其他权力没有的属性。当然，特征也包括同类事物进行某方面程度对比中，所产生程度差异，既然是差异，也是“有”与“没有”，符合特征概念的适用条件。就是说，分析警察权特征，是把警察权放在与其根据同一分类标准所得其他权力种类之中，进行对比各自属性的有无所得之结论，这是特征分析的基本要求。就以此警察权特征基本内涵作为基准，来度量学者总结的上述结论，看可否成为警察权特征的外延形式。

第一，国家性（国家固有性）、法定性（法律性）、公共性、单方性和执行性都不是警察权特征，因为所有的国家权力都具有这些属性。

第二，强制性不能够认为是警察权特征，因为国家权力都有强制性。如果命名为特殊强制性，是可行的，因为不管从内容和运行层面都可以看到，警察权内容中对人身自由权利的强制权力是国家内政管理中其他国家权力所没有的，警械武器使用是其他国家权力运行中没有的强制程度的典型表现。

第三，不可处分性不是警察权特征，但如果命名为更明显的不可处分性，是可以说得通的。因为国家权力都具有不可处分性，行政诉讼不适用调解原则确立的原因，就是行政机关在行使行政权过程中对行政权不具有可处分性是普适的。但是，行政诉讼中赔偿数额的确定可以调解，这说明，国家权力的不同内容其不可处分性的程度是有差异的。由于警察权与其他国家权力在调整的对象上存在差异，更突出了对公民人身权利的干预，所以，警察权具有更明显的不可处分性。治安调解中的处罚与否，只存在依法处罚和依法不处罚两种情形，是法律授予警察严格根据法定情形行使的权力，不存在警察权的可处分性。

第四，优益权不是警察权的特征。优益权包括了优先权和受益权，优先权是警察权特征，受益权是所有国家权力都有的属性。但是，学者把推定有效权作为优先权的内容是值得商榷的，因为：一是推定有效权不是一个权力，是行政行为具有公定力等效力的结果，不是国家权力层面的问题，不能称之为推定有效权；二是推定有效是行政救济中所有行政行为都可以具有的。

第五，与警察职责的统一性，既可以同意它是警察权的特征，也可以不同意它是警察权的特征。同意的原因，是只有警察权才与警察职责是统一的，这是一个不言自明的道理和结论；不同意的原因，是权力与职责统一性是所有国家权力都具有的属性，这个角度是更高的一个角度。

第六，主体的特定性和广泛性不能够合并为警察权的特征，应当分别予以分析认定。主体的特定性是国家权力都有的属性。警察权的内容庞杂，其行使主体机构和人员更多，所以，主体的广泛性可以考虑列为警察权的一个特征。但是，学者认为，从法治理论和实践两方面考察，均没有发现在理论上支持或在实践中置配立法机关、司法机关以警察权的事实，所以，警察权主体的广泛性存在着一条不得突破的底线标准，即立法机关、司法机关不得拥有警察权。这一说法是立不住脚的，立法机关的警察权立法例，如《德意志联邦共和国基本法》第 40 条第 2 款规定，议长在联邦议院建筑物内行使房屋所有权和警察权，在联邦议院屋宇范围内未经其同意不得进行搜查或逮捕。《香港法例》第 382 章《立法会（权力及特权）条例》第 24 条标题就是“立法会人员具有警务人员的权力”。司法机关拥有警察权的立法例，我国大陆地区法院司法警察行使的警察权是《人民警察法》及其配套规范明确规定的。

第七，权力种类的多样性和结构体系的完整性不是警察权的特征。因为作为一个类权力的国家权力，其内部权力都会由其子权力构成一个权力体系，其内部的多样性和完整性都是应当具有的。而且学者列出的警察权一级子权力的种类，是所有行政权力都具有的。

第八，广泛性可以列为警察权的一个特征，更明确地说，广泛性是警察权内容方面的特征，所以，可以说，内容广泛性是警察权的一个特征。学者的理由也是成立的。

第九，严重性不应当称之为警察权的特征，这是警察权被非正当行使时容易出现的表征，是警察权畸形运行的表征。如果说，非正当行使损害后果严重性是警察权运行方面的一个特征，是可以说得通的。

第十，双重效应性不能称之为警察权的特征，是所有国家权力都具有的属性。但是，警察权内容决定警察权运行双重效应的更为明显和强烈，所以，双重效应的明显和强烈可以作为警察权运行的一个特征。纵览学者的上述观点，应该说其主要是在总结警察权的属性，而不是在总结警察权的特有属性；是在阐述警察权的表征，即警察权显露于外的征象，而不是阐述警察权的特征。学者作出的上述研究成果的适当内容已经予以分析和肯定，不再过多赘述。[①]

第三节 警 察 法

一、警察法的概念解读

近代警察制度的产生，对规范警察行为的制度提出了要求，为了规范警察组织，规范警察权的行使，加强国家管理，警察法便应运而生。如英国 1829 年的《大伦敦警察法》，日本 1875 年《行政警察规则》，中国 1898 年的《湖南保卫局章程》，1906 年的《内外城巡警厅官制》、《民政部及巡警厅权限章程》等。关于警察法的含义，可谓众说纷纭。在 30 年来的警察法的研究中，从最初的“公安法规”的研究，到学者将警察法作为部门法来研究，并由此衍生出警察法学作为独立的部门法学来研究。

在警察法研究的初期，将警察法称之为“公安法规”，并定义为：规定公安机关代表国家行使警察权，履行人民民主专政职能，维护国家安全和社会秩序的法律规范的总和。这里的“法规”，不能仅仅作“行政法规”来理解，而是法律规范的概称。这一概念，包括了警察权、警察职能和警察法调整的社会关系。

① 在前文论述的基础上归纳的警察权特征，参见张超：《警察权原论》，武汉大学 2008 届法学博士学位论文。

对于警察法的概念，学者给出了多种的定义，尽管表述各有不同，但在含义上大同小异。认为警察法是调整在行使警察权或是实现警察职能中，发生的与警察主体相关的各种社会关系的法律规范的总和。这是当前的通说。在内容上，警察法所调整的社会关系，必须是在警察权的行使或警察职能实现的过程中产生，一方的主体必须是警察机关或警察人员，或者是由法律授予部分警察权的非警察。在形式上，警察法以警察基本法为核心，由有关的警察法律、法规等规范性文件及相关的法律规范组成。

也有不少学者认为，警察法实际上就是警察行政法的简称，与行政法之间的关系是总论和分论的关系，属于部门行政法范畴。

二、警察法的特点

基于警察法概念的通说，多数学者认为警察法有以下几个特点：

一是警察法主体的特定性。在警察法律关系中，警察机关和警察人员是必需的主体。如果缺少了警察机关或警察人员，警察法律关系就不能成立。警察法调整的社会关系，是在警察权行使或警察职能实现的过程中产生的，而警察机关或警察人员在警察权的行使和警察职能的实现中是不可或缺的。当然，由法律授予警察权与非警察的情况除外。

二是警察法内容的广泛性。在警察机关内部，涉及警察职务关系的形成及运行的诸方面；在外部管理活动中，警察法在内容涉及社会生活的方方面面。有消极行政作用、积极行政作用、协助诸般行政作用等多方面的内容。

三是警察法调整手段的复合性。警察法调整了警察权行使或警察职能实现过程中发生的各种社会关系，其调整社会关系的手段，既有刑事手段，也有行政手段。这些调整的手段既可以单独适用，也可以同时适用。

四是警察法形式上的多层次性。警察法在内容上是以警察基本法为核心，并由相关的警察法律、法规等规范性文件及相关的法律规范组成。众多的法律文件在形式上表现为多层次性。由此，也带来了警察法律规范在法律效力上的多层次性。

三、警察法的渊源

在我国警察法学的研究进程中，大多警察法的研究者对警察法作为独立的法律部门怀有积极追求。在这个追求的过程中，警察法的渊源问题是无法回避的，因为法的渊源是一个部门法体系构建的核心。较早的警察法学的研究成果，将警察法的渊源界定在：警察法的表现形式，即警察法是由哪些形式的法律规范组成的。[①] 并以此为基础形成关于警察法渊源的通说。这些较早的研究奠定了我国警察法学研究基础，直至新近的研究，在警察法的渊源问题上仍在沿袭这种描述。[②] 这种关于警察法渊源的论述，将法律渊源仅指法的创制方式和表现形式，侧重研究其静态的效力等级，实质上是将警察法的渊源与警察法的表现形式相混淆，并不利于警察法的立法和法律适用。法的形成过程总是基于某种动因和进路，选择和提炼一定的资源，以实现权力和权利的制度性配置的过程，即法的渊源是法得以形成的资源、进路和动因，是一种多元化的存在，它更多的是社会历史文化积淀的产物。[③] 警察法的渊源可以从静态和动态两个层面全面地展开研究，警察法的渊源应指警察法形成时在实现权力的制度性配置过程中，所基于的资源、进路和动因，警察法的渊源应由资源、进路和动因三个基本要素组成。这样的研究更利于厘定警察法的渊源，为警察法的独立法部门的形成提供支撑，并有利于警察法的立法和法律适用。

（一）警察法的资源性要素

警察法渊源中的资源性要素，是指警察法和警察法律制度据以形成的原料性或质料性渊源，它是警察法形成的价值基础。在警察法的渊源三要素中，资源性要素是最基本的要素，换言之，警察法的资源性要素即是警察法赖以产生的最原始和最根本的原料。具体而言，警察法的资源性要素包括以下几类：

1. 宪法

宪法作为国家的根本大法，包含法律上的基本秩序以及基本的价值判断，由此建立价值秩序，因故成为各国法律的根本法律渊源。宪法上的价值决定以及基本原则，首先是由立法者以法律的形式，加以具体化显现，并因此转化为可适用的法规范。同理，警察法的形成过程中也必然直接从宪法中获得其决定基准与权力配置原则。宪法是我国最高位阶的法律渊源，也是警察法形成过程中最原始与最根本的资源性要素。其作为我国警察法的资源性渊源，主要表现在：一是宪法

---

① 刘世浦主编：《警察法学》，法律出版社1991年版，第15页。2000年惠生武先生著的《警察法论纲》回避了警察法渊源的概念，直接使用了警察法规范的基本形式这一概念，参见惠生武著：《警察法论纲》，中国政法大学出版社2000年版，第31页。而更早的《公安法规教程》就没有涉及法律渊源的概念，参见公安法学教材编审委员会《公安法规教程》编写组：《公安法规教程》，中国人民公安大学出版社1988年版。

② 如2009年版的警察法学教材关于警察法渊源的表述："警察法的渊源就是指警察法的表现形式，是通过一定的警察法律、法规、规章等具有普遍约束力的法律文件表现出来的法律规范。"参见鞠旭远主编：《警察法学》，中国人民公安大学出版社2009年版，第17页。

③ 周旺生著：《法理探索》，人民出版社2005年版，第289页。

关于四项基本原则的规定，是警察立法的指导思想，警察法形成过程中必然在内容上有所体现并与之保持一致。二是宪法关于国家机关、国家机构的规定，是我国警察组织法的立法依据，也是我国警察组织法的根本来源与立法资源。三是宪法关于公民基本权利、基本义务的规定，以及尊重与保障人权原则等，是我国警察治安行政管理法和警察刑事立法的依据与资源性要素。四是宪法关于紧急状态的规定，是警察紧急状态法律规范的立法依据与原料性渊源。① 总之，宪法作为警察法的资源性要素，是我国全部警察立法的基础、根据与来源，任何警察法都不得与之相抵触。

2. 国际法

国际法作为警察法的资源性渊源，既包括该国加入的国际条约和其他国际规范性法律文件，也包括该国未加入的国际条约和其他国际规范性法律文件。在国际警务合作日益加强的背景下，国际法中包含着警察行政方面的规范越来越多，并成为制定国内警察法律规范的预定，故这些国际法在当代同样成为一种显示出重要价值的警察法的资源性渊源，成为警察法形成中重要的资源性因素。国际法作为警察法的资源性因素通常以三种方式发挥作用：一是转化，即国际法的相关规定通过国内立法机关的立法行为转变为国内的警察法。二是并入，即由国内宪法或部门法作出原则性规定或通过立法机关的行为，从整体上承认国际法有关警察制度内容的效力，确认其为国内警察法的组成部分，并可在国内直接适用。三是混合模式，即国家根据国际法的不同性质和涉及的具体内容，同时采用转化和并入两种方式来适用形成警察法。②

3. 法律解释

法律解释一般是指一定的解释主体根据法定权限和程序，按照一定的标准和原则，对法律的含义以及法律所使用的概念、术语等进行进一步说明的活动。法律解释是一种在适用法律过程中辨清明晰法律意义的活动，根据解释主体和解释的效力不同可以分为正式解释与非正式解释两种。作为警察法资源性要素的法律解释，仅指国家机关的规范性的解释，即正式解释。在我国，法律解释也是警察法非常重要的资源性因素渊源。根据《立法法》和 1981 年全国人大常务委员会通过的《关于加强法律解释工作的决议》，立法解释和司法解释、行政解释三者构成我国特有的多元法律解释体制。这些法律解释中凡是涉及警察方面的，都成为警察法的资源性要素渊源。但是，法律解释作为我国警察法的渊源应具备两个前提条件：第一，有关的法律解释必须在所属的领域具有普遍的约束力，成为适

① 毛志斌主编：《警察法》，河南人民出版社 2005 年版，第 11 页。

② 李龙、刘诚：《论法律渊源——以法学方法和法律方法为视角》，载《西北政法学院学报》2005 年第 2 期。

用法律的规范性依据。第二，有关的法律解释必须“创制”了法律规范，亦即如果法律解释仅仅解释有关文件中已有的法律规范，因其没有新的内容，仅是原有规范的复杂重复，也不能认为是警察法的渊源。①

4. 国家和有关社会组织的政策

国家和有关社会组织的政策在当代中国是具有普适性的警察法的资源性因素渊源。在我国，由于国家性质和执政党对国家的领导地位，执政党政策，特别是转化为国家政策的执政党政策，是警察法形成的重要资源性渊源。一方面，警察立法要以政策作为指导，如党委领导下的专门机关与群众路线相结合的方针、综合治理社会治安的方针、严格区分和正确处理敌我之间和人民内部之间的两类不同性质的矛盾政策等，就是警察立法的基本方针和总的原则。② 另一方面，警察法是政策的定型化和法律化，许多警察立法在相当大的程度上是政策的提升或法定化，有些政策经过立法程序直接制定为警察法规范，有些政策虽然没有通过立法程序直接制定为警察法规范，但为警察法规范所吸收，体现了政策的精神。③值得一提的是，1949 年 11 月，罗瑞卿同志在第一次全国公安会议上所作的总结报告，实际上起到了公安组织法的作用，是新中国成立初期公安机关行使国家警察权的依据。④ 该报告中的关于公安机关、人民警察的任务、职责、权限、后勤保障、福利待遇、奖惩、处罚等内容，为新中国的警察立法奠定了基础。

5. 习惯

“一切法律本来是从风俗与舆论而不是从法理学形成的；也就是说，从不知不觉的活动力量而不是从立法者的武断意志形成的。”英国著名的史学家古奇（G. P. Gooch）在他的著作中转述了萨维尼对习惯的这一鲜明见解。⑤ 习惯是指在社会领域经过长期实践，基于公民对法的确信或法的认识而得到公认的，由法的当事人及关系人自己所创造的法规范。习惯作为警察法资源性因素渊源存在于各种法律文化背景之下，警察法规则中即有一些来自于习惯。一般来说，习惯在警察法形成的历史过程中较之现今时代，在渊源体系中的地位更重要。如英国警察法形成过程中，早期在追踪和逮捕犯罪时要发出呼喊的古老规则习惯就为

① 公安部人事训练局编：《警察法教程》，群众出版社 2002 年版，第 17 页。

② 公安法学教材编审委员会《公安法规教程》编写组：《公安法规教程》，中国人民公安大学出版社 1988 年版，第 27 ~ 29 页。

③ 公安法学教材编审委员会《公安法规教程》编写组：《公安法规教程》，中国人民公安大学出版社 1988 年版，第 29 ~ 30 页。

④ 公安法学教材编审委员会《公安法规教程》编写组：《公安法规教程》，中国人民公安大学出版社 1988 年版，第 47 页。

⑤ ［英］古奇：《十九世纪的历史学与历史学家》，耿淡如译，商务印书馆 1989 年版，第 217 页。

1285年的《温切斯特法令》提供了重要的资源性渊源。① 同时英国警察法的形成中也参考借鉴了大量早期传统习惯的守夜巡更制度。习惯成为警察法的资源性要素渊源必须具备三项前提条件：第一，在客观上，乃是必须有长期的及一般的惯行存在；第二，在主观上，当事人确信此项惯行的合法性；第三，在形式上，该惯行有作为法规的可能性，亦即其内容充分明确特定。② 在现代国家，随着经济和科学技术的进步，全球一体化的要素愈加增多，习惯作为警察法的资源性因素渊源，在许多国家所占的比例愈加紧缩。如何更好地在我国法治建设中实现习惯作为警察法渊源的价值，有待我们进一步研究和探讨。

6. 道德规范和正义观念

这也是具有普遍性的法的资源性因素渊源，自然法学派学者特别强调这种法的渊源，他们中的多数人不仅把这些因素视为最主要的法的渊源，甚至要把这些因素直接视为法的形式。③ 警察法形成过程中不可避免地也将其作为极其重要的资源性因素。中国文化传统以礼法为重，素以强调道德规范的作用，在此种传统下，道德规范以及与之相关联的正义观念，在中国警察法形成的过程中也发挥了根本的资源性作用。道德规范与正义观念也是我国警察法渊源中重要的资源性因素。

（二）警察法的进路性要素

警察法的进路性要素，主要是指警察法形成过程中必须借助的途径性渊源。资源性因素和动因性要素不会自动地成为法，必须要通过某些途径才能成为真正的法。亦即只有借助进路性要素渊源，有关主体在动因性渊源地促动下，对资源性渊源加以选择、提炼和加工，才能形成警察法。因而，警察法的进路性要素是资源性和动因性要素与正式的警察法之间的桥梁。警察法在形成过程中必须借助的进路性要素包括：

1. 立法

在进路性要素中，立法是警察法得以形成的最为重要的途径，也是各国最直接的警察法渊源。需强调的是，这里所谓的立法，包括各种立法，诸如议会立法、政府接受委托的立法或自主立法、中央立法、地方立法均属其范畴。随着现代警察制度的发展，各国有关警察的立法不断增多，并逐步发展与完善。在这一进路性要素中，各国警察法都经历了一个从无到有、从模糊到清晰的过程。尽管有关警察的立法性质、手段、目的甚至采用的具体形式各不相同，但其进路性要

---

① ［英］菲利普·约翰·斯特德著：《英国警察》，何家弘、刘刚译，群众出版社1989年版，第8页。

② 翁岳生编：《行政法2000》（上册），中国法制出版社2002年版，第140页。

③ 张文显主编：《法理学》，高等教育出版社、北京大学出版社2007年版，第94页。

素渊源都有一个共同的目标，即建立警察组织体系，完善警察职责权限，规范警察行为，以便更好地实现警察职能。[①] 同时，在这一进路性要素中，除了议会立法占有重要地位外，政府接受委托的立法和政府自主立法也是警察法形成的重要途径性渊源。这与警察权的特殊性密切相关。警察权不仅具有服务、保护的职能，同时兼具管理与处罚的职能。并且，警察权所涉及管理的事务十分庞杂，如果仅依靠议会对警察管理活动进行立法，则往往只能望洋兴叹，所以在警察法的形成过程中，政府的行政立法显得尤为重要。

我国重视警察制度的构建，新中国成立初期就通过一系列的立法为我国警察法的形成奠定了基础，提供了进路性渊源。新中国成立至党的十一届三中全会之前，我国共制定警察法规 1896 件，其中继续有效的 894 件，废止和自行失效的 966 件，修改的 35 件。[②] 改革开放以来，我国经济领域的发展变化带来了一系列社会问题，使治安管理形势也随之发生了重要变化，出现了许多新情况、新问题。与此同时，有关警察的立法也逐步增多。2007 年的数据表明，从立法数量上看，包括法律 59 件、法规 58 件、部门规章 65 件，此外还有相当数量的地方性法规和规章。[③] 这些立法为我国警察法的形成提供了重要的进路性渊源。

2. 判例

判例作为警察法的进路性要素渊源，在大陆法系和英美法系国家中的适用范围与具体表现形式不尽相同。在英美法系国家中，其法律传统采取判例法主义原则，上级法院作出的有关警察制度的判决对下级法院处理类似的案件当然具有法的拘束性，即判例拘束性原理。由于上级法院的判决具有法律效力，其有关警察内容的判例自然成为该国警察法形成重要的进路性要素渊源。例如，在美国警察法的形成过程中，联邦最高法院在 20 世纪 60 年代，以权利法案、法律程序为武器，通过马菩控诉俄亥俄州、米兰达诉亚利桑那州、泰瑞诉俄亥俄州等著名的“有关警察执法的三大案例”分别确立了排除规则、米兰达警告、滞留与搜拍权限，体现了其作为美国警察法极为重要的进路性渊源地位。

而大陆法系国家，一般不承认判例拘束性原理，上级法院有关警察的判决对下级法院并不产生直接的法律效力，但这并不意味着大陆法系国家一概否认判例作为警察法的进路性渊源地位。其适用判例作为警察法进路性要素的领域主要是警察法规定不完备的领域与制定法规定中存在不确定概念的部分。在警察法形成的过程中，制定法的局限性比较明显，判例则可成为除立法这一进路性要素以外

---

① 高文英：《中外警察立法比较研究》，载《公安大学学报》1989 年第 4 期。

② 高文英：《中外警察立法比较研究》，载《公安大学学报》1989 年第 4 期。

③ 公安部政治部编：《公安法制建设研究》，中国人民公安大学出版社 2007 年版，第 45 页。

的，促进其形成的重要进路性要素。实际上，随着两种法系之间融合趋势的加强，在大陆法系的一些国家中，有关警察的判例在一定范围和程度上起到了补充性立法的作用，成为其重要的进路性渊源。例如，法国、德国、日本、韩国皆承认判例是其警察法形成过程中的进路性要素。

在当代中国，最高司法机关对有关警察的法律解释属于警察法的渊源，是毋庸置疑的。但司法判例是否属于警察法的进路性渊源，却仍存在着争议。实际上，中国固然不属于英美法系，也不存在判例法这种法的形式，但中国最高司法机关选择、确认和公布的有关警察的典型判例，在警察法实际生活中，起到了法的渊源的作用，其应是中国警察法形成过程中重要的进路性要素。

3. 国家行政机关的决策和决定

此类渊源主要指由行政机关发布的有关警察行政命令、行政措施、重要文告等。涉及警察权的运行问题时，行政机关往往需要通过发布行政命令、采取行政措施、颁布行政文告的方式行使职权和履行职责。实施这些行政行为所积累的经验和形成的规则，一般会转化为法律规范。在警察法的形成过程中，有大量的规则就是这些决策和决定提炼而成或转化而来的。因此，在警察法的形成过程中，国家行政机关的决策和决定也是其根本的进路性要素。例如，在法国其内务部可以针对治安警察的巡逻、刑事警察负责刑事犯罪案件的侦破等发布一些行政决定与命令。[①] 需要注意的是，国际行政机关的决策和决定作为警察法的进路性因素渊源，必须符合一定的前提条件，即在实质上，此类渊源通常仅能涉及非属法律保留之事项，换言之，国家生活中重要的事项，保留给法律加以规定的，国际行政机关的决策和决定仅能就未保留的有关警察事项予以规范。

在我国，此类渊源主要包括中央国家行政机关的决策和决定与地方行政机关的决策和决定，其中中央警察机关的决策和决定数量居多，是警察法形成过程中重要的进路性要素。

（三）警察法的动因性要素

警察法的动因性要素是警察法渊源中根本的要素，警察法和相关的法律制度是由一定的原因和动力形成的，而非无缘无故产生的。警察法的动因性要素是指警察法之所以产生、形成的历史上或现实的影响力，即警察法是基于何种原因形成的，是来自一些政治事件、历史事件，还是经济、文化、历史方面的因素。在此种原因的促使下，警察法得以制定或得以形成，它们是警察法得以形成的催化剂、助推器，是警察法形成的动力。警察法的动因性要素主要包括：

① 高文英：《中外警察立法比较研究》，载《公安大学学报》1989 年第 4 期。

1. 社会经济关系

社会的经济关系作为警察法的动因性渊源对警察法形成的作用是具有决定意义的。各国的警察法一般都受各自社会经济关系的制约，反映本国一定社会经济关系的要求，社会的经济关系是相关警察法制定、修改、废除的决定性力量和根源。众所周知，英国资产阶级革命胜利后建立了第一个以资本主义生产关系为基础的宪政国家，该社会的经济关系的特点就是强调对私人财产权的关注与保护。正是由于19世纪初从英国反拿破仑战争后期开始，工业不景气、失业、物价高涨等问题引起了社会动荡，侵犯财产的案件屡屡出现，复杂的治安形势下由罗伯特·比尔爵士提出的《大伦敦警察法》在英国才得以确立。与此相似，20世纪90年代基于英国警察占有公共开支的份额逐年增多、市场经济秩序不稳定等社会经济关系的新变化，英国警察部门进行了一场大刀阔斧的改革，将市场经济中的很多理念引入来改善公共领域的服务。例如，注意警务服务的成本与效益，力求公共资源使用效率的最大化。这也使英国的警察法出现了的新变化与发展。① 马克思说："无论是政治的立法还是市民的立法，君主们在任何时候都不得不服从经济条件，并且从来不向经济条件发号施令。"② 这说明在影响警察法形成的各种动因性渊源中，经济关系，或曰社会物质生活条件是警察法形成的最根本的动因性渊源。

社会的经济关系在我国警察法的形成过程中也同样体现了重要的动因性渊源作用。众所周知，早期形成于计划经济条件下的警察法，带有明显的时代局限性。改革开放以后，随着市场经济体制的建立和完善，人、财、物大规模流动使得社会治安环境变得纷繁复杂。特别是随着经济全球化、社会信息化格局的形成，使建立适应社会主义市场经济的公安体制和运行机制成为中国警务改革的迫切要求，由此带来了新时期中国警察法的变化与发展。例如，计划经济体制下颁布实施的户口登记制度，其所确立的城乡二元人口制度，已很难适应当前社会现实中流动人口的巨大冲击，使警察法中大量相关的单行法律、法规作出了补充或修改。同时，酒吧、卡拉OK歌舞厅、典当行等新的经济形式的出现，也带来了社会经济关系的新变化，由于这些行业特有的性质，极易被违法犯罪分子利用来作为犯罪场所或销赃的场所，仅依靠经济立法对其加以确认和规范远远不够，因此相关的警察法规范的制定与完善也成为发展重点。③

---

① 汤旭锋、丁湘：《英国新一轮警务改革给我国公安改革的启示》，载《上海公安高等专科学校学报》2005年第3期。

② 《马克思恩格斯全集》（第18卷），人民出版社1985年版，第309页。

③ 公安部人事训练局编：《警察法教程》，群众出版社2002年版，第20页。

2. 社会政治状况

社会政治状况作为警察法的动因性要素对警察法的形成作用明显。警察法的形成与发展总是同社会政治状况紧密联系在一起，也是社会政治状况发展的要求。在前资本主义社会，国家一直享有特权，可以对社会实行任意统治，作为国家权力重要表现形式的警察权在法律上也表现出极大的任意性和专横性，甚至出现了警察国的现象。随着民主法治的发展与宪政国家的形成，对公权力尤其是警察权的控制成为政治发展的重点，各国的警察法基于政治状况现实的需要纷纷作出调整，依法行政、程序公正、尊重保障人权等原则在警察法形成发展中多有体现。进入21世纪后，随着恐怖组织、恐怖活动的增多，世界各国在反恐问题上的政治状况发生了系列变化，尤其是美国“9·11”恐怖事件的发生，美国立即采取立法措施，制定了《爱国者法案》、《航空与交通安全法》、《加强边境安全和入境签证改革法》等一系列有关警察的立法，在一定程度上改变了传统对警察权的审慎态度，全面扩大延伸了警察权。值得一提的是，这一动因性要素在日本警察法形成过程中的明显作用。日本警察法形成伊始，由于明治维新时期政治上多受欧洲影响，其警察法形成也参考借鉴的是欧洲警察法律制度。至第二次世界大战后，美国作为占领国对其政治状况的诸多影响促使其在警察法上也相应调整，改变了战前典型的国家警察，谋求彻底分散警察权，确立了民主警察的基本概念。但其作为当时使日本民主化的占领政策之一而制定的警察法，有许多不符合日本国情之处。随着日本恢复独立后政治状况的逐步发展，1953年围绕着警察的民主性与效率性、中央集权和地方分权、明确政府的治安责任和确保警察政治中立等核心问题，其警察法的全面修改开始进行，最终形成了日本现行的警察法律制度。①

在我国，社会政治状况对警察法的形成也起到了明显的动因性要素作用。早在中央苏区建立中华苏维埃共和国时期，为适应当时对敌斗争和保卫红色政权的政治状况需要，就按照前苏联模式，建立了由国家政治保卫局和民警局两大系统组成的公安保卫组织，并制定和颁布了一些警察法规。新中国成立后，我国有步骤地实现了从新民主主义到社会主义的转变，基于政治状况的需要，在“三反”、“五反”运动中，先后制定了第一批警察刑事方面的法律法规。而在“文化大革命”时期，政治状况的恶化使警察法制建设遭受严重挫折。至20世纪80年代后，随着我国政治体制改革的逐步推进，对警察法的形成与完善提出了诸多挑战，警察法的发展也经历了立法高峰期，据统计，1979年至1995年，全国人大及其常委会通过了21部警察法律，国务院发布了42件警察行政法规，公安部

① 日本警察制度研究会编写：《现代日本警察》，周壮等译，群众出版社1990年版，第36～38页。

制定发布或与其他部门联合制定的有关警察工作的规章及规范性文件700多件。[①] 由此可见，社会政治状况的发展变化是我国警察法形成过程中不可或缺的动因性要素。

3. 社会文化发展

在一个自由民主的宪政国家中，社会文化的发展可使其政府无须使用其充足的警力来迫使人们接受那些为国民所担忧或反对的法律和政策。诚然，这里有两个先决条件：其一，国民在思想认识上就政府将采取的控制程度达成某种理解和认可；其二，社会文化的发展使政府在行使警察权过程中存在行政谦抑性，能够自我约束与控制。可见，社会文化发展也是警察法形成中一项根本的动因性要素。一个值得思考的现象是：现代宪政制度和现代警察制度都源自英国。19世纪20年代以杰里米·边沁和詹姆斯·密尔为代表的自由派思想与改革运动逐渐发展之时，英国选择了有别于宪政传统的制度设计来解决日益复杂的治安问题。[②] 然而，虽然这种新型的警察制度所表现出的警察价值在于消极地限制权利以保障社会的安宁，不符合英国的宪政传统及当时正在进行的自由派改革方向，但之所以通过并发展开来恰是因其在原则与内容上处处体现了前者对警察权的审慎态度，强调警察必须置于法律之下，必须向法律负责，并且要保卫法律所提供的自由。英国宪政文化发展形成的自由、平等、博爱思想，在早期有关的警察法立法中多有体现，直至今日也影响甚深。如1963年，时任英国内政大臣的白德乐（Budle）所言："我国的警察不可为一届政府或某一个人所能直接改变。警察改革的根基有二，一为监督，二为平衡。这使我们的自由延续了多少朝代。"[③] 此种现象的存在与英国的社会结构和文化特点密切相关，可以说，现代警察制度的形成伊始，就必然地反映着地域性的文化特质。不同社会文化背景、民族文化传统对警察法形成产生的影响与制约，是造成各国警察法律制度差异的文化根源与动因。换言之，在世界范围内考察，警察法律制度作为社会文化的产物，其普遍性价值通过各国特殊的历史与文化条件体现出来，而这一本土化进程中，都无法回避并凸显出社会文化发展作为警察法动因性要素渊源的重要作用。

中国警察法在形成过程中社会文化的发展作为其动因性要素，呈现多元性特点。新中国成立后，伴随着改革开放，一方面，国民法治观念和权利意识逐步增强，在物质生活提高的基础上对民主、自由、公平正义的精神生活需求增多，这

① 毛志斌主编：《警察法》，河南人民出版社2005年版，第31页。

② 师维：《宪政进程中的警政建设——基于对日本警察制度的考察》，载《河南公安高等专科学校学报》2009年第6期。

③ ［英］约翰·安德逊著：《警察权力论》，王大伟译，载《福建公安高等专科学校学报》1999年第1期。

也促使我国在相关的警察立法上作出诸多调整，“理性、平和、文明、规范”执法观念的提出就是例证。另一方面，随着对外文化沟通与交流的增多，我国社会文化在继承中国古代传统因素和国民因素的基础上吸收借鉴了大量国外先进文化因素，特别是进入20世纪90年代后，美国宪政文化与警察文化的引入，使我们开始重新审视与反思我国的一些警察法律制度，从而推动了我国警察法的发展与完善，成为其重要的动因性要素。

第四节　警察法治

一、警察法治的概念解读

界定“警察法治”，需要用庖丁解牛的方法分析“警察”、“法治”的含义。“警察”的解读前文已述，在此不再赘述。改革开放以来，对法治的讨论，内在的影响更多的来自西方法治思想，讨论的动力主要是中国国情对法治的渴望，讨论的集中时间是在1997年和1999年“实行依法治国，建设社会主义法治国家”先后写入中共十五大报告和《宪法》前后，讨论热度、韧度和长度，在法律用语中是首屈一指的。

法治中的“法”，名词，会意字。从“水”，表示法律、法度公平如水；从“廌（zhi）”，即解廌，神话传说中的一种神兽，据说，它能辨别曲直，在审理案件时，它能用角去触理曲的人。《说文》曰：“灋，刑也。平之如水。从水，廌所以触不直者去之，从去，会意。”法治中的“治”，动词，形声字。从水，台声。本义是水名，① 引申义是治水，整治，修治。② 可以从两个层面予以解读。一是从过程意义上讲，也是从动态意义上，解释为管理；二是从结果意义上讲，也是从状态意义上，解释为管理的结果，即安定或太平。法治，在现代汉语词典中，被解释为：一是先秦时期法家的政治思想，主张以法为准则，统治人民，处理国事。二是指根据法律治理国家。③ 法治是一个重大而复杂的问题，一直是

① 发源于山西省宁武县，上游即今山西、河北境内的桑干河，下游东流入渤海。参见《汉书·地理志下》。

② 《吕氏春秋·察今》：“治国无法则乱”；西汉褚少孙《西门豹治邺》：“民治渠”；《史记·孝武本纪》：“其后治装行，东入海求其师云”；北魏郦道元的《水经注》：“昔禹治洪水”；明末清初蒲松龄《聊斋志异·小翠》：“遂治别院，使夫妇成礼。”

③ 中华在线词典：http：//www. ourdict. cn。

"一个无比重要的、但未被定义的、也不是随便就能定义的概念"。[①] "通观近代以来西方的法律思想史和法学史可知，直接定义法治并不多见……内涵虽具有确定性和稳定性，但其外延往往是模糊的，并且是发展变化的。正是其外延的不确定性和模糊性，才使得'法治'成为一个极具张力的概念。"[②] 西方法学家主要是从自己的感知和研究需要出发，选择某个视角或领域，为法治开列若干要素。[③]

"法治"的理解不统一，给法治研究与实践带来了不便。1959 年，国际法学家协会在印度召开会议，通过的《德里宣言》阐述了法治的三条原则：一是根据"法治"原则，立法机关的职能就在于创设和维护得以使每个人保持"人类尊严"的各种条件；二是法治原则不仅要对制止行政权的滥用提供法律保障，而且要使政府能有效地维护法律秩序，借以保证人们具有充分的社会和经济生活的条件；三是司法独立和律师自由是实施法治原则必不可少的条件。[④]《德里宣言》"已经不单纯局限于西方近代法律的价值，而是体现了从个人本位的近代法治观念向社会本位的现代法治观念的转变，表达了发展中国家运用法律促进社会进步的愿望。"[⑤]

法治一直是一个西方论坛，在西方学术的"手术台"上，它以各种方式被解剖、研析，形成色彩斑斓的法治话语体系。中国对于法治的探究，这种"西方论坛"的特征是显而易见的。[⑥] 中国法学者对于法治概念的兴趣可追溯到 20

---

① ［英］戴维·M. 沃克：《牛津法律大辞典》，邓正来等译，光明日报出版社 1988 年版，第 790 页。

② 汪太贤、艾明：《法治的理念与方略》，中国检察出版社 2001 年版，第 21 页。

③ "法治的内容是：对立法权的限制；反对滥用行政权力的保护措施；获得法律的忠告、帮助和保护的大量的和平等的机会；对个人和团体各种权利和自由的正当保护；以及在法律面前人人平等……它不是强调政府要维护和执行法律及秩序；而是说政府本身要服从法律制度，而不能不顾法律或重新制定适应本身利益的法律。"参见［英］戴维·M·沃克：《牛津法律大辞典》，邓正来等译，光明日报出版社 1988 年版，第 790 页。我国学者对西方"法治"理解归纳为：第一层是社会的秩序或治安。第二层是政府的权力必须有法律上的依据。第三层是权力必须受到限制，法律要有足够的内容去防止法定权力的滥用。第四层是司法独立。第五层是政府行政机关必须尊重和服从法律及法院在解释和执行法律时的判决。第六层是在法律下的平等。第七层是指法律应达到一些基本的公义标准。第八层是罪刑法定等刑法基本原则。第九层是人民应有权选出自己的政府，政府应向人民负责，为人民服务；同时应保障人权和基本自由。最高层次是一种信念，相信一切法律的基础，应该是对于人的价值的尊重。参见陈弘毅：《浅谈法治的概念》，载《民主与科学》2007 年第 3 期。

④ 王人博、程燎原：《法治论》，山东人民出版社 1998 年版，第 97 页。

⑤ 蒋立山：《法律现代化——中国法治道路问题研究》，中国法制出版社 2006 年版，第 39 页。

⑥ 谢海定：《当代中国法治理论孕育生长的反思——读〈从法制到法治〉》，载《法学研究》2000 年第 6 期。

世纪80年代初。[①] 通过因特网容易搜索到千万条关于中国法治的信息，关于中国法治有着大量的法律文献，关于中国法治不同方面的论文也是不计其数，从这些方面可以看出，中国法学法律界同行们是十分具有创造力的。[②]

我国学者关于"法治"的内涵、外延及其论证，主要是三种分析路径：第一种是直接进行分析界定；第二种是在与法制、人治、德治、法治国家等相关概念的对比分析中界定；第三种是中西方法治内涵研究的对比。用的最多的是第二种路径，前两种路径往往被学者结合在一起使用。主要有四种做法：一是抓住法治的一个最基本的属性从多视角进行描述；二是从多视角、多层面描述法治的多重属性或含义；三是为法治确定一个综合的指标体系，指出法治应具备的各项要求；四是直接罗列法治的内容要素。[③] 同西方一样，当代中国法学家对法治的界定也有明显的各执一词，实质上存有普遍而核心的共识。

从第一种路径出发研究法治所得结论中，比较有代表性的有：夏勇提出了法治十大规诫：有普遍的法律；法律为公众所知晓；法律可预期；法律明确；法律无内在矛盾；法律可循；法律稳定；法律高于政府；司法权威；司法公正。[④] 刘军宁把法治的要素和原则概括为14条：法律必须是公开的，普遍的，不自相矛盾的，稳定的，明确的，合乎实际的；法律必须是善意的，合乎情理的；法律具有最高性；法律必须是可预知的，可信赖的；法律面前人人平等；法律的目的只能是正义本身；一切法律都不得违背宪法，不得侵犯宪法所保障的权威与自由；司法必须独立；依法行政和越权无效；国家责任原则；不溯及既往原则；罪刑法定；法律必须由主权者（人民选举产生的立法机关）制定；法律必须是公正的、不偏不倚的规则。[⑤] 李长健归纳为：法治是运用法律治理国家的方略，是一种法律精神，代表着一种价值取向，是一种法制模式，是依法办事的社会状况，是良好的法律秩序和社会理想。法治具有主体、客体、依据和标准四个基本要素。法治的主体只能是人民。法治的客体包括三个方面：其一是国家机器和国家权力。其二是权利。其三就是国家事务、政治经济文化事务和社会事务。法治的依据是

---

① 廖静叶：《法治和人治没有绝对界限》，载《法治研究》1980年第4期。转引自［意］捷马利·阿贾尼：《中国的"法治"概念》，孙斌译，载《政法论丛》2006年第1期。说明一点，这里的《法治研究》与2007年创刊的《法治研究》之间关系不清，后者在其"创刊词"中没有提及以前的情况。

② ［意］捷马利·阿贾尼：《中国的"法治"概念》，孙斌译，载《政法论丛》2006年第1期。

③ 汪太贤、艾明：《法治的理念与方略》，中国检察出版社2001年版，第21~22页。

④ 夏勇：《法治源流——东方与西方》，社会科学文献出版社2004年版，第23~24页。

⑤ 刘军宁等主编：《经济民主与经济文明自由》，生活·读书·新知三联书店1997年版，第107~110页。

反映广大人民群众的意志和根本利益的法律。法治的标准主要体现在以下四个方面：一是法律权威。二是有健全的法律运行机制。三是权利保护与权力制约的统一。四是要有先进的法学理论，公民要有良好的法律意识。① 郭道晖认为，健全的社会主义法治应以坚持四项基本原则为前提，以民主法制化和法制民主化为基础，大致体现在10个方面：有完善的法制保证实现“国家一切权力属于人民”；有完善的法制保障公民的各项基本权利不受侵犯，如果受侵犯能得到及时的法律救济；有完善的法制保障社会的公共秩序与安全，保护和改善人们的生活环境和生态环境，防治各种公害；有完善的法制保障和促进社会主义文明的发展；有完善的立法制度和比较完备的法律体系，保证在国家和社会生活的各个领域中都有法可依，不因领导人及其注意力的改变而改变；司法机关能依法独立行使职权，有效地保护人民，打击敌人，惩治犯罪，并正确处理各种行政的、民事的、经济的纠纷；行政机关能严格依法办事，做到“有法必依”，同时其权力行使的范围有明确的法律限制，一切滥用权力的行为都能受到有效的制裁；有完善的监督制度，人民能够通过各种渠道了解与监督国家机关的一切活动，同一切违法与犯罪行为作斗争；法律面前一律平等，任何组织和个人不得有超越宪法和法律的特权，各政党的组织也都必须在宪法和法律范围内活动；各级干部和广大群众都有强烈的法律意识，能知法、守法、用法、护法，举国上下都能养成依法办事的法制观念与习惯。②

从第二种路径出发研究法治所得结论，可以全面梳理归纳为以下紧密联系、渗透交织的内容：③

第一，权利在法治中的地位。法治以权利为核心、以权利平等为基础。法治是权力和权利通过相互博弈而达到平衡的一种社会状态，尤其关注对公民权利的

---

① 李长健：《论法治概念与法治判断的要素》，载《黑龙江社会科学》2005年第4期。

② 郭道晖：《民主·法制·法律意识》，人民出版社1988年版，第17～18页。

③ 归纳材料来源，除了下文分类中列举的以外，还可以参见陈绍凡：《从民族法制到民族法价——中国民族法治建设理论研究》，兰州大学2007届法学博士学位论文；郭星华：《法制与法治》，载《河北法制报》2007年4月5日，第3版；赵明：《从“法制”到“法治”的中国语境》，载《思想战线》2005年第2期；蒋传光：《邓小平法制思想与法治》，载《理论建设》2004年第4期；邵拥军、江苏：《“法治”和“法制”的区别》，载《人民代表报》2004年3月30日，第3版；王更喜：《由“法制新闻”到“法治新闻”》，载《晋中师范高等专科学校学报》2003年第3期；石茂生：《法治与法制》，载《安阳师范学院学报》2002年第1期；张成福：《面向21世纪的中国再造基本战略的选择》，载《教学与研究》1999年第7期；王松苗、李国明：《郑成良教授谈法制、法治与法治国家》，载《人民检察》1997年第12期；刘惊海：《界定“法治”与“法制”——一个实践的要求》，载《吉林大学社会科学学报》1993年第3期。

维护，强调权利对权力的约束和监督。除了自上而下运行的权力系统外，又增添了自下而上逆向运行的权利系统，法治是权力与权利互动整合的结果。

第二，法律权威。“法治应包含两重意义：已成立的法律获得普遍的服从，而大家所服从的法律又应该本身是制定得良好的法律。”[①] 这一亚里士多德的法治论，是法律权威的主要理论的来源和表述。突出了法治以法律的最高权威为标志，前提是法律是良法体现人民利益的法律至上、统辖一切。

第三，价值取向。法治的价值取向则十分明显，“法治”概念意味着对“法制”作价值判断，它既是一种制度秩序，同时还表征着人们对某种理想、某种价值目标的追求，比如体现正义的自由、平等、人权等价值。也有学者认为，“法治”的重要不足是价值中立，也未必意味着民主，[②] 这一说法没有见到明显的共鸣。

第四，经济基础。指明法治的经济基础只能是市场经济，或称为商品经济。“法治以市场经济和民主政治为基础，是市场经济基础之上、民主政治体制之中的治国方略。”[③]

第五，与民主政治的关系。法治必定以民主为前提，其本意首先是“治官”、“治吏”。[④] 法治最关心的问题，是切实实现民主的制度化、法律化和民主的法律化。重视强化法律与民主政治密不可分、相互促进的质，突出强调法律制度的客观基础和终极目标必须与民主政治的根本要求完全一致，绝不允许有任何动摇或偏离。[⑤]

第六，与法律文化的关系。法治是人们沟通理性的体现，人们在自由开放、不受权力关系宰割的情况下，诚意地进行讨论协商，互相交换意见，尊重并全心全意地尝试了解对方的观点，大家都遵守以理服人原则，摆事实，讲道理，唯“理”是从，不固执己见，从善如流，以达成共识，并根据此共识来治理社会，或以此共识作为有关社会政策或安排的基础。[⑥] 不能说“法治”不是一个纯粹的法学概念，法治内在地包含着道德价值追求和基本政治原则，甚至包含着对法律

---

① 颜一编：《亚里士多德选集：政治学卷》，中国人民大学出版社 1999 年版，第 138 ~ 139 页。

② 张千帆：《法治概念的不足》，载《学习与探索》2006 年第 6 期。

③ 程燎原：《从法制到法治》，法律出版社 1999 年版，第 267 页。

④ 王贵秀：《十五大对“法治”概念的确认及其意义》，载《中国党政干部论坛》1998 年第 1 期。

⑤ 史浩林：《依法治国与以法治国、法制与法治论异》，载《长白学刊》1999 年第 3 期。

⑥ 陈弘毅：《西方人文思想与现代法的精神》，载《中国法学》1995 年第 6 期。

的热忱和信仰。①

第七，与人治的关系。法治与人治对立，是对人治的彻底否定。

第八，外延。是从法律的形成到其规定在国家和社会生活中得到不折不扣地施行的各个环节及其全部运行状态、方式、程序和原则。它包括立法、执法、司法和守法及相应的监督、制约和法律教育和法学研究等诸多方面，涉及对法律自身的特定要求，实际管辖、控制、支配国家和社会各个方面、各种活动的客观情况。

第九，内涵构架。法治包含多层含义，它是一种治国方略；一种理性的办事原则；一种民主的法制模式；一种法律精神；一种理想的社会秩序。② 法治既包括法律意义上的法治，也包括社会意义上的法治和价值意义上的法治。③ 法治包含形式意义上的法治和实质意义上的法治，法治是两者的统一体。形式意义上的法治，强调"依法治国"、"依法办事"的治国方式、制度及其运行机制。实质意义上的法治，强调"法律至上"、"法律主治"、"制约权力"、"保障权利"的价值原则和精神。④ 法治包括国家法治和社会法治。国家法治，是指政治权力的配置、运作范围、限度、方式和程序，都严格依法规定。社会法治，是指社会生活的民主化、法治化，⑤ 社会主义法治理念在内涵结构上可分为知识、感情、意志、信念等四个方面，应当着力强调法律至上、法律平等、权利保障、权力制约、司法独立、正当程序等六个方面的内容。⑥

第十，存在状态。法治，即法律的统治或治理，是一个动态的范畴，侧重于对法律实效的考察，重视法律制度在现实生活中的价值发挥。

从第三种路径出发对法治研究所得结论，主要是：中国学者认为法治是治国的一种方式，是国家实现目的的工具，将法制作为法治的前提；西方学者认为法

---

① 潘佳铭：《法治概念的性质探析》，载《西南师范大学学报（人文社会科学版）》2005年第1期。

② 张敏、熊循庆：《从"法制"到"法治"——试比较荀子和亚里士多德的法律思想》，载《前沿》2005年第10期；孙笑侠、夏立安：《法理学导论》，高等教育出版社2004年版，第330～333页；徐秀义、韩大元：《现代宪法学基本原理》，中国人民公安大学出版社2001年版，第20页；陈金钊、袁付平：《简析法治的概念》，载《山东大学学报（哲学社会科学版）》2000年第6期。

③ 康宗基：《法、法治、法治政府范畴的广义性简析》，载《太原师范学院学报（社会科学版）》2005年第2期。

④ 舒国滢：《法理学·宪法》，法律出版社2001年版，第199页。

⑤ 刘保国：《从法制走向法治——论我国国家与社会关系法律调整模式的重大转换》，载《南京政治学院学报》1999年第3期。

⑥ 范沁芳：《社会主义法治理念的概念初探》，载《苏州大学学报（哲学社会科学版）》2007年第2期。

治是对国家的限制和对公民的保护，将法制作为法治的一个环节。中西方对法治理解的差异是社会发展程度差异在观念上的反映。法治和国家有必然联系，又和民主有必然联系，反映特定的国家形态。法治的实质具有确定性，法治肯定和人治相对立，法治国家肯定是民主国家。保证法律在国家中的绝对权威，法律的内容、制定、生效、实施都是公共意志的体现。这是法治的基本标准。[①]

从上述研究结论可以看出，在绝大多数法学家看来，无论对法治作出何种理解，都不能抹去它在法律支配权力和保护公民权利自由这两方面的基本要义，具体含义是基本要义的延伸和实现路径。

目前，学者对警察法治内涵和外延的研究只是处于起步阶段：一是认为警察法治的基本内涵：警察守法。同时，又认为警察法治是一个内涵十分丰富的概念，具体包括法控型警察、有限与有为警察、公正型警察、服务型警察、人权型警察与责任型警察等内涵。对此解读为：（1）警察权应以法律作为来源和依据。（2）警察权应具有有限性和有效性。（3）公正是警察法治建设的本质要求。（4）服务是警察法治的重要内涵。（5）警察权的运行应遵循人权理念。（6）权责统一是警察法治的必然内涵。警察法治的基本理念：公共理念、平衡理念、法治理念和程序理念。警察权和公民权的平衡是警察法治的核心。[②] 二是在解读法治的基础上认识警察法治。警察法治就是以民主为前提和目标的依法办事的警政工作理念、运行机制、活动方式和秩序状态，包括整个警政活动中以民主作为前提和目标的依法办事的观念、原则、制度、组织和过程。[③] 二者形异质同，都是把法治的基本内涵和要求具体到警政领域的阐述。这是解读警察法治的必由之路。

笔者认为，警察法治的基本要义，是以民主为前提、以警察权制衡为“红线”和以权力义务一致为原则，建立健全警察法律体系；以事实为根据、以法律为准绳和以正当程序为原则，构建和落实警察权运行机制；以服务为宗旨、以公正为价值取向和以谦抑处罚为后盾，追求和实现人民安居乐业、社会长治久安，体现出人权保障的目标。

---

① 黄正文：《中西方对法制与法治理解的差异》，载《广西政法管理干部学院学报》1999年第2期。

② 李少慧：《法治政府视角下的警察法治》，山东大学2007届法学硕士学位论文。

③ 吕绍忠：《论警察法治》，载《山东警察学院学报》2007年第4期。

二、警察法治基本范畴

基本范畴的"基本"，其含义是"基" 和"本" 本义结合后的引申义，指根本的、主要的。范畴是在整合"范" 和"畴" 的含义的基础上孕育发展而成，包含两层含义：一是人的思维对客观事物的普遍本质的概括和反映。各门科学都有自己的一些基本范畴，如化学的化合和分解；政治经济学的商品价值、抽象劳动、具体劳动；唯物辩证法的本质和现象、形式和内容、必然性和偶然性。二是类型、范围。例如，汉字属于表意文字的范畴。范畴的这两层含义可以相对独立，侧重表达其中的一层含义，这两层含义结合更是全面确切地表达出范畴的应有之意。

作为一个学术用语的"范畴"，被认为译自 Category 一词，源于希腊文 Kategotia，原意为指示、证明等意，由于范畴作为哲学和科学的基本概念，即外延最广的概念，既有"洪" 大之意，又有各成其类之意，故译其为"范畴"。[①] 对于范畴，亚里士多德认为范畴是表示存在的基本方式，这基本上是唯物主义的观点；康德认为范畴是悟性的先验格式，这是唯心主义的观点。现在所谓范畴，指概念而言。基本范畴则是以所研究领域内客观存在的总体现象为背景，对其中基本对象的本质和关系进行高度抽象和概括的基本概念。[②]

从辩证唯物主义来看，范畴大体可分为三个层次：第一个层次，是一般的哲学范畴，这是最高层次的范畴；第二个层次，是历史唯物主义、辩证逻辑和自然辩证法的范畴；第三个层次，各门具体科学的范畴。以上三个层次的范畴是互相联系、互相渗透、互相转化的，而不是彼此割裂的。高层次的范畴以低层次的范畴为基础，低层次的范畴为高层次的范畴提供了思想材料。在研究高层次的范畴时，要涉及低层次范畴的具体内容；在研究低层次的范畴时，要以高层次的范畴为指南。

"任何一门科学成熟的标志，总是表现为将已经取得的理性知识的成果概念、范畴、定律和原理系统化，构成一个科学理论体系。"[③] 可见，建构范畴体系是一门科学走向成熟的必由之路，所以，范畴体系的建构对于警察法治之意义已经可见一斑。

具体范畴总是存在于与其他范畴的联系中，总是与其他范畴一起构成有机联系的范畴体系，每一个具体范畴都是范畴体系中的一个方面或一个环节，同时每

---

① 彭漪涟：《逻辑范畴论——马克思主义哲学关于逻辑范畴的理论》，华东师范大学出版社 2000 年版，第 1 页。

② 张岱年：《中国哲学史方法论发凡》，中华书局 2003 年版，第 46 ~ 47 页。

③ 彭漪涟：《概念论——辩证逻辑的概念理论》，学林出版社 1991 年版，第 2 页。

一个具体范畴自身又总是展开为一个体系。警察法治的范畴体系应遵循哲学范畴体系建构的方法，并在这个总的指导方法下，融合体现警察法治的特色。

第一，警察法治的范畴体系是由法律实践决定的，具有客观性。各种警政主体在法律活动中实施的各种法律行为而形成的权利义务关系构成了整个法律实践。罗纳德·德沃金认为："作为整体的法律是对法律实践进行的全面解释。"① 因而，范畴体系中包括了主体、行为、权利与义务等，都反映了在法律实践中客观存在的各种对象与关系。所以，警察法治实践决定着警察法治基本范畴的内容、数量及其内部构成要素，也决定着范畴体系的结构。

第二，警察法治范畴必须反映警察法治领域内对象的本质和关系，并具有稳定性和高度的概括性。各种范畴都是对所反映对象的本质和关系的抽象和概括，只是程度有所不同。

第三，警察法治范畴同样具有系统性。警察法治范畴体系也由不同部门、不同类型、不同层次的范畴构成。从范畴的层次看，在警察法治范畴体系内部，由于范畴所包容的知识量和结构量的差别，可以划分为普通范畴、基本范畴等各个层次的范畴。普通范畴是对警察法治现象的某个具体侧面、某种具体联系、某一具体过程的比较简单的抽象，属于初级范畴。基本范畴是以警察法治现象的总体为背景，对警察法治现象的基本环节、基本过程或初级本质的抽象，属于警察法治理论的基本概念。② 如"治安管理权"、"治安管理法律关系"等属于普通范畴，是对依法享有权利和承担义务的人之间权利义务关系的分类概括和初级抽象；而"警察权"、"警政法律关系"则是一个基本范畴，是对依法具有权利和义务资格的各种主体之间的所有权利义务关系的共同概括和高级抽象，既可以清除不合时宜的旧的范畴，又可以吸纳新的范畴，与普通范畴相比更具有较强的稳定性。

第四，警察法治范畴最终是由经济建设和社会发展的阶段和程度决定的，处于不断发展变化中。警察法治的范畴体系是由警察法治实践决定的，但最终是由经济建设和社会发展的阶段和程度决定的。对于范畴，"不能把它们限定在僵硬的定义中，而是要在它们的历史和逻辑的形成过程中加以阐明。"③ 每个历史时期警察法治的范畴体系都会反映自己的时代的特色，所以，对于范畴体系要用发展的眼光去看待。

因此，警察法治基本范畴，是指人的思维对警察法治普遍本质的概括和反映

---

① ［美］罗纳德·德沃金：《法律帝国》，李常青译，中国大百科全书出版社1996年版，第202页。

② 张文显：《法哲学范畴研究》（修订版），中国政法大学出版社2001年版，第15页。

③ 《马克思恩格斯全集》（第25卷），人民出版社1974年版，第17页。

中，处于根本和主要地位的种类内容，对认识、实施和实现警察法治具有提纲挈领作用的内容。警察法治的基本范畴，应当主要是警政思想、警察法、警察权和警政法律关系。这些概念具有作为基本范畴应该具有的稳定性和高度概括性，但是，随着经济建设、社会发展和警察法治实践，这些基本范畴的内涵和外延处于几乎和历史同步的发展变化之中。①

① 对警察法治基本范畴概念的解读，参见张超：《对警察法治基本范畴概念解读》，载《河南公安高等专科学校学报》2008 年第 3 期。

第二章　历史回顾：西法东渐背景下的近现代中国警察法之历史发展

20 世纪 80 年代以来，学术界关涉近代警政研究的文章约有百余篇，涉及的领域非常广泛。我们从警察制度的创立、警察法规的制定、警察教育的发展及其他视角等几个方面，对相关文章做系统梳理，以为展示。

第一节　近代中国建警与警察法

鸦片战争后，西力东侵，西学如潮涌来，中国社会开始了艰难而痛苦的转型。在这一广泛、深刻而复杂的转型过程中，制度文明的变迁，艰难持久而影响悠远，体现和反映了近代中国社会的新陈代谢。政治制度、经济制度、文化制度等与近代西方先进制度文明的沟通、移植、融合，是近代中国历史进程中一项极为紧迫的课题。这一过程是曲折的、渐进的，存在着理想与现实之间的矛盾，但总体而言，近代制度的嬗变是与中国社会发展进步相符合的一种历史性运动。在中国近代化①的过程中，作为政治制度的一个重要组成部分——以西方警察制度为摹本的中国的近代警察制度在清末诞生了。

一、近代警政思想

（一）早期改良派的警政思想

近代意义上的警察制度在中国的出现有其特定的社会背景和思想渊源。国人对警察制度的最初认识是从租界开始的。鸦片战争后，英国在中国上海设立了近代史上的第一块租界。租界由于其不受中国法律管制，帝国主义列强将大量不符合中国人思维的本国的经济、政治制度移植到租界，西方近代警察制度作为政治

① “近代化”一词可能是一个颇有争议的词语，有些学者更赞同使用“现代化”去定义自清末以来的向西方学习的这一现象。

制度的一部分也被移植到租界内，使国人产生了对西方近代警察制度的模糊认识。例如，清光绪年间的葛元熙在《沪游杂记》中部分介绍了上海租界内的西方警察制度，认为其“与捕快无异”，在葛元熙片段介绍西方警察制度前后，也有一些著作或译作零星提到警察制度的，但从这些著译的观点来看，大都只是简单介绍，目的是使国人了解西方警察制度，还没有注意到它有着完全不同于清朝捕快的功能，更没有看到它在近代国家经济、政治、文化生活中的重要作用。①

对于西方警察制度的认识到了19世纪90年代初期有所改变。早期改良派的出现是产生这一转变的主要原因。早期改良派的代表人物如何启、郑观应、胡礼垣等在提出自身改良主张的同时，呼吁清政府创立警察制度。何启、胡礼垣二人于1895年合作发表《中国宜改良新政论议》，提出了在中国设置“巡捕”的设想；郑观应在他的《盛世危言》中也增入了《巡捕》一篇。1896年，陈炽在其代表作《庸书》中也写有《巡捕》一篇，专门谈到了中国设置警察的问题。②早期改良派们高度赞扬西方的警察制度，指出造成当下社会治安混乱不堪的原因之一在于落后的治安管理制度已经无法适应发展了的社会，提出了设立警察制度的途径和各项具体办法。

早期改良派关于警察制度的论断和设想，具有一定的进步意义，是中国最早的、比较系统的警政建设理论，使人们对西方警察制度的性质和功能有了比较深刻、全面的认识，超越了传统的保甲、捕快的樊篱。同时也为维新派在湖南试办警政以及庚子以后清政府办理警政奠定了一定的理论基础。

（二）戊戌维新派的警政理论

1894年，中国社会政治、经济发展进入了一个新的时期，中国的民族资本获得了一定程度的发展。与此相应，资产阶级改良主义思潮迅速发展成为变法维新的政治运动。中国近代警政理论也在这一运动中得到丰富和发展，并进而向实践领域迈出了艰难而又关键的第一步。③ 康有为对西方近代警察制度的认识比较早，但康有为的警政主张，大体沿袭郑观应、何启、胡礼垣等人的观点，没有更大的突破，例如，以警察为“安靖地方”的基础，与何启、胡礼垣等人的观点大致相同。④ 他还提出了改绿营、团练为巡查的具体设想，清廷自办警政时，走的就是这条路。然而，戊戌变法之时，无论是在中央还是在地方设置警察的建

① 韩延龙主编：《中国近代警察制度》，中国人民公安大学出版社1993年版，第5页。

② 陈威：《晚清引进近代警察制度述论》，对外经济贸易大学2005届法律硕士学位论文。

③ 韩延龙主编：《中国近代警察制度》，中国人民公安大学出版社1993年版，第14页。

④ 迟永恒、庞虎：《康有为警政思想探析》，载《江西公安高等专科学校学报》2008年第2期。

议，都未得到清政府的采纳。因此，维新派的警政设想也不可能在全国范围内推行。而只是在局部地区——湖南进行了初步尝试，中国最早的警察机构——湖南保卫局就诞生在这里。在筹备和创办保卫局的过程中，维新派形成了一套比较完整、系统的警政理论，其中湖南按察使黄遵宪的主张和设想构成了这一理论的核心，成为中国近代警察制度的重要奠基人。黄遵宪等维新派的警政理论与实践，有着比早期改良派更高的视野和更积极的意义。对此，学界普遍认为他立足晚清的治安现状，汲取早期改良派的警政思想，结合自己十多年海外生活的阅历，在认真研究、比较日本与西方警政制度的基础上，于维新运动期间比较系统地勾画出其警政建设的理论框架，并通过成立湖南保卫局来践行自己的警政构想，为清末民初警政制度的近代化起了推动性作用。①

总结维新派的警政理论，笔者认为确实具有许多积极、进步的内容，其中最为光彩照人的当属“官民合办”、“保民”、“卫民”这一原则。它在一定程度上体现出维新派的民权、民主思想。尽管维新派所谓的“民”并不是真正意义上的人民，但在当时的历史条件下，这已经是十分难能可贵的了。②

（三）“庚子之变”后的社会舆论变化

维新运动被镇压后，清政府在麻木中苟安了几年，庚子之变使得压抑已久的改革呼声重新高涨，舆论界对引进近代警政的热情再次迸发，这个时期近代警政思想的发展主要有以下两个特点：

第一，影响的范围广，社会各个层次都发出了近代警政建设的呼声③。封疆

---

① 鄢定友、郝骥：《黄遵宪警政改革思想的历史学分析》，载《河南公安高等专科学校学报》2008年第2期；袁小红：《黄遵宪警政思想述略》，载《中国人民公安大学学报》1999年第1期；田玉洪：《黄遵宪的警政思想及其实践活动探析》，载《山东教育学院学报》2002年第4期；王飚：《从〈日本杂事诗〉到〈日本国志〉——黄遵宪思想发展的一段轨迹》，载《东岳论丛》2005年第2期；周望高：《黄遵宪与湖南保卫局》，载《湖南工程学院学报（社会科学版）》2006年第2期；彭雪芹：《近代中国早期警察观念探析》，载《河南大学学报（社会科学版）》2009年第6期；王宏伟：《中国最早的近代警察机构——湖南保卫局》，载《职业时空（综合版）》2007年第5期；李海元：《湖南保卫局原型考》，载《近代史研究》2002年第6期。

② 韩延龙主编：《中国近代警察制度》，中国人民公安大学出版社1993年版，第23页。

③ 社会各个层次关于近代警政建设的呼声，参见王飚、徐广：《善者与中国近代警政》，载《湖南公安高等专科学校学报》2002年第2期；王飚：《袁世凯与近代巡警制度》，载《湖南公安高等专科学校学报》2001年第5期；刘锦涛：《论袁世凯警政思想历史借鉴意义》，载《兰台世界》2009年第21期；刘锦涛：《袁世凯警政思想初探》，载《历史档案》2008年第4期；罗振宝：《袁世凯与中国近代化刍议》，载《黑龙江史志》2009年第10期；谢明刚：《清末直隶警政论述》，河北师范大学2002年硕士学位论文；苏全有：《徐世昌与中国军、警现代化》，载《福建论坛（人文社会科学版）》1996年第3期。

大吏如张之洞、岑春煊、袁世凯、李兴锐，在野士大夫张謇，中下层知识分子如段逢恩、叶芳等，几乎众口一词，都把建立近代警政的地位提到了空前的高度。段逢恩曾自述道："此生因乱后见我受创甚巨，不禁愤忿，欲慷慨从军，郊班定远之投笔，迄无门路……将来警务畅行，与商、农、工艺、学校、轮船、铁路诸政日新日盛，将见数十年后，国富民强，彼各国虽强，吾何畏哉！"岑春煊等人同样对兴办近代警政寄予了深厚的期望。他说："伏查东西各国整齐划一，其内治外交之绝无扞格龃龉之患者，无一非警察之绩。有以防患未然。中国今日求善外交，必先内治；求善内治，必先警务。"张謇形象地比喻说："变法奚行乎？犹造器也。国为之材，学堂为之工，而工不能徒手而成器也。刀锯筑销、搏磨栉雕，则在警察。"①

总之，无论这些人的社会地位如何，他们都普遍把兴办警政视为挽救中国危局必不可少的措施，从而营造出了强烈的社会舆论氛围。

第二，知识分子、官员对警政的认识进一步深化。② 在维新派的警政理论和实践的基础上，该时期官员、士大夫对警政的认识进一步深入。徐世昌指出："各国警政，精密整齐，所以保全国之治安，定人民之秩序。"庚子之变之后，针对帝国主义对清政府所谓"野蛮法律"的非议，官员、士大夫们还试图通过举办近代警政，维护包括警察权在内的司法主权。1900 年，沈家本上奏："骤行轻典，似难收弼教之功，且审判之才，警察之规程，监狱之制度，在于刑法相维系，虽径渐次培养设立，究未悉臻完善。"可见，沈家本已把"警察之规程"同刑法的关系视为法制建设相互维系的内容。进而，他又公开表示，维护司法独立，"欲清讼源，非切实举办警察不可"。

（四）川岛浪速的影响

1901 年，清政府实行"新政"，建立维护其统治的警察制度也在"新政"的范围内，因为当时缺乏相应的新制度建设人才，应清政府之邀，当时中央、地方在筹办警务时，聘请了一批日本顾问，其中，川岛浪速对中国近代警察制度的确立所起的作用尤为突出。这个方面，学者研究认为他提出中国近代警政建设的比较完整的方案，其中最为著名的为光绪二十八年（公元 1902 年）《上庆亲王奕劻书》。③ 有些学者甚至认为"中国警察制度的确立，可以说大半受了这封信的影响。"④ 川岛的建议可谓体系完整，权限明晰，极富于可操作性，符合当时

---

① 邱华东、史群：《张謇的警政思想及其实践》，载《南通大学学报（社会科学版）》2006 年第 5 期。

② 张国华、李贵连：《沈家本年谱初编》，北京大学出版社 1989 年版，第 94 页。

③ 夏敏：《川岛浪速与晚清警政建设》，载《政法学刊》2007 年第 1 期。

④ 包明芳为川岛致庆亲王书所加的编者按，《现代警察》第 2 卷第 1 期。

清政府建警的需要。他提出警察组织、职责、人事等方面的建议，难怪有人慨叹“上庆亲王书，确是我国建警的重要文献，警界同人，不可不读一读”。

对川岛浪速对清末建警带来的影响，有学者认为川岛浪速有干涉晚清警政建设之嫌，明证就是其写出的《上庆亲王书》。笔者认为这一说法有些勉强，虽然他对中国近代警政建设提出了自己的主张，也同晚清要员关系密切，但他没有直接参与清政府的警政建设，他对晚清警政的直接影响更多体现在警察教育上，其发挥了警察教育在警政建设中的先导作用，为近代警政建设培养了最早的人才。

二、近代警政的初步实践

（一）清末引进近代警察制度的雏形——湖南保卫局

在清末警察制度建设中，地方走在了前头，湖南由于维新运动比较活跃，首先揭开中国近代警察制度建设的历史。时任湖南按察使的黄遵宪对警察制度极为推崇，到任后不久即向湖南巡抚陈宝箴提出设立保卫局的建议，鉴于旧的保甲制度无法应对严峻的治安形势，陈宝箴赞成黄遵宪的提议，委派其筹办相关事宜。在维新派梁启超、谭嗣同、熊希龄等人的积极襄助之下，虽历经周折，湖南保卫局于 1898 年 7 月 27 日在湖南长沙宣布成立。

对湖南保卫局的研究，基本上集中在机构设置、职能方面和对其性质分析三个方面：①

第一，机构设置与辖区划分。湖南保卫局设总局、分局和小分局。总局设总办一人，由署理湖南按察史黄遵宪兼任。长沙“城中分东西南北设有分局四所，城外设分局一所”。每分局下设小分局 6 所，共 30 所。“又保卫局拟分三十局，统城内外以三万户计，每分局约辖一千户”。分局局长和小分局理事委员均由官吏担任，同时由绅士担任议事、副局长、副理事、董事等职，协助局务。每小分局设巡查 14 名，均为有薪职，不同于过去的保甲、巡丁等无薪差役。②

① 韩延龙主编：《中国近代警察制度》，中国人民公安大学出版社 1993 年版，第 36～47 页；马小泉：《国家与社会：清末地方自治与宪政改革》，河南大学出版社 2001 年版，第57～60 页；黄晋祥：《论清末警政演变的历史轨迹》，载《社会科学家》1997 年第 2 期；赵平：《论近代警察制度在中国的形成与发展》，载《郑州航空工业管理学院学报（社会科学版）》2004 年第 4 期；陈威：《晚清引进近代警察制度述论》，对外经济贸易大学 2005 届法律硕士学位论文；穆玉敏：《清末的湖南保卫局》，载《人民公安》2002 年第 6 期；周望高：《黄遵宪与湖南保卫局》，载《嘉应学院学报》2006 年第 2 期；王宏伟：《中国最早的近代警察机构——湖南保卫局》，载《职业时空（综合版）》2007 年第 5 期；李海元：《湖南保卫局原型考》，载《近代史研究》2002 年第 6 期。

② 韩延龙主编：《中国近代警察制度》，中国人民公安大学出版社 1993 年版，第 36～47 页。

第二，保卫局的职能：（1）维护治安；（2）编查户口；（3）公共事业管理和举办公益事业；（4）一定的司法审判权。

第三，对湖南保卫局的性质的分析及评价。对湖南保卫局性质的分析，多数学者[①]认为保卫局是一个官绅合办的地方机构，而非完全的官方机构。其一方面是维持地方治安的机构，同时又具有一定的司法审判权。笔者认为，从湖南保卫局的创建过程来看，湖南保卫局的性质是官绅合办的具有近代意义的地方自治组织。理由在于，黄遵宪在成立保卫局之初认为保卫局的目的是要“缉捕痞徒”，在于兴“绅权”，削官权，在保存原有的一整套政权机构的前提下，为改良派争得部分权力。并且，更深一层的含义是“于此寓民权”。“欲还民生”，“必当使吾民咸与闻官事”，因此，保卫局由“官民合办”，“使诸绅议事而官为行事”。虽然戊戌变法失败，湖南保卫局于光绪二十四年（1898 年）秋被清政府裁撤，仅存在 3 个月，可谓是昙花一现。然而，湖南保卫局作为戊戌变法运动的一项重要成果，是维新派在理论和实践领域的双重收获，它的创设却是清末地方举办警政的一次有益尝试，并由此揭开了中国近代警察制度建设的序幕。

（二）清末警政的试点

学者介绍和研究的清末警政试点主要是安民公所、善后协巡总局、工巡总局和袁世凯直隶建警。

1. 安民公所和善后协巡总局

八国联军入侵北京期间，在北京城的外国占领区，由各地段绅董出面，征得洋人同意，招募华人组建了临时的治安机构——安民公所（非官方机构），其仿行外国的警察制度，在当时混乱的政局下，维护京城的地方治安。安民公所的设立，使京师的社会治安有所好转，但安民公所存在的问题也很多，如安民公所中的巡捕组成鱼龙混杂，一些地痞流氓充斥其中，鱼肉百姓。

1901 年，八国联军与清政府签订合约后，陆续撤出北京，安民公所作为临时性的机构也被裁撤，京城的治安问题凸显出来。为维护京城治安，清廷设立善后协巡总局，[②] 明确规定了该局的职责是维持京城地区的社会治安和公共秩序。善后协巡总局设立一年以后，清政府认为其设立之初就是权宜之计，京城社会治

---

① 韩延龙主编：《中国近代警察制度》，中国人民公安大学出版社 1993 年版，第 46 页；陈威：《晚清引进近代警察制度述论》，对外经济贸易大学 2005 届法律硕士学位论文；穆玉敏：《清末的湖南保卫局》，载《人民公安》2002 年第 6 期；周望高：《黄遵宪与湖南保卫局》，载《嘉应学院学报》2006 年第 2 期；王宏伟：《中国最早的近代警察机构——湖南保卫局》，载《职业时空（综合版）》2007 年第 5 期等。

② 有些学者称之为善后协防总局，参见陈威：《晚清引进近代警察制度述论》，对外经济贸易大学 2005 届法律硕士学位论文，第 27 页。

安已经趋于稳定，又鉴于善后协巡总局由于体制和人员的素质等问题造成开办的效果并不理想，1902 年 9 月，善后协巡总局被裁撤。

对于安民公所和善后协巡总局的设立，笔者认为其是在一定历史条件决定下的产物，前者是临时性的非官方机构，后者为临时性的官方机构，虽然都仿照外国警察机构设置，但总的来看，其职权较小，更接近于中国旧的治安组织，基本上属新旧之间的过渡性机构，与外国的警察制度还有较大的差距。

2. 工巡总局

善后协巡总局裁撤后，工巡总局设立，京师治安机构除步军统领衙门以外，全部并入工巡总局，清政府的警察制度得到进一步健全，职权也进一步扩大。总局下设单位有东、中、西分局，分局内设有档房、巡捕处、文案处、司狱科等。其职责包括工程和巡捕，掌管京内警察事务及土木工程事务，主要有六项：（1）执行京师内的警察事务；（2）审决“杖”以下之犯罪；（3）处理简易民事案件；（4）受理京控案件；（5）审理关系侨民的民刑案件；（6）经营土木工程事务。工巡总局所设立的工程巡捕事务大臣直隶于皇帝。

笔者认为，工巡总局是仿照外国警察制度建立的，组织机构和运作模式大都照搬外国或租界的模式，但由于其组成人员仍然是旧制度下成长起来的，因而，对于一种接近外国近代的管理模式并不十分接受，仍保留旧的不良习气，有不伦不类之感。但值得肯定的是，它的创办使中国近代警察制度走向正规化的重要一步，也是清末国家体制近代化的重要内容。

3. 袁世凯直隶建警

在警政试点的过程中，除京师外，较早创办和有成效者，当属北洋大臣、直隶总督袁世凯。鉴于中国传统保甲“防盗不足，扰民有余”的流弊，[①] 1902 年 5 月，袁世凯首先在保定创立警务总局，挑选巡警 500 人，聘请日本警视厅警官三浦喜传为警务顾问，委派赵秉均为总办，设立分局 5 所，分布城乡内外，在维护治安方面取得了一定成效。1902 年 8 月，八国联军交还天津，但是规定天津周围 20 里内不准驻扎中国军队。为符合联军的苛刻条件，袁世凯将其训练的新军数千人改编为巡警，进驻天津及周围地区。在天津，成立“南段巡警局”，驻扎在塘沽、被塘、山海关等地成立的“北段巡警局”，负责天津城内及四周的治安巡查。后又设全省警务处，“整理全省警务及各职员进退更换委派之事”，[②] 实际为全省警察最高管理机关。同时办理警务学堂，提高旧兵卒的素质，努力建立一支新型的警察队伍。由此开清末地方举办警政之先河。[③] 此后，各省纷纷效法直

① 孟庆超：《中国警察近代化研究》，中国人民公安大学出版社 2006 年版，第 147 页。
② 韩延龙、苏亦工：《中国近代警察史》，社会科学文献出版社 1999 年版，第 147 页。
③ 黄晋祥：《论清末警政演变的历史轨迹》，载《社会科学家》1997 年第 2 期。

隶，省城和重要商埠相继建警。除少数边远省区外，到1905年10月前各省城都相继建警。但各省的警局除少数为新创外，大都为保甲、绿营所改设；各省办理警政不仅章程互异缺乏沟通和交流，而且未能形成统一的领导，这一情形直到巡警部成立以后才稍有改观。

对于袁世凯直隶建警，有学者在肯定其推动了其他省区警政发展的同时，认为袁世凯创立的警察仍距“租界警察”不远，非如列强国内实行之“警官制”，并且在袁世凯的头脑中，“兵”与“警”的概念依然混淆，且其在警察经费方面，开创了“假手村董，就地抽捐”的恶例。以致为近代警察埋下了“贪污病民”之根。① 也有学者认为，袁世凯实施的一系列警政措施，包括警察规章的法律化、警政教育的设立、基层警察的创办、警种的多样化、经费来源的筹措等，在巡警制度建立的过程中，开启了先河。纵观袁世凯的警政措施，在近代警察制度的创建和近代化道路上，是有其功劳的。②

笔者赞同有的学者的观点，袁世凯在近代史上虽然劣迹斑斑，但其在处理联军苛刻条件与天津等治安需要此类事务时手段高明、灵活变通，使人不得不佩服。同时，在创办地方警政之时，他也确实办了不少实事。③

（三）清末警察组织及制度的确立与完备

学者考证认为，光绪二十七年（公元1901年）七月，清廷发布上谕，令各省将军、督抚裁汰绿营，改练“常备、续备、巡警等军”。这是清廷决心创办警政的第一次明确的官方表态。自此以后，清政府在京师和地方试点经验的基础上，随着新政的推进，开始着手建立中央警察机构以及推进地方警政建设。

第一，建立和改进中央警察机构。1905年9月，北京正阳火车站发生炸弹事件，成为促使清政府设立巡警部的直接原因。④ 10月，清政府发布上谕，正式宣布成立巡警部，作为全国警政的最高管理机构。巡警部成立后，开展了大量工作。对此，多数学者认为，巡警部开展的工作大致分为三大部分：一是巡警部成立初期，接收、改组了内外城工巡局，同时改进首都的警察制度，设立京师内外城巡警总厅；二是开展自身的组织机构建设；1905年12月15日，徐世昌奏上

---

① 孟庆超：《中国警察近代化研究》，中国人民公安大学出版社2006年版，第148页。

② 王飚：《袁世凯与近代巡警制度》，载《湖南高等专科学校学报》2001年第5期。

③ 夏敏：《晚清时期中国近代警察制度建设》，载《江苏警官学院学报》2003年第7期；陈鸿彝：《中国治安史》，中国人民公安大学出版社2002年版，第294页；万川：《中国警政史》，中华书局2006年版；王先明、张海荣：《论清末警察与直隶、京师等地的社会文化变迁》，载《历史教学》2005年第8期。

④ 苏全有、殷国辉：《清末巡警部成立的原因探析》，载《河南科技大学学报（社会科学版）》2008年第3期。

的《巡警部官制章程》获准，巡警部遂依章程组建内部机构。其内设机构包括警政司（内设行政科、考绩科、统计科、户籍科）、警法司（内设司法科、国际科、检阅科、调查科）、警保司（内设保安科、卫生科、工筑科、营业科）、警学司（内设课程科、编辑科）和警务司（内设文牍科、庶务科）等五司十六科，以及京师内外巡警总厅、京师内外城预审厅、京师习艺所、路工局、消防队、协防营、探访队、稽查处等。三是督促各省区督抚、将军建立地方警察体系。① 对巡警部的作用和影响，有学者认为，巡警部的设立表明，清廷终于坚定决心，大力举办近代警政，由各自为政、任其发展，进入到明确计划、统一指挥、上下贯通的阶段。②

笔者认为，首先，巡警部这个机构的成立本身就表明了清廷对警政建设的重视，这种态度直接影响到各省的主管官员；其次，巡警部虽然不能直接管理各省警政，但却有权予以指导和监督，其制定的一系列指导全国警政建设的规划、方案，确定了地方警政的发展方向，协调了各省的警政发展；再次，巡警部成立后，组织编译国外警察法规和警学书籍，这对于各级警察官员全面系统地了解近代西方警察制度起到了一定的作用；最后，巡警部还在各省设立采访官，调查了解各省警政的发展状况，加强了中央与地方的警察业务联系。因此，巡警部成立的意义要远远大于它实际发挥的作用，从而使清末的警察制度建设走上了制度化的轨道。可惜的是巡警部只存在一年便在官制改革中由民政部代替，由民政部代替巡警部，民政部下设警政司作为巡警部的代替机构。从部到司，其级别降低了，组织机构及事权相应缩小，但其警察职能扩大了，几乎包含了近代警察的所有职能，也体现了近代警察职能的专门化，此后直到清朝灭亡，中央警政机构再未有大的变动。

第二，推进地方警政建设。从 1901 年开始，清廷发布上谕，决心创办警政到清灭亡为止，各省陆续办起了警政。但在这十余年里，学者认为，地方警政的发展，呈现出不同的特点：③ 一方面，1901 年至 1905 年是清末警政的初创阶段。在这个阶段，地方警政的发展带有很大的盲目性和混乱性。中央无成算在心，不

① 周章琪：《中国第一个中央警察机关——巡警部》，载《湖北警官学院学报》2006 年第 1 期；孟庆超：《中国警察近代化研究》，中国人民公安大学出版社 2006 年版，第 148 页；刘海文、殷国辉：《清末巡警部与高等巡警学堂》，载《河南大学学报（社会科学版）》2006 年第 1 期；帅建祥：《清末巡警制度述论》，载《四川师范学院学报（哲学社会科学版）》1997 年第 2 期。

② 周章琪：《中国第一个中央警察机关——巡警部》，载《湖北警官学院学报》2006 年第 1 期；陈威：《晚清引进近代警察制度述论》，对外经济贸易大学 2005 届法律硕士学位论文。

③ 韩延龙、苏亦工：《中国近代警察史》，社会科学文献出版社 1999 年版，第 120 页。

知警政如何建设，只肯定发展警政的基本方向，而不作任何具体的指导，往往听之任之，造成各地警政发展的随意性和无目的性。在这一阶段，主要是围绕着改造清朝旧的军事、保安组织进行的。另一方面，光绪三十一年（1905 年）到清灭亡，是地方警政稳步开展的阶段。在这个阶段，前期中央设立了管理全国警政的专门机构，以统一管理地方警政，但未能落到实处；从光绪三十三年（1907 年）开始，中央对地方警政的管理得到了一定的落实。各省设立了警政管理的专门机构，如巡警道的设立，并由省城向基层扩展。与此同时，清政府设立了地方警政发展的分期规划，按照清政府的通令，当时试办地方警政成绩突出者，如直隶、广东、广西、四川、云南等省份，①基本上建立了比较充实的省一级警察机构，而且有些省份如广东还根据地方特点和居民情况，设立了带有专门性质的警察机关。

综观整个清末地方警政的创建和发展，1905 年，中央警察机关巡警部的建立是重要的分界点。在此之前，是地方警政初创时期，中央只有一道上谕，胸中无定制，地方根据自己的情况摸索，地方警政发展带有很大的盲目性。1905 年，巡警部设立，加强了对各省警政建设的监督，开始规划全国的警政建设，地方上各自为政的局面开始好转，地方警政建设逐渐走上了规范化的道路。1907 年，省级警察机构巡警道设立，清政府加强了对地方警政的控制，同时制定了地方警政发展的分期规划，警政建设由省会、商埠向基层扩展，进入稳步发展时期，并取得了一定效果。②

第三，警察立法。清末警察立法，虽然仅短短十余年的历史（1901 年—1911 年），但其法规数量丰富，种类也较广泛。学者提炼出若干在当时较为重要的法规进行了重点介绍，并进行了分类和特征总结分析。③一是制定了几种重要的警察法规，主要包括《大清违警律》、《报律》和《结社集会律》等。《大清违警律》于 1908 年 4 月颁布，包括三个部分：首先规定了该律的若干基本原则，如法定违警罪主义以及违警处罚的种类和等级；其次规定了八种违警罪名，如政务违警罪、公众危害之违警罪、交通之违警罪、通信之违警罪等；最后规定了该

① 这些地方警政建设的具体情形，参见沈晓敏：《清末广东巡警（警察）制度述略》，载《政法学刊》1997 年第 3 期；李荣飚：《近代四川巡警的建立和发展》，载《四川省公安管理干部学院学报》1999 年第 4 期；张乐讯：《清末广西近代警政初探》，载《传承》2008 年第 12 期；张红侠：《清末天津的警察行政》，载《法制与社会》2009 年第 14 期；冷琪雯：《清末云南省会警察制度创设初探》，载《思想战线》2008 年第 5 期。

② 夏敏：《晚清时期中国近代警察制度建设》，载《江苏警官学院学报》2003 年第 7 期。

③ 韩延龙主编：《中国近代警察制度》，中国人民公安大学出版社 1993 年版，第 263～288 页。

律生效的时间、地点及变通的原则等。《报律》于1908年3月颁布实施，共45条，此后不久进行了几次修改。《结社集会律》于1908年3月颁布，共35条，4个部分，涵盖了结社、集会的定义、条件、程序；官方管理、监督、取缔结社、集会的条件和程序；诉讼时效；生效时间等问题。二是警察法规的种类分得较细。有学者从法规的制定机关和效力等级进行区分，将其分为中央制定的通行全国的法规和地方制定的本区域内有效的法规；从法规的名称看，分为律、条例、章程、规则、办法、细则、告示等；从法规的内容和性质上区分为组织法规、行政警察法规、司法警察法规，等等。① 也有学者从性质上进行区分，将当时的警察法规分为有关警察机关编制、隶属关系、人事安排、执掌划分的法规，如民政部官制（1906年）、内外城巡警厅官制（1906年）、民政部奏定巡警道属官任用章程（1910年）之类；另一类则为警察机关及警察人员执行职务时所依据的法规，如违警律（1908年）、司法警察职务章程（1908年）、户口管理规则、结社集会律（1908年）等。②

关于清末警察立法的特点，集中表现为三点：第一，警察立法受到重视。清末中央及地方的警政建设基本上是以警察立法为先导进行的。基本上在各个警察机构开设之前，大都首先制定警察法规。第二，注重借鉴东西各国的警察立法经验。应当指出，清政府接受外国的立法经验，并非盲目照搬，是有一定选择的。如制定《大清国籍条例》时，针对当时各国流行的"属地主义"、"属人主义"、"折中主义"三种原则，"独采折中主义中注重血脉之办法"，可谓照顾了中国人注重血缘关系的传统，也考虑了中国当时所处的半殖民地地位。第三，警察立法发展的阶段性比较明显。有学者将清末警察立法分为两个阶段，首先是1901年至1906年，这一时期被视为警察立法的幼稚阶段，主要围绕警察机构进行立法，立法较为混乱，法规质量相对粗糙；其次是从光绪三十二年（1906年）后，这个阶段出现了以警察权的行使为内容的法规，立法趋向统一，立法技术迅速提高，法规也趋于成熟。

（四）警察教育

一些学者认识到了清末警察教育对清末近代警察制度建设的重要作用，重点介绍了清末警察教育产生的原因以及教育机构的设立、构成、层级等，为我们认

---

① 韩延龙主编：《中国近代警察制度》，中国人民公安大学出版社1993年版，第216～217页；陈鸿彝：《中国治安史》，中国人民公安大学出版社2002年版，第301页。

② 孟庆超：《中国警察近代化研究》，中国人民公安大学出版社2006年版，第159页。

识那个时期警察教育的特点、作用、影响提供了相应的研究资料。①

三、清末建警及其失败成因分析

（一）清末建警的原因

对清末清政府进行警政建设的原因分析，学者普遍认为，警学研究的深入和警政思想的传播；社会治安混乱，不堪各地的革命运动日益高涨，旧的保甲制度不足以依靠；帝国主义列强要求清政府进行必要的制度改革，以确保其在华的经济、政治利益和人身安全；从官绅合办的湖南保卫局到地方警政的奉旨试办，再到巡警部的设立及其被民政部取代的渐次推进和成效渐显。指出清政府建警的根本动因——把资本主义的巩固政权的手段改造成巩固封建专制的工具。②

（二）清末建警失败成因分析

一种观点认为，清朝末年引进、推广近代西方警察制度失败的主要原因如权力运行机制中存在中央权力薄弱、官僚积习深重等问题；经费短缺；国人对于警察的认识存在缺陷；警政人才缺乏等。认为正是以上这些因素相互作用、相互影响，共同导致了清末建警的失败。③ 另一种观点认为，中国警政近代化中的文化阻力是清末建警失败的原因之一，提出作为宪政运动组成部分的中国警察近代化是以移植西方警察制度为基本路径的，但近代中国等级特权观念依旧牢固，个人

---

① 韩延龙主编：《中国近代警察制度》，中国人民公安大学出版社 1993 年版，第 233～253 页；孟庆超：《中国警察近代化研究》，中国人民公安大学出版社 2006 年版，第 154～158 页；袁广林：《中国近代警察教育的滥觞：京师警务学堂》，载《公安教育》2006 年第 7 期；任士英：《略论〈警察学〉与清朝警察行政创立时期的警察教育》，载《中国人民公安大学学报》2003 年第 4 期；袁小红：《中国近代警察教育考略》，载《湖南公安高等专科学校学报》1999 年第 2 期；徐乃龙：《中国近代警察高等教育述论》，载《公安教育》2003 年第 12 期；黄晋祥：《清末警察教育述论》，载《安庆师范学院学报》2003 年第 2 期；黄晋祥：《日本与清末警政》，载《历史教学》1998 年第 3 期；肖朗、施峥：《日本教习与京师警务学堂》，载《近代史研究》2004 年第 5 期。

② 李宁：《略论促成清政府建立近代警察制度的主要原因》，载《河北法学》2004 年第 1 期；陈鸿彝：《中国治安史》，中国人民公安大学出版社 2002 年版，第 265～267 页；杨玉环：《论中国近代警察制度的开创》，载《辽宁大学学报（哲学社会科学版）》2003 年第 6 期；陈兴建：《警察的产生初探》，载《河南公安学刊》1996 年第 1 期；郑中午：《中国警史源流试探》（三），载《中国人民公安大学学报》1998 年第 5 期；常兆儒、俞鹿年：《中国警察制度史初探》，载《学习与探索》1983 年第 2 期；刘海年：《中国警察制度发展史略》，载《中国人民公安大学学报》1985 年第 4 期；郭宝安：《警察制度起源探析》，载《青海大学学报（自然科学版）》2006 年第 4 期。

③ 孟庆超：《清末建警失败原因分析》，载《中国人民公安大学学报》2002 年第 2 期。

主义依然发达，“官本位”观念仍极浓厚，教育水平也很落后，国民文化素质普遍不高，致使曾成为社会进步表征的中国近代警察很难有所作为。① 还有一种观点认为，清政府建警是在内忧外患境况下的不得已选择，指出在仓促之下建立的警察制度不可避免地带有当时社会现实条件所决定的缺陷，对今后警察制度的发展产生了不良影响。② 也有学者从建警经费角度出发分析了经费问题与近代警政建设的关系，从建警经费的角度考察了清末在近代警政建设中遇到的实际问题。③

四、对清末警政建设的评价

学者们对清末警政建设的评价，集中在两个方面：一是清末警政建设所带来的积极作用值得肯定。指出清末近代警察制度的建立表明，中国传统的治安制度完成了向近代警察制度的转变。这一转变的完成，对中国社会历史发展的影响巨大，认为现代中国警察制度就是在近代警察制度的基础上发展而来的。④ 二是指出清末在警政建设方面的不足。如警察机构设置的混乱，警察从事人员素质的低下，清政府的建警原因的不纯正等许多方面的缺陷进行了分析。⑤

我们认为，中国近代警察制度产生、形成、发展在半殖民地半封建的旧中国，无论从理论层面分析，还是从实践层面分析，都不应当也不可能得出肯定或者否定、积极或者消极的简单结论，而应客观、历史、辩证地予以评析。中国近代警察制度总体上显示出理论层面的双重性和实践层面的滞后性等基本面貌，使得清末的建警不免带有两重性：既有向近代警察制度靠拢的进步倾向，同时，也始终未能摆脱传统和落后的束缚，造成“因陋就简，有名无实”，“形体虽具，

---

① 孟庆超、牛爱菊：《中国警政近代化过程中的文化阻力——兼论落后教育的影响》，载《湖南公安高等专科学校学报》2005年第2期。

② 夏菲：《论清末我国对西方警察制度的移植》，载《新疆警官高等专科学校学报》2008年第4期。

③ 黄晋祥、毕苑：《绅商与清末的办警方式及其经费问题》，载《晋阳学刊》2002年第6期；刘增合：《鸦片税收与清末警政改革》，载《江苏社会科学》2004年第4期；孟庆超、牛爱菊：《试论近代中国警政遭遇的经济困惑》，载《山东警察学院学报》2005年第1期。

④ 吴沙：《清末传统治安制度向近代警察制度的转变》，载《公安研究》2001年第2期；郭玉家、马学春：《清末新政与中国警政近代化》，载《许昌学院学报》2003年第3期；张文武：《超负荷下的蹒跚步履——谈谈走向近代化中的北京警察机构》，载《北京档案》1996年第11期；王先明、张海荣：《论清末警察与直隶、京师等地的社会文化变迁——以〈大公报〉为中心的探讨》，载《河北师范大学学报（哲学社会科学版）》2005年第1期；公一兵：《北京近代警察制度之区划研究》，载《北京社会科学》2004年第4期。

⑤ 对于清末在警政建设方面的不足，学者研究较多，本文许多文章基本上都谈到了这一问题，基于简洁的需要，不再一一列明。

精神尚虚”的结局。其效果也如其他新政措施一样，并未对清政府的统治起到“扶大厦于将倾”的作用，反而激化了社会矛盾。

第二节　北洋军阀政府的警政与警察法

北洋军阀时期的划分总体上是1912年1月到1928年6月。这一阶段先后经历了南京临时政府时期、北洋政府时期以及广州、武汉国民政府，其中以北洋政府的统治时间最长，也最具有代表性，它上承清末警政建设的余绪，下开南京国民政府警察制度的先河，是中国近代警察史上的一个重要阶段。

一、警政思想

对1912年至1928年警政思想的研究多集中在一个人——袁世凯。一些学者研究了袁世凯警政思想的产生的历史背景、袁世凯警政思想的内容。提出袁世凯适时而务实，效仿西方，首开中国地方创建警政之先河。认为其政治重警、法制建警、基层设警、教育兴警思想的实践，促进了中国警政近代化的进程，对当代警政建设仍有借鉴意义。①

笔者认为，袁世凯窃取民国大总统的职位后，在总结十多年的办警经验的基础上，颁布了大量的警察法规，对清末创建的近代警察体制进行了反复调整，使之粗具规模，初成体系，逐渐建立了一套警察网络。南京国民政府时期，警政建设正是在袁世凯等警政建设的基础之上发展与完善的。

二、警政建设

学者对北洋军阀时期的警政建设研究主要体现在各种警察机构等警察组织建设上。②

（一）中央警察机构

北洋政府沿袭南京临时政府设立的官制，以内务部作为总揽全国民政、警政事务的最高机构。有所不同的是，北洋政府将原警务局改为警务司，其地位看似与其他五司处于平等的法律地位。但其实不然，由于警政司的实际作用和内务部的组织系统决定警政司为内务部之首。其主管事务为：行政警察、高等警察、司

---

① 柳卫民：《略述袁世凯的警察教育思想》，载《湖北警官学院学报》2006年第2期；刘锦涛：《袁世凯警政思想初探》，载《历史档案》2008年第4期。

② 杨玉环：《论中国近代警察制度的形成》，载《社会科学辑刊》2006年第2期；刘海年：《中国警察制度发展史略》，载《中国人民公安大学学报》1985年第4期；常兆儒、俞鹿年：《中国警察制度史初探》，载《学习与探索》1983年第2期。

法警察、警察教育和著作出版。下设五科：第一科总管总务；第二科主管交通、铁路、森林等类警察，地方保卫团的组织管理、消防、司法等；第三科主管集会结社、非常警察、外事警察、危险品的取缔、戒严令的执行等；第四科主管著作、报纸的检查、出版；第五科执掌特种机务事项。

与清末时期民政部警政司一样，内务部警政司虽为全国警务最高机关，但并不负责指挥全国警察的实际活动，也无直接向地方各级机关发号施令的权力，它的主要职责是制定警政发展的规划和各种规章制度，把握全国警政的发展方向。在中国近代警察制度发展史上，内务部和警政司的作用不容忽视，主要表现为近代警察机关体系的确立和发展以及各种规章制度的制定和趋于完善，从而把清末开始的中国警察制度近代化的进程向前推进了一步。

（二）地方警政机构

1911 年，清王朝被推翻后，各省警政机构名称既不统一，编制也各不相同。1913 年至 1916 年经过三次自上而下的改组，又经过 1918 年内务部颁布《各省区警务处组织章程》，对警务处的编制作了具体规定。至此，北洋政府的地方警政机构才算完整地建立起来。其主要包括以下几个机构：（1）省警务处；（2）省会警察厅；（3）商埠警察厅；（4）地方警察局；（5）各县警察机构——警察所、警察队；（6）警察辅助组织。①

（三）警政机构建设的特点

在北洋政府统治时期，是中国历史上政局较为动荡的时期。整个社会处处呈现出动荡不安的特点，形势十分复杂。有学者认为，复杂的治安形势使北洋政府时期近代警察的建设具有以下几个特点：（1）改组内务部，制定警察法规，划一全国警制；（2）仿效外国警制，以首都和省会商埠为中心，建立自上而下的庞大警察网；（3）直接服务于军事独裁统治，镇压革命党人，其警政措施体现了警察的镇压功能；（4）警察来源多为城市贫民和军队士兵，警政建设所需款项多依靠对人民的横征暴敛。②

（四）对警政机构建设的评价

对于北洋政府时期警政机构的建设，多数学者充分肯定了北洋政府在近代警

---

① 夏敏：《北洋政府时期的地方警政建设》，载《江苏警官学院学报》2003 年第 6 期；沈晓敏：《清末民初的广东警察》，载《广东史志》2001 年第 2 期；刘克华、陈晋胜：《民国山西警政建设研究》，载《山西警官高等专科学校学报》2007 年第 2 期；杨猛：《民国时期（1912～1937）河南地方警政建设述略》，载《法制与社会》2007 年第 1 期。

② 韩延龙主编：《中国近代警察制度》，中国人民公安大学出版社 1993 年版，第 306～317 页。

察制度的确立和完善进程中起到的积极作用。提出中国近代警察制度形成和发展于北洋政府时期。北洋军阀统治时期的警察制度，是以清末警察旧制为基础，同时根据形势的发展和加强军事独裁的需要而建立起来的。北洋政府在警察机构、警察法规及警察教育等方面的警政建设上采取了一系列的实际步骤，使中国近代警察制度在清末初创的基础上进一步形成。对于学者们的这一看法，我们是持赞成态度。虽然北洋政府时期政局混乱，治安形势严峻，但在袁世凯等人的努力之下，这一时期的警政建设呈现出发展的态势，警政机构进一步专业化，警察立法进一步细化，为南京国民政府警政建设奠定了基础。

第三节 南京国民政府时期的警政与警察法

这一时期的划分是1927年4月国民党发动“四·一二”反革命政变到1949年9月中华人民共和国成立前。

一、警政思想

这一时期的警政思想与清末和北洋政府时期相比出现了一些变化，如更加重视警察在政治生活中的作用。同时，此时的警政和警察教育思想由于对外交流的不断深入，更多地接受了西方近代警察观念，并注重与本国实际的结合。

（一）蒋介石的警政思想①

蒋介石认为“建立警察为建立现代国家的前提”；“现代警察地位，尤其在中国，具有超越一切的地位”。正是由于这样的认识，蒋介石十分重视警察对维护国民党统治地位的作用，将军队和警察比之为飞机之双翼，警察安内，军队攘外。并指出：“警察是政治的中坚，因为政治之基础在社会，政治能否进步，警察要负根本的责任。”同时，蒋介石也非常重视对警政人才的培养，在其积极筹划下，建立起了培养高等警察的学校，后来发展为中央警官学校，为当时中国培养了高级警政人才。

笔者认为，蒋介石基于推行地方自治、巩固基层统治和“剿共”之需要，极为重视警政，对中国近代警政的演进无疑起了积极作用，但最终其实践既未能达其“绝匪之根株”的目的，也未能推动地方实现自治，以及“为民众谋福利，进而达到生活优裕、精神愉快”。

---

① 刘锦涛：《南京国民政府时期蒋介石的警政思想述评》，载《福建论坛（社科教育版）》2009年第4期；柳卫民：《蒋介石警察教育思想述论》，载《时代人物》2008年第10期。

（二）李士珍的警政思想

李士珍是南京国民政府中著名的警政教育家、理论家。他在从事警政事务中，既承袭了北洋时期建警的成果，又结合南京国民政府统治的时需，逐步形成其可操作性极强的警政建设思想。对于李士珍的警政思想，学者一致认为，其勾勒出涉及警察数量、警察机构、警察教育、警察待遇、警察地位、警察经费等诸多方面的警政建设框架，为南京国民政府的警政建设提供了理论指南，也加快了中国警政建设。①

笔者认为，李士珍提出的统一警政机构、划清警察权责、宽筹警察经费、改进警察勤务、改革警察教育、培养“革命警察”、规范警察认识、提高警察待遇等一系列警政思想，对南京国民政府时期我国现代警察行政的推进起到了一定的积极作用。

在警察教育思想方面，李士珍为了更好地推动中国警政建设，同时也为了争夺全国最高警察控制权，结合当时特定的政治、社会条件，提出了统一全国警察教育系统、改进警察教育等观点，并在担任中央警官学校教育长后将之部分地付诸了实践。这对于南京政府时期乃至 20 世纪上半叶的中国警政建设起到不可忽视的作用。李士珍一生主要致力于警察教育，并长期主持国民党最高警察教育机构，在警察教育过程中，大力革新，培养了一大批实用型警政人才，并在警察教育理论方面有许多独到的见解和具体的主张。笔者认为，研究李士珍警政观点和警察教育思想，对于完整把握我国近代警察发展特点以及警察教育和台湾地区警察制度以及警察教育的发展脉搏具有十分重要的理论意义和现实意义。②

二、警政建设

（一）中央警察机构

南京国民政府的中央警政机构为内政部警政司和内政部警察总署，其统管全国的警察事务。此后的 22 年里，尽管内政部的隶属关系、组织和职权几经调整，但其作为全国警政最高主管机构的地位却始终未变动过。内政部属行政院，统管全国内政事务。下设警政司作为全国警察行政的中枢机关，这一状况从 1928 年至 1946 年一直未变。1946 年，国民政府为了加强战后警政建设，维持国民党的

① 鄢定友、郝骥、倪根宝：《李士珍警政改革思想述论》，载《江苏警官学院学报》2007 年第 4 期；陈竹君：《李士珍的警政思想探析》，载《北京人民警察学院学报》2007 年第 2 期。

② 龚维秀、郝骥：《李士珍警察教育思想探析》，载《江苏警官学院学报》2008 年第 3 期；孙静、刘嘉：《李士珍警察教育思想述评》，载《广州市公安管理干部学院学报》2008 年第 4 期；柳卫民：《李士珍警察教育思想述论》，载《时代人物》2008 年第 6 期。

统治地位，蒋介石批准内政部警政司升格为“警察总署”，地位高于警政司，将隶属于内政部的警察总队转隶属于警察总署，其存在了3年，直到1949年5月国民党败退在即，政府机构缩编，警察总署复又编为警政司，但实际上未起什么作用。

（二）首都警察机构

1927年，国民政府定都南京后，即将原江苏省会警察厅改组为南京警察厅，其间几经易名，到1929年颁布《首都警察厅组织法》才正式定名为首都警察厅，并将其直接隶属于内政部。因为其担负着保卫京畿要地的重任，因而受到国民政府的特别重视，其组织机构和职责比普通市的警察局要大得多。它秉承内政部的直接指挥监督，处理首都警察事务，同时对南京市市政府负有协助职责。

（三）地方警察机构

根据南京国民政府的法律规定，城市分为两种：其一为院辖市，即隶属于行政院的城市（一度称为特别市），其地位与省相同；其二为省辖市，亦即为普通市，隶属于省政府，地位与县同。此外，省会所在地虽然不是城市，但从其地位的重要性来看，也视为城市。这一时期，地方警察组织依地方政府的不同地位和级别分为若干个层次，包括：省、特别市（院辖市）警察机关；省会和省辖市警察机关；县以及县以下警察机关以及特别机关。

（四）专门警察机构

当时的专门警察机构已经初步建立，也成为当今学者研究的对象。如部分文章分析了税警这一警种，对税警的发展与变迁、税警的管理以及与其他警察的区别进行了详尽的探讨。[①] 还有对近代的水上警察制度产生的原因、水上警察工作职责的确定、水上警察教育制度形成等方面进行了研究。[②] 另有一位学者介绍了海关警察制度的产生与发展以及该历史对于未来的启示。[③] 这些文章立意较新，角度选择独特，为我们了解当时的具体警种及其职责提供了一种参考。

---

① 徐志：《民国时期的税务警察》，载《涉外税务》2002年第6期；谭迪：《税务警察制度研究》，中南大学2007届硕士学位论文。

② 董纯朴：《民国水上警察制度考略》，载《黑龙江史志》2009年第4期。

③ 甄鸣：《近代中国海关警史探微——关于缉私警察制度的历史启示》，载《现代法学》1999年第1期。

三、警察教育

（一）中央警官学校①

国民党政府的警官高等学校是以北洋政府的警官高等学校为基础建立起来的，1936年，蒋介石将警官高等学校与浙江省警官学校合并，改名为中央警官学校。我国学者对中央警官学校的研究成果较多，基本上集中于对中央警官学校的起源、历史发展、特点、性质、职责、地位等介绍上，这些资料使我们对中央警官学校有了较为详尽的认识。

笔者认为，中央警官学校发展到后期，已较为系统地引进了国外的警察教育科目及先进手段，并且基本上做到了将国外警察教育的规范性科目和警事实践中的先进手段体现在自编的教材之中，在很大程度上促进了中国警察教育的发展，也对中国近代警政建设起到了十分重要的推动作用。

（二）南京国民政府警察教育

国民政府重视警察教育的现代化建设，提倡警察教育改革，重视学习和借鉴欧洲先进的现代警察技术。当时的警察教育课程已实现了初步的规范化和科学化，构筑了我国现代警学研究的平台，标志着我国现代警察教育体系的初步形成。②

笔者认为，南京国民政府时期是我国警察教育发展的重要阶段。这一时期，南京国民政府建立了较为完备的警察教育制度，警察教育在政策制定、教育的层次和种类、课程设置、师资选聘等诸多方面进行了有益的探索与尝试，促进了中国近代警察教育的发展。

四、女　　警

中国近代女子警察产生于20世纪20年代。此时，女警限于体能、胆识等方面的原因，主要从事调查户口、检查旅行、救护妇孺等方面的工作。它开辟了补充警力的新途径，并充分发挥女性所长，弥补了男警在执行某些警务上的不足，扩大了治安维护和社会救护的范围。南京国民政府时期各地都试办了女警，但囿

① 苏征：《中央警官学校》，载《民国档案》1995年第1期；李继星：《中央警官学校的历史发展与其基本特点》，载《中国人民公安大学学报》1989年第3期；肖朗、施峥：《中国近代高等警察教育综论》，载《浙江大学学报（人文社会科学版）》2007年第1期；孟庆超、宫淑艳：《近代中国警察教育之探索》，载《山东警察学院学报》2005年第5期。

② 董纯朴：《南京国民政府警察教育体系研究刍议》，载《江西公安专科学校学报》2007年第1期；王丽娜：《南京国民政府时期警察教育研究》，山东师范大学2009届硕士学位论文；徐乃龙：《中国近代警察高等教育述论》，载《江苏警官学院》2003年第12期。

于当时男尊女卑的传统封建思想居于统治地位的情况，女子警察作用得不到充分的发挥。当然，从另一角度看，设置女警是国民党政府强化其警务的一项重要措施，它不仅为警力补充了新的血液，也为救护妇女树立了良好的社会背景。她们利用女性之所长从事适宜的警务，在一定程度上促进了警察制度的发展。

五、警察法制

对南京国民政府警察法制的研究，除韩延龙主编的《中国近代警察制度》、万川主编的《中国警政史》、陈鸿彝主编的《中国治安史》等是具有代表性的著作。1943 年，南京国民政府违警罚法汲取了自清末违警罚章程而来的经验教训，同时亦注重采纳近代法学、警察学的先进成果和世界各国的立法成例，堪称中国近代违警罚法的典范，但在诸多方面仍存在有悖法理精神与警政原理的内容；该法尽管因落伍于时代被正式废止，但其反映法学与警察学规律的内容足资在修订相关法规时借鉴。

笔者认为，南京国民政府时期，警察立法随着中国近代警察制度的逐步强化，得到了空前的发展，在警察法规的种类、数量和质量等方面与清末和北洋政府时期的警察立法经验相比，有了很大程度的丰富与提高。与此同时，“南京国民政府各级政府运用法律手段调整警察机关的组织及其职权的行使，从而加强了警察机关在国家政权机关和政治生活中的法律地位及作用”①。但也应看到由于盲目照搬外国立法经验，缺乏调查和研究以及军阀割据等因素影响之下，其执行情况并不理想，这也为我们当下的警察立法提供了一个教训。

综观关于民国政府时期警察和警察制度的研究，可以看出，从 20 世纪 80 年代开始，我国大陆地区对这一时期警察和警察制度的研究成果颇丰，且多角度、涉及面宽；不同于新中国成立伊始对民国政府制度一一予以否定，多数学者既指出了这个阶段北洋政府时期和南京国民政府时期警察和警察制度建设方面的不足之处，也看到了该阶段对于现代警政的贡献和借鉴意义。这一阶段的研究成果不乏资料翔实、论证精确的论文，但也有部分文章只是借着前人的成果人云亦云而已，并未确立自己的独创性观点。

① 韩延龙主编：《中国近代警察制度》，中国人民公安大学出版社 1993 年版，第 758 页。

第四节　新民主主义革命时期革命根据地的警政与警察法

新民主主义革命时期革命根据地的警政与警察法的发展集中反映在三个方面：

一是毛泽东、罗瑞卿等人的公安工作思想。毛泽东的公安工作思想是在领导中国革命的长期斗争中创立和发展起来的，形成了以马列主义为指导，从中国革命斗争的实际出发，具有中国特色的公安工作路线。毛泽东公安工作思想指导现今的公安工作仍具有现实意义。①

二是南昌起义与中国共产党初建的警政。1927 年 8 月 1 日，中国共产党在南昌打响了武装反对国民党反动派的第一枪，建立了第一支共产党领导的人民军队。起义的当天，中共任命了第一位公安局局长——南昌公安局局长彭干臣，揭开了旧警察在党的领导下参加革命的新篇章，开始了中国共产党建警和控制警政的尝试。②

三是中国共产党在不同阶段的警察建设发展历程。从 1927 年公安机构的建立一直到现今警察制度的完善等不同的建设思路和警察建设状况，具有一定的研究价值。③ 从收集的资料来看，学者们对于这一时期警政建设的研究论文并不如前两部分那么充分，一方面在于资料收集尚不充分；另一方面可能因为这一时期的专著较多，如韩延龙、苏亦工主编的《中国近代警察制度》、中国人民公安史稿编写组编写的《中国人民公安史稿》、陈鸿彝主编的《中国治安史》、万川、孟庆超等学者在中国近现代警察制度方面贡献较大，使得这一时期的文章较少，这可以作为未来警察和警察制度研究的一个领域，有待于以后研究的提高和完善。

---

① 黎津平：《论毛泽东公安队伍建设思想》，载《毛泽东思想研究》2006 年第 1 期；隋从容：《毛泽东公安工作思想研究》，山东大学 2007 届硕士学位论文；隋从容：《论毛泽东实事求是的思想路线在公安工作中的运用》，载《毛泽东思想研究》2007 年第 6 期。

② 刘振华：《南昌起义与我党初建的警政》，载《人民公安》2001 年第 16 期。

③ 郑中午：《中国警史源流试探》（四），载《中国人民公安大学学报》1998 年第 6 期；康大民：《中国警察——公安的百年回顾》，载《辽宁警专学报》2001 年第 4 期。

第三章 一个警察法最核心的概念：警察权

从警察权的特殊性看，警察权是警察在国家法律规定的职权范围内依法行使的权威性行为，是公共权力的一种，是国家权力的重要组成部分。同时，它具有其他公权力所无法比拟的强制性和广泛性，即警察权是具有武装性质的治安行政管理权和部分刑事司法权的综合体，它以自身的实力为后盾，具有很强的制服抵抗的能力。警察权涉及社会的方方面面，与社会的各行各业、各种各样的人发生联系，其刑事侦查和治安管理权力的影响辐射到国际的政治、经济、文化等各个方面，警察权在一个社会中的实际运行状态，在相当程度上标志着这个社会法治文明的发展水平。为了使警察权的理论研究更科学、全面，切实为合理设置我国警察权提供理论依据，为警察正确行使权力提供理论指导，应当建立科学的警察权研究体系。有学者认为，警察权的理论体系是由警察权的概念、警察权与警察职权的内容构成。可以肯定此体系建立了警察权的基本框架，解决了警察权的基本理论问题——如何界定警察权、警察有哪些权力等，但在指导警察行使权力方面有所缺憾。

笔者认为，确立警察权的研究体系必须考虑一个前提——执法指导性，也就是说警察权研究对于警察执法即警察如何行使权力具有指导作用，能够为警察正确地行使权力提供理论帮助。因为警察权本身是一个实践性很强的权力，是警察执法中随时使用的权力；警察权是警察在执法中难以把握的，它与维护公民权利仅一步之遥；法学研究的重要目的是为执法实践服务，实质上这也是警察法学研究的意义所在。因此，警察权研究应包括警察权基础理论研究、警察权行使原则研究、警察权基本内容研究三个部分。其中，警察权基础理论研究包括警察权的概念、属性以及警察权的宪政基础。此内容的设立是研究警察权的逻辑基础。警察权行使原则研究，即警察行使权力时必须遵守的规则，包括警察公共原则、警察责任原则、警察比例原则和警察程序原则等。此内容的设立是确立警察行使权力的准则。警察权基本内容研究，即根据法律法规规定警察权的具体内容。此内容的设立明确了警察权的设置。这一研究体系不仅在理论结构上更为清晰、合理，而且在执法实践上便于警察对警察权的了解和掌握。

第一节　什么是警察权

一、警察权的概念认知

概念，是认识事物而形成的思维形式，是对事物状态、行为、性质进行概括形成的术语。对概念的分类考察，能使我们看到某一法律现象基本特征及其内部蕴涵的差异性，从而有助于我们达到该概念的深层次理解。当前，我国学术界对警察权有不同形式的界定，具有代表性的有以下观点：

观点一：一般认为，对警察权的理解有广义和狭义两种。广义上的警察权是指国家机关有关警察行为的决策和实施的权力，包括“国家关于警察职能的立法权、司法权和行政管理权”。狭义的警察权是指国家法律、法规赋予警察为保障其任务和职责的实现所享有的权力，亦即警察职权。①

观点二：对警察权的含义，有广义和狭义两种理解。广义的警察权，是指国家有关警察活动的一切权力，它属于国家基本权力的组成部分，包括国家关于警察工作的立法权、决策权和执行权。狭义的警察权，是指法律赋予警察机关及其警察人员实行警务活动时享有的权力。通常所说的警察权就是指狭义的警察权。这种狭义的警察权仍然是一种抽象的国家权力。②

观点三：警察权有广义、狭义之分。广义的警察权是指国家赋予公安机关的一切权力，包括履行警察州事职能和行政管理职能中所运用的一切权力。狭义的警察权，仅指国家赋予公安机关在进行公安行政管理过程中所运用的权力，即警察行政权。③

观点四：警察权是为了维护国家安全和社会治安稳定而进行治安管理与惩治犯罪职能活动的国家权力。④ 在大陆法系国家，由于“警察”一词是在人员与机关双重意义上使用的，警察和警察机关是通行的称谓。因此，警察权既指作为执行警务活动的人员的权力，也指作为警察机关的权力。

观点五：警察权是指由国家宪法、法律赋予警察机关执行警察法规范，实施警务活动的权力。⑤ 警察权，亦称警察权力，一般是指主权国家用以维护国家安全和社会秩序，预防、制止和惩治违法犯罪活动而依法实行的强制力量。从以上

① 公安学概论编写组：《公安学概论》，群众出版社1986年版，第117页。
② 王鹰、陈合权：《公安学基础理论》，四川人民出版社2004年版，第125页。
③ 张振藩：《人民公安学概论》，中国政法大学出版社1990年版，第112页。
④ 罗锋：《中国警察法学》，群众出版社2002年版，第112页。
⑤ 惠生武：《警察法论纲》，中国政法大学出版社2000年版，第127页。

几个关于警察权的概念表述可以看出：我国学者对警察权的概念持有广义与狭义两种观点，两种观点从国家权力的不同层次上对警察权的概念进行了界定，表述各不相同，表达的意义也不完全一样。其实，如何理解“警察权”的概念关键在于从何种价值、原则与立场去认识警察权的问题。众所周知，在某种意义上可以说警察权是一项非常古老的国家权力，其与国家的诞生几乎是同步的，随着社会发展，尤其是国家的演变而不断变化，从绝对主义国家的一般统治权演进为现代法治社会的以维护社会治安为职责的特别统治权，其变化是十分巨大的，总体趋势是不断走向法治和文明。其中，维持公共秩序、维护社会治安是恒定不变的警察权的基本使命，这是警察权的功能，也是警察权存在的正当性根据。对警察权的概念进行定义必须要认识到警察权在现代政治国家中的使命所在，除此之外的概念都是不周延的，换言之，是具有缺陷性的概念，不能解释说明现代社会中警察权的丰富内涵和行使的多样性。

传统上的警察权的概念一般是指主权国家用以维护国家安全和社会治安秩序，预防、制止和惩治违法犯罪活动而依法实行的强制力量，它属于国家政治权力的范畴，是实现警察职能、完成警察任务的保证。随着社会的发展和文明进步，具有国家属性的警察权逐步由专制化走向法制化与法治化方向，即现代法治国家都以法律的形式将警察权力与警察职能通过制定法进行规范确定，期求警察权的存在和运行具有规范性，成为全社会的一种行为准则。这是我们对警察权进行定义时所应当关注的法律背景。

有学者认为：“与警察的概念一样，作为国家权力组成部分之一的警察权也是一个具有多重含义的概念。从一般意义上理解，警察权是指由国家宪法、法律赋予的，国家警察机关执行警察法律规范，实施警察事务的权力。”① 这种对警察权的定义方式是根据我国法制现实和实践的要求作出的。

笔者认为，从警察权的语词含义上讲，各界有关警察权的论述，在不同的语境中，警察权是警察权力、警察权能或者警察职权的简称，并且，有时与警察权利紧密相连。所以，可以通过区分这几个相关概念予以认识警察权，这几个概念主要是警察权力、警察权能、警察职权和警察权利。虽然，在使用中，上述概念常常混用，但是，进行规范和研究时，梳理和区分这些概念是很有价值的。警察权在不同的语境中，是国家权力中的类权力，或者是警察权力、警察权能或者警察职权的简称，是有明显区别的。②

① 高文英：《警察行政法探究》，群众出版社 2004 年版，第 10 页。

② 在此基础上的警察权及相关概念的解读，参见张超：《警察权原论》，武汉大学 2008 届法学博士学位论文。

二、警察权的性质

研究警察权的性质是构建警察职权法制体系理论基础的重要一环。长期以来，我国警察权法律性质定位模糊，游走于法律的灰色地带，形成了可不受行政法规制又可规避司法审查的争议区域。警察权究竟是行政权、刑事职权，还是司法权，这直接关系到警察权应当由何种性质的法律（如行政法或刑事法）来规范这一重大问题。单从我国《人民警察法》对警察权的界定来看，由于其规定过于粗略，我们难以确定其性质，然而性质的确定直接涉及该权力的行使是遵循行政程序还是刑事程序的选择问题，也就是法律的适用问题。同时，对警察权的行政权或司法权认定，涉及法院的司法审查和公民权益受到侵犯时的救济途径等法律问题。诚如有学者所言："从专业视角看，它既是整个警学理论体系的一块基石，是描述其他专门概念的依据和原点，又是警务人员在执行职务时所秉持的职业理念，决定着职务活动的内在品质。从更广阔的意义上讲，科学判定警察权的权力属性，还有助于诸项国家权力的职能发挥和协调互助，并从基础上加强我国的政治文明建设和和谐社会建设。"①

目前，对于警察权性质的研究主要集中在两种观点上：

第一种观点认为，警察权本质上就是行政权。"警察权的行政属性是显而易见且毋庸置疑的"②；"警察机关行使的所谓'刑事司法权'只能是一种特殊的行政权"③；"从设立警察权的目的及权力体系的划分来看，警察权本质上应属于行政权力，不应具有司法属性"④。

第二种观点认为，"现在的公安机关实际上具有治安管理和刑事案件侦查的双重职能。治安管理基本上是一种行政职能，而刑事案件侦查是一种司法职能。公安机关也就集行政职能、司法职能于一身"⑤。即警察权具有行政权和司法权的双重属性。

毫无疑问，两种观点都认为警察权包括侦查权（或者说刑事执法权），二者的主要争议焦点是侦查权到底属于行政权还是司法权，其实质应当是侦查权的属性问题。对于侦查权的属性问题的讨论和争议由来已久，目前形成的主要观点有：（1）行政权本质说；（2）侦查权属于司法权说；（3）折中说，持这一观点

---

① 毛志斌：《警察权是行政权》，载《河南公安高等专科学校学报》2008 年第 2 期。

② 毛志斌：《警察权是行政权》，载《河南公安高等专科学校学报》2008 年第 2 期。

③ 陈实：《警察 · 警察权 · 警察法——警察法概念的逻辑分析》，载《湖北公安高等专科学校学报》1998 年第 4 期。

④ 许韬：《建构我国警察权的若干思考》，载《浙江公安高等专科学校学报》2003 年第 6 期。

⑤ 陈兴良：《法治的使命》，法律出版社 2001 年版，第 12 页。

的学者认为侦查权具有行政和司法双重属性。有学者认为，关于侦查权的性质，无论在立法上还是学术界的讨论中，都曾较为一致地将其定位为司法权。但在1996年刑事诉讼法修改之后，又开始了新一轮的争论，“侦查权本质上是行政权”或“侦查权性质上是行政权，但有一定司法化倾向”的呼声越来越高。持“行政权本质说”的学者从不同的角度和出发点对侦查权的性质进行了定位，大致可以分为两种相逆的思路：一是对比行政权与司法权的不同特点，找出二者的不同属性，进而确定行政权涵盖侦查权；二是通过对侦查权自身特点的分析来说明侦查权的“行政性”。[①]

笔者发现，持“行政权本质说”的学者一般都是从侦查的目的、侦查权主体的法律角色、侦查权的运行模式等方面进行论证，但是对于侦查权属于行政权的论证过程中，也有很多值得商榷的地方。例如，“侦查权行使的主体在刑事程序中自始至终不会获得司法权行使者的地位。警察通常是行使侦查权的主体或主体之一”。这种仅仅因为侦查权的主体属于行政机关人员就认定侦查权属于行政权未免过于简单，毕竟决定侦查权的属性是侦查权本身，而不是权力行使主体的法律角色定位。不得不承认，在很多“行政权本质说”的论证中存在着直接用英美法系的行政权与司法权标准来衡量我国的侦查权，这实际上是用一套逻辑体系来考评另一套逻辑体系，不可能形成真正的“交锋”。

认为侦查权属于司法权的观点主要源于《中华人民共和国刑法》第94条的规定，“侦查活动为起诉、审判提供基础，属于诉讼程序中的一项活动，因而具有司法性质”[②]。“行政权本质说”斥之为“这种观点其实是在传统注释法学研究方法下对国家现行法有关表述的一种认同”[③]。对侦查权属于司法权的观点进行批驳的理由还有很多，在此不再一一赘述。

对于上述学说纷争，笔者认为应当注意把握以下几点问题：

第一，由于历史传统，在我国刑事司法领域，存在“大司法”与“小司法”两种表述：“大司法”一般是指刑事诉讼法规定的，公、检、法三机关从立案到审结的整个刑事诉讼过程，而“小司法”则仅指法院的审判过程。如果用“小司法”的标准来评判“大司法”，毫无疑问会存在冲突，这是无论从哪一方进行批驳都必须明确的一点。

第二，基本上说，“行政权本质说”是在向英美法系国家的法学理论借鉴其科学成分已经逐渐成为了一种主流的今天，站在英美法系国家抗辩式的司法体制

① 杨宗辉：《论我国侦查权的性质——驳“行政权本质说”》，载《法学》2005年第9期。

② 毕惜茜：《论我国侦查权的性质》，载《江西公安专科学校学报》2004第2期。

③ 但伟、姜涛：《论侦查权的性质》，载《国家检察官学院学报》2003年第5期。

的角度，对诉讼中的控辩审“三角结构”进行的演绎，因而侦查权只能是行政权，司法权只能是审判权；而认为侦查权属于司法权的观点是根据我国沿袭的司法传统而作出的论断，我国的审判方式仍然有较浓的法官职权主义的色彩，采用的是人民法院、人民检察院和公安机关“分工负责，相互配合，互相制约”的“线形结构”，侦查、起诉、审判是一套流水线的工程，侦查权与检控权、审判权同为司法权也不足为怪。

第三，无论是认为“侦查权是行政权”还是认为“侦查权属于司法权”，它们的立意基础都是源于两种不同的理念模式。前者主要基于英美的权力控制论，对侦查权应当加以控制；因而“行政权本质说”的学者大多都认为，提出侦查权属于行政权是为了解决当侦查措施侵害公民的合法权益时，若侦查权作为司法权，则具有不可诉性，无从通过法官的审查途径对被侵害人进行救济的问题。①后者主要基于追诉犯罪所应有的独立性，认为侦查权属于独立的司法权。有学者认为，如果将侦查权归于行政权下，那么显然可以得出一个结论：相关的行政力量有理由来干预诉讼过程，这就是“行政权本质说”的最大危害之所在。② 但是如果把“行政权本质说”看做是行政力量来干预侦查的理由，那么侦查权作为独立的司法权，在现实中并没有因为其“司法独立性”而免受来自行政力量的干涉，毕竟行使侦查权的侦查员确确实实置身于“行政力量”之中，执行着各种行政命令。这一点很容易在侦查权的实际运作中发现。

基本上可以肯定：两大法系必将逐渐走向融合，相互吸收、相互学习是历史的发展趋势。根据我国刑事诉讼制度的发展现状，刑事诉讼结构已经开始吸收英美法系的“三角结构”，并且逐渐改变过去的职权主义追诉模式也是当前我国司法体制改革的发展方向，我们应当把“司法权”的内涵限定在“小司法”即“审判权”，司法活动可以有行政权或行政行为的参与。我们赞同“行政权本质说”，认为侦查权是特殊的行政权。

从上述分析可以得知，警察权的本质属性就是国家行政权。在此基本属性之下还需鉴别警察权和警察职权之间的关系。我国台湾地区学者认为：“警察权与警察职权，虽说同源，但仍有主从之别，换言之，警察权出于政治原则，其所肯定的，警察职权不宜否定。警察职权依据政府法令，其所肯定的，警察权可以否定之。亦可谓警察权包括警察职权，而警察职权却未能包括警察权。”③ 由此可

① 陈永生：《论侦查权的性质与特征》，载《法制与社会发展》2003 年第 2 期。

② 杨宗辉：《论我国侦查权的性质——驳“行政权本质说”》，载《法学》2005 年第 9 期。

③ 邱华君：《警察学通论》，“国立”编译馆主编，台湾茂昌图书有限公司 1991 年印行，第 231 页。

见，警察权和警察职权之间存在从属与包容的关系，有警察权一定有警察职权，有警察职权则不一定有警察权。根据警察职权的不同，我们可以将警察职权分为警察行政职权和警察刑事职权。在性质上，二者均属国家行政权的组成部分，但在所执行的法律种类和行使职权的方式上，二者有明显区别。警察行政职权所执行的法律是国家行政法律、法规，行使职权的方式由行政法律、法规授权，目标和任务是治安管理，其手段为行政手段，包括行政强制、行政处罚、行政征收、行政执行等；警察刑事职权所依据的法律，程序上是《刑事诉讼法》，实体上是《刑法》，目标和任务是追究犯罪，行使职权的方式有两个特点：一是享有包括采取刑事强制措施以及讯问、监听、扣押、查封等侦查手段在内的侦查职权；二是侦查活动要接受司法控制或司法审查。

需要指出的是，有学者认为，鉴于警察行政职权和刑事职权在特点上存在差异，可将我国的警察分为治安警察和司法警察，并分别纳入不同的序列——行政序列和刑事诉讼序列，从而推进法治进程。[①] 笔者认为，这样的划分在理论上没有充足依据，在实践中也不可行。维护治安与追究犯罪是两个既关联又有区别的概念。一方面，犯罪状态是治安好坏的一个十分重要的指数；另一方面，惩治犯罪有助于治安的维护。在实践中，警察的两项职责是集于一身的，这是因为在现实生活中，某一具体事件到底是治安事件还是犯罪案件不可能总在明确的界限范围内，在大多数情况下，警察必须带着双重任务处理具体事件。以我国澳门地区为例，澳门虽然分别设立了治安警察局和司法警察局，但在实际运行中，二者的职权又完全混在一起，并没有按预设的目标来划分职责。因此，作为警察职权的警察行政职权与警察刑事职权的统一是警察权发挥维护社会治安作用的必然要求。

三、警察权的宪政基础

警察权是国家权力的重要组成部分，警察法的立法根据是宪法，警察制度发展中的警察民主化、警察法治化、警察制度化均与立宪政治有着不可分割的依附关系，因此，对警察权的探讨也不能脱离宪政的框架。目前我国关于警察权的宪政基础的研究还不是很多，除了少量论文有所论及。从整体上看，主要还停留在逻辑思辨和价值选择层面，系统的实证研究还很鲜见。这里介绍几种有代表性和开创性的观点，供大家借鉴。

（一）传统宪政理论下的警察权

有学者认为，在国家主义与自由主义两种宪政理论背景之下，有关警察权

---

① 在欧洲大陆国家有这样的体制，我国澳门地区秉承欧洲大陆法传统，也分别设立了治安警察局和司法警察局。

（在本质上属于行政权）的观念也大不相同，思想家们在探讨政府结构和程序运行的基本原则诸如分权制衡、主权至上时阐明了一些行政权的理念和思想，其实也是适用于警察权的。在传统自由主义宪政理论中，国家权力结构的核心是议会，而警察权作为行政权的一种，只有执行议会法律的权力，它不能超越法律为其设定的范围。宪制之下的法治思想进一步明确了警察机关从属于法律的性质：每个警察机关在行使权力做出影响他人权利义务和自由的行为时，都必须说明其严格的法律依据，警察行政行为的行使必须有法律的授权才行。在传统国家主义的宪政理论中，警察权被包括在行政权之内，如黑格尔认为，行政权的职能是执行和实施国王的决定，一般来说，就是贯彻和维护已经决定了的东西，即现行的法律、制度和公益设施等，这和做决定本身是不同的。不过，德国奉行国家主义的宪政理论中有关警察行政权的思想也映射出了其法治的思想：警察行政机关不仅受法律的约束，而且凡无法律授权的，警察行政权不能干预人民的权利。从行政权受法律严格限制这一角度来看，两种宪政理论的倾向是基本一致的，宪政逐渐引申出这样一种含义：以法律来约束与公民有关的政府机关的正当权力。它蕴涵的原则是：在基本法的框架内，政府对人民或者人民的合法代表负有责任，以更好地确保公民的权利。由于对国家的功能理解不同，两种模式之下警察行政权的作用也不相同：传统自由主义之下，警察行政机关的职能受限，警察自由裁量权的范围很小，自由裁量几乎与专制权力等同；在国家主义思想之下，国家可以主动地做出行为，虽然警察行政机关的行为还需要法律授权，但其职能范围广泛，警察自由裁量权的范围也极大地扩展，其运用更加富有弹性。①

实际上，传统自由主义宪政之下的警察行政权与国家主义宪政理论之下的警察行政权都具有一个相同的性质——侵犯性。在这个意义上，宪政就意味着对警察行政权的一种有效控制。

（二）分权理念下的警察权

有学者认为，鉴于警察权的性质，警察权在我国社会生活中扮演的重要角色以及对社会生活事务影响的广度和深度，依法确立警察权的范围，合理划分其权限是依法治国方略的一个关键性方面。合理划分权限涉及四方面的内容：一是与授权机关的界线，警察机关原则上不能自我授权，只能依据法律而得到授权；二是与司法机关的界线，警察机关原则上无居中裁决的功能，其调解纠纷的职能不能演化为裁判权。在侦查活动中实行司法控制原则；三是与其他行政机关的界线，凡不需警察强制权的社会管理事务，应归其他行政机关管理；四是逐步划分

① 刘贵峰：《我国警察权研究》，中国政法大学2006届博士学位论文。

地方与中央的事务，激发地方警务机关的积极性。①

（三）公共领域中的警察权

有学者认为，市民社会的私域和公域之分与警察权的存在与消失具有至为密切的关联，当今世界上绝大多数国家宪政体系中的权利范畴都蕴涵着对警察权的重塑。② 警察权的设置充分反映权利生长的现实，在市场经济的推动下，公共场所应该更多地成为行动者的权利空间，如果他们并不意图通过革命对国家造成威胁，行动者就有权利在任何一个公共场所自由存在。因此，和社会变革同步的是，应当改革警察公共产品的提供方式，对警察行政和刑事侦查的权力进一步地研究区别，使其中属于公共事务类的管理市场化与社会化。警察公共服务的提供应当建立在对公共领域的信任和维护基础之上，对于警察权力价值的核心：安全与秩序的生产由警察主导，也可以允许行动者的共同体，譬如非政府组织、私人企业合作的提供方式进行，在社区警务中由警察机关、社区服务织织、居民委员会三方一起织织社区安全保护网络。最终使警察权从警察权过剩的公共领域里面退缩，而把主要的权力运作投放在核心公共事务中。③ 该学者还认为，作为典型的公法权力，捍卫公共秩序和公共安全价值的警察权正面临着前所未有的挑战。通过对现实主义法学的考察和自由主义法学的反思，警察权必须在公共行政的私人化实践中进行调整。经济学关于公共选择和公共产品的理论对于警察权的调适提供了重要的方法论，在明确并坚守警察权的核心任务的基础上，对私人警务按照警察生产和警察提供予以区分。首先通过立法确认私人主体在秩序和安全上和警察具有趋同的理想，赋予其既不逾越公权力也不侵犯其他私权的主体性地位；其次适用协商式方法，以合同制运行私人警务。④

第二节　警察权有什么

一、总体内容认知

国家以法律形式赋予公安机关和人民警察运用的一定手段和采取的必要措施，以维护人民群众所需要的社会秩序和公共安全，其手段和措施构成警察权的

① 张强：《法治视野下的警察权》，吉林大学 2005 届博士学位论文。

② 张洪波、朱玉龙、陈伟国：《法制社会中的警察权——以公共领域为对象的考察》，载《学术探索》2004 年第 7 期。

③ 张洪波：《公共领域中的警察权》，载《政法学刊》2008 年第 4 期。

④ 张洪波：《警察权的私法转向》，载《中国人民公安大学学报》（社会科学版）2008 年第 5 期。

基本内容。《人民警察法》第二章对人民警察的职责和权限作出了明确规定。对于警察权的基本内容，有的学者概括为治安行政管理方面的权力、刑事诉讼方面的权力、武装方面的权力和紧急处置方面的权力四个方面。① 有学者认为，警察权是警察行政职权与警察刑事职权的统一。② 有学者把警察权的内容从警察权的基本内容和警察职权的内容两个角度来分析，认为警察权的基本内容包括：制规权、命令权、指挥权、执行权、裁决权、处罚权和强制权 7 项，警察职权的内容包括警察刑事职权和警察行政职权两大方面，它们又分别包括了很多种具体的警察职权。③

另有学者认为，上述对警察权的认识都有其自身的科学性，但从具体的警察职权的角度认识警察权对指导警察权的正确行使将更具有现实意义，警察职权是与不同警察机关的职责、职能相适应的各种具体权力，从它们所处的地位和所起的作用来看是有层次的，可分为基本警察职权和附属性警察职权两个层次。处于第一层次的警察职权（即基本警察职权）包括警察刑事职权和警察行政职权两大方面。警察刑事职权具体包括：（1）预防、制止和侦查违法犯罪活动权；（2）刑罚执行权。警察行政职权包括：（1）治安管理权；（2）道路交通管理权；（3）消防监督权；（4）危险物品管理权；（5）特种行业管理权；（6）集会、游行、示威活动管理权；（7）户政、国籍管理权；（8）出入境和外事管理权；（9）计算机信息系统监督管理权；（10）治安保卫指导和监督权；（11）法律、法规规定的其他警察行政职权。第二层次的警察职权（即附属性警察职权），处于附属性的地位，必须是因行使第一层次警察权的需要，不能独立地实施，即只有在行使第一层次的警察职权遇到障碍或为保证顺利行使第一层次的警察职权时才能行使，通常情况下行使的限度只能以满足第一层次警察职权顺利行使为界。第二层次的警察职权具体包括：（1）实施行政强制措施、行政处罚权；（2）盘问、检查权；（3）使用武器、警械权；（4）优先乘坐交通工具、优先通行、优先使用他人的交通工具、通信工具、场地和建筑物权；（5）交通管制权；（6）现场管制权；（7）技术侦查权；（8）实施刑事强制措施权等。④

笔者认为警察权的内容就是体现为警察职权，这是理解警察权的核心要素。警察权的职能是通过相关职权实现的。警察权是警察机关依法进行警务活动的权

① 见公安学基础理论教程编写组：《公安学基础理论教程》，中国人民公安大学出版社 1995 年版，第 123 页。

② 陈兴良：《限权与分权——刑事法治视野中的警察权》，载《法律科学》2002 年第 1 期。

③ 惠生武：《警察法论纲》，中国政法大学出版社 2000 年版，第 127～232 页。

④ 梁晶蕊、卢建军：《论法治社会中的警察权》，载《甘肃政法学院学报》2003 年第 2 期。

力，是各种警察职权的集合体。警察职权则是警察机关所拥有的具体权力。但是需要注意的是，在我国现行法律制度的背景下对警察职权的认识还需基于以下两方面的考虑：第一，警察职权除依警察法的规定授权外，同时还源于刑事诉讼法等法律的授权。第二，此公法上的效果是警察作为重要的国家行政司法部门应有的公共管理权力，但亦要强调该职权的相对性，即是警察必须履行的业务职责，不容懈怠。“人民警察的职权包括职责和权力（权限）两个方面……其中职责是行使权力的前提和基础，也是对权力行使的制约，而权力则是履行职责，完成警察任务，实现警察目的基本保证”①。

为实现警察权的功能，警察权有两项基本职能：一是警察行政职能，二是警察刑事职能。警察行政职能与警察刑事职能共同服务于警察权维护社会治安的功能。两者相对独立又存在内在的密不可分的联系，并通过不同方式和途径为实现共同目的而做出努力。基于警察权的行政和刑事基本职能，警察职权包括警察行政职权和警察刑事职权。警察行政职权是指警察机关依据法律在行政管理过程中行使的权力。在法治社会，依据有限政府理论，行政权不再是一种单向的以强制手段为主的管理权，更是一种服务于社会和民众的公共权力。因此，警察行政职权亦称之为行政管理服务权，以彰显其权力本质和追求。警察行政职能的作用在于通过治安管理与服务，维护社会秩序，并在必要时尽可能恢复受到扰乱的秩序。警察刑事职权是指警察机关在履行刑事职能过程中行使的权力。警察刑事职能的作用是通过行使刑事职权，侦缉罪犯。治安与犯罪，是两个既关联又有区别的概念。一方面犯罪状态是治安一个十分重要的指数，另一方面惩治犯罪有助于治安的维护。因此，警察行政与刑事职权既联系又衔接，但两者又有区别，主要是治安还包括和取决于社会秩序。由此可见，警察权为警察行政职权与警察刑事职权的统一是警察权发挥维护社会治安作用的必然要求。

二、警察行政职权

警察行政职权的范围非常丰富，综合大部分学者的观点，笔者认为主要包括以下种类：

（一）行政立法权

有学者称之为警察规范性文件的制定权或制规权。行政立法权，是指国家通过法律授权一定的警察机构，根据宪法和法律的规定，制定和发布行政规章的权力。根据我国《宪法》和《国务院组织法》的规定，我国的最高警察机关即公安部，有权制定和发布规章。

① 黄娜：《警察执法全书》，群众出版社 2002 年版，第 48 页。

（二）行政命令权

行政命令权，是指国家通过法律赋予警察行政主体的依法对一些事项根据治安管理的需要，以通知、通告、公告等形式，发布要求特定或者不特定的相对方必须从事或者不得从事一定行为的指令的权力。命令权的内容是多方面的，从对相对方权利义务的影响上看，包括以下几个方面：

第一，限制性命令权，即警察行政主体通过发布命令，将相对方的某种行为限定在一定的范围内的权力。超出限制范围的行为即为禁止的行为，一般是违法的。

第二，禁止性命令权，该项权力使警察行政主体有权通过发布行政命令，明确指令相对方不能从事某种行为或将原经批准许可的行为取消许可。

第三，作为性命令权，即警察行政主体通过发布行政命令，要求相对方作出某类行为的权力。从是否有明确的相对方来看，既有对特定对象发布的命令，也有对普遍对象发布的命令；从相对方与警察行政主体之间的关系上看，既有对不存在隶属关系的公民、法人或者其他组织发布的命令，也有对存在隶属关系的个人或组织发布的命令。

（三）行政决定权

行政决定权包括警察行政主体对治安管理中的具体事宜的处理权以及法律、法规和规章未明确规定的事项的规定权。后者往往被看做是对行政立法权的补充，但是，这种规定权一般只能针对具体事项。行政决定权的内容非常广泛，但主要限于行政自由裁量领域。决定权又具体表现为：

第一，行政许可权，是指警察行政主体应相对方的申请，通过颁发许可证和执照等形式，依法赋予相对方从事某种活动的法律资格或实施某种行为的法律权利的权力。警察行政许可是对于一般法律禁止的解除，所以必须要严格依据法律、法规或者规章的规定实施，不得与法律的规定和法治原则相违背。我国行政许可法的制定为警察行政许可权的实施提供了法律依据，对于近一步规范和改善警察权的实施意义重大。公安部于2005年9月17日制定了《公安机关行政许可工作规定》，对警察行政许可权的实施进行了具体的规定。

第二，行政确认权，是指警察行政主体对已经存在的法律事实、法律关系和法律地位进行甄别，并给予确定、认可、证明的权力。

第三，行政奖励权，是指警察行政主体对那些为保护国家安全、维护公共秩序、保护公民人身权利、保护公民和组织的财产权利作出特别贡献的人或组织依法给予奖励的权力。

（四）行政教育权

行政教育权，是指警察行政主体依法以说服、批评、责令等方式要求违法人改正违法行为，遵守治安管理法律，服从管理，履行治安法律义务的权力。行政教育权的内容包括：（1）劝阻、制止。（2）训诫。（3）具结悔过。（4）责令改正。（5）责令管教。（6）责令看管和治疗。

（五）行政监督权

行政监督权，是指警察行政主体依法对公民、法人或者其他组织遵守法律、法规、规章，执行行政决定、命令的情况进行检查、了解、监督的权力。行政监督权包括：检查、查验权，调查、检验权，鉴定、勘验权，调阅审查权，登记、统计、备案权，设卡、盘查权，技术监控权，巡逻权等。

（六）行政指挥权

行政指挥权，是指警察行政主体在警察行政管理过程中，为协调某种具体的社会关系或某一特定事项而依法行使的权力。警察指挥权既有在一般情况下为协调某种具体的社会关系而实施的，也有在特殊紧急情况下为处置某一特定的事项或突发事件而实施的。警察指挥权，既有针对警务活动相对人实施的，也有对特定事件实施的；既有针对警务活动相对人作出的，也有针对警察机关内部、下级或人员作出的。警察指挥权的法定性要求相对人必须遵守和服从，不得拒绝或拖延，否则要承担法律责任。警察指挥权经常表现为说服、要求、命令、劝阻、通知、告示等形式，对警务活动相对人具有一定的劝导和说服性，但仍以强制力为保障。

（七）行政强制权

行政强制权，是指警察行政主体为了保障警察行政管理的顺利进行，通过依法采取强制手段迫使拒不履行警察行政法义务的相对方履行义务或者达到与履行义务相同的状态；或者出于维护社会秩序或保护公民的人身安全和合法财产的需要，对相对方的人身或财产采取紧急性、即时性强制措施的权力。

行政强制权按照强制的内容的不同，可以分为对人身的强制权和对财产的强制权。前者如强制拘留、强制扣留、限期出境、驱逐出境、强制约束、强制遣返、强制隔离、强制治疗、强制戒毒、强制传唤、收容审查、强制履行等。后者如查封、扣押、冻结、划拨、扣缴、强制拆除、强制销毁、强制收购、强制鉴定、强制抵缴等。行政强制权按照适用的目的和程序的不同，又可以分为即时性强制权和执行性强制权。前者是指遇有严重影响国家、集体或公民利益的人或物，警察行政主体为了维护社会治安秩序，依法对违法行为人的财产或人身自由采取紧急措施予以限制的权力，如强制隔离和治疗、强制带离现场、盘问、约束、扣留、使用武器警械、强制检疫等。后者是指警察行政主体为了保证法律、法规、规章和其他行政规范性文件以及警察行政主体本身作出的行政决定所确定的相对方的义务的实现，采取一定的强制措施，迫使拒不履行相应义务的相对方履行义务或通过其他方法使相应义务得以实现的权力，如代履行、执行罚、查封、扣押、冻结、划拨、扣缴、抵缴、强制收购、限价出售等。

（八）行政处罚权

行政处罚权，是指警察机关对违反警察行政法的当事人，依法予以制裁的权力。警察行政处罚权是由警察机关行使的一项法定权力。处罚的对象是违反警察行政法规定义务的相对人，是对相对人违法行为的处罚。因此，警察行政处罚权是一种派生权，也可以说是一种救济权，它是以存在违法行为为前提的，只有对于违法行为，才能予以处罚，否则就是滥用权力。警察行政处罚在警察行政管理过程中适用较广，涉及警察行政管理的各个主要方面。例如，对违反治安管理行为人的处罚、对违反消防管理行为人的处罚、对违反道路交通管理行为人的处罚。警察行政处罚的具体处罚形式包括警告、罚款、拘留、劳动教养、没收、吊销执照、停业整顿、限期出境、驱逐出境等。行使警察行政处罚权的机关，必须是法定的警察机关，并且是在法定的范围内进行处罚，不能超越法定权限。警察机关在进行处罚时，必须符合法定的处罚内容和处罚形式，不能随意制造罚则和扩大处罚适用的范围，并且警察机关必须依照法定的处罚程序进行处罚。

（九）紧急情况下的权力

法律赋予公安机关和警察人员在完成特殊任务或遇有紧急情况时，为了排除治安障碍或者防范治安危害的发生和扩大，可以依法行使一些特殊的权力。紧急情况下的权力主要包括：（1）紧急征调使用权。（2）紧急排险权。（3）紧急管制权。在紧急事件应急处置时，公安机关可以发布通告或下达命令，对有关场所、道路限制通行、停留以及对过往人员、车辆实施检查、盘查等行为的权力。根据管制的范围和采取的具体措施的限制程度不同，紧急管制权可分为限制（现场）通行或停留的权力、交通管制的权力和现场管制的权力。

三、警察刑事职权

在刑事诉讼活动中，警察的刑事职权主要包括以下权力：

（一）侦查权

侦查权即警察机关为收集证据，审查证据，揭露犯罪，查缉犯罪嫌疑人而进行专门调查取证的职权。它包括：传唤权、讯问犯罪嫌疑人权、询问证人权、勘验检查权、搜查权、扣押书证权、鉴定权、通缉权、技术侦查权。在我国，其法律依据主要是《人民警察法》第 12 条的规定："为侦查犯罪活动的需要，公安机关的人民警察可以依法执行拘留、搜查、逮捕或者其他强制措施。"《刑事诉讼法》第 18 条第 1 款规定："刑事案件的侦查由公安机关进行，法律另有规定的除外。"

（二）刑事强制权

刑事强制权即警察机关为保证刑事诉讼活动的进行，防止犯罪嫌疑人、刑事被告人和罪犯逃避侦查、审判和监管，依法采取对上述人员限制人身自由的职权。

（三）刑罚执行权

刑罚执行权即警察机关依法对已经发生法律效力的刑事判决、裁决所确定的刑罚内容付诸实施的权力。根据我国法律的规定，监禁刑由监狱机关执行，管制、剥夺政治权力、缓刑等由公安机关执行。

警察刑事职权是警察权的重要组成部分，从各国法律规定来看，警察刑事职权的主要内容就是侦查权，以及为保证侦查顺利进行而适用的刑事强制措施权。在刑事诉讼法上，侦查是指有侦查权的机关、人员收集、审查证据，揭露犯罪事实，证实犯罪人，为起诉和审判做准备的诉讼活动。侦查是与起诉、审判紧密相连的诉讼程序。《刑事诉讼法》对于“侦查”设有专章，共计47个条文，占从立案到执行的办案程序规定的近20%；公安部1998年发布施行的《公安机关办理刑事案件程序规定》总共355条，其中大部分都与侦查有关。就司法实践而言，起诉和审判都在很大程度上依赖侦查的结果，99%以上的有罪判决率，事实上是靠强有力的侦查来维系的。如果单从国家追究犯罪的效果这个角度来观察中国的刑事程序，侦查毫无疑问的是整个程序的中心，从一定意义也可以说，真正决定中国犯罪嫌疑人和被告人命运的程序不是审判，而是侦查。

按我国现行立法的规定，侦查程序赋予了侦查机关尽可能广泛的权力，侦查程序几乎被设计为一种侦查机关为查清案件事实，对犯罪嫌疑人进行单向调查的行政性程序，被追诉方无权进行平等的对抗和防御。在侦查权力的配置上，缺乏必要的、合理的、有效的约束，与保障犯罪嫌疑人和其他相对人的基本人权之间未能保持适度的平衡。完善中国的侦查程序是至关重要的，为此应当达到下述目标：即为了保障每个社会成员的基本权利，为了实现社会秩序的持续稳定，必须对于可能严重侵犯个人人身自由、人格权、财产权和隐私权等基本人权的国家侦查权力进行严格的限制，贯彻程序法定原则、比例原则和司法审查原则，并且充分保障犯罪嫌疑人的程序权利，使其能够以法律手段防止受到无根据的或非法的追究或者不人道的待遇。

第三节　如何行使警察权

一、警察权行使原则的内涵和范畴

（一）警察权行使原则的内涵

我国学者用来表述“警察权行使原则”这一范畴的概念并不一致，有的采用“警察权配置和运行的原则”、“警察权运行的原则”、“公安行政执法基本原则”、“警察行政权法律规制的基本原则”、“警察机关权限的行使原则”等概念，还有的将“警察权配置的原则”与“警察权行使的基本原则”区分开来。另外，对警察权行使原则问题的讨论，主要集中在警察权行使原则的具体内容上。对“警察权行使原则”这一范畴本身进行界定的却不多。目前，可以见到的表述有这样几种：第一，警察权配置和运行的原则应当是作为国家权力的行政权在警察权领域在配置与运行的过程中应当遵循的准则。这些原则既反映了行政法基本原则的精神，属于行政法的理念范畴，又能体现警察权的价值内核，是警察行政法规范的制定和警察权的运行和实施的基础和依据。① 第二，公安行政执法基本原则是指公安行政执法主体在执法过程中必须遵守的、贯穿于公安行政执法全过程中、对公安行政执法活动具有普遍指导意义的根本性准则。它是指导和规制公安行政执法活动以及指导、规制公安行政行为的实施和行政争议的处理的基础性规范。它贯穿于公安行政执法的具体规范之中，同时又高于公安行政执法具体规范，体现公安行政执法的基本价值观念。② 第三，有关原则必须既能反映行政法基本原则的精神，属于行政法的理念范畴，又能成为警察行政法规范的制定与警察行政权的运行和实施的基础和依据。③ 第四，警察权力配置的原则，即在警察权力配置中应当遵循的基本准则。④

（二）警察权行使原则的范畴

理论界对警察权行使原则的范畴存在分歧，实际上正是法律工作者的研究和争鸣，推动了警察法和警察法学的发展。总的来说，认识比较一致的原则有：警

---

① 张强：《法治视野下的警察权》，吉林大学2005届法学博士学位论文，第97页。

② 王龙天、刘冰：《公安行政执法基本原则的研究》，载《中国人民公安大学学报》2003年第2期。

③ 张广鹏：《论警察行政权的法律规制》，黑龙江大学法学硕士学位论文，第25页。

④ 李健和：《论我国警察权力配置的原则与优化路径——警察权力专题研究之三》，载《中国人民公安大学学报》2007年第6期。

察公共原则、警察责任原则、警察比例原则、警察程序原则。除此之外，学者们还提出诸如警察权的司法控制原则；及时、高效、有效原则；警察权法定原则；平等对待原则；制约原则；权力救济原则等一系列警察权行使原则。

二、警察公共原则

关于公共原则，中外学者都有精辟的论述。日本学者指出，警察权行使的公共原则又包括三项原则：一是私人生活不可侵犯原则。警察行使职权不得干涉与一般社会安宁秩序无直接影响的个人生活及行动，如饮酒和吸烟。但是，如果在道路或公共场所酗酒、喧哗等，则不适合此项原则。二是私人住所不可侵犯原则。凡与社会安全、稳定秩序无直接关系的私人住宅、事务所或者仓库等场所，均不得侵犯。剧场、旅馆、公共食堂、浴室等众人聚集的场所，在开放营业时间，不得视为私人住所。但警察依法履行行政职责的行为，如进行户口检查，不受此原则的限制。三是不干涉民事法律关系原则。① 我国学者进一步明确，单纯民事关系如侵害民事权利、不履行债务等属于司法权行使的范围，警察权不得介入，但也有例外。如果虽是民事关系，但同时足以破坏公共秩序，也可以成为警察行政权发动的原因。应当注意的是，不干涉民事法律关系是指不得以警察职权的方式干涉，如果双方当事人请求警察机关对民事纠纷进行调解，警察机关则不应拒绝。②

我国学者认为："警察公共原则是指警察权行使具有一定的边界，这就是以维护公共秩序为必要，除此之外，警察权不得干涉。警察权的使命在于维持公共秩序，这种公共秩序主要是人们在社会生活中自发地形成的，而不是纯人为构建的。因此，只有在这种公共秩序遭受破坏的情况下，才有动用警察权之必要。"③"具有警察权力的机关在行使警察权力的时候，在什么限度以内能够限制公民的自由，这是警察权力行使的界限问题。这个问题一方面关系到公共秩序的需要，另一方面关系到公民切身的自由。如何平衡这两方面的需要是一个复杂的问题。"④ 还有学者提出，公共性原则也称私生活自由原则，是指当某种影响仅限于某人或某个家庭，而与社会公共秩序无关时，不得行使维持公共秩序行政权，随便干预国民的生活。⑤

---

① ［日］田口守一：《刑事诉讼法》，刘迪译，法律出版社 2000 年版，第 37 页。

② 陈立中：《警察行政法》，商务印书馆 1988 年版，第 608 页。

③ 陈兴良：《限权与分权——刑事法治视野中的警察权》，载《法律科学》2002 年第 1 期。

④ 王明扬：《法国行政法》，中国政法大学出版社 1997 年版，第 469～470 页。

⑤ 杨建顺：《日本行政法通论》，中国法制出版社 1998 年版，第 314 页。

由此可见，警察公共原则意指警察权的行使具有一定的范围，即对个人自由进行限制必须是出于公共利益的需要，而不能肆意侵害私人生活和私人住所，并不得随意干涉民事行为。这是警察权行使的首要原则。在理解警察公共原则时，应当把握以下几点：（1）警察权行使在目的上必须具有正当性。（2）警察权行使在客观上必须具有必要性。（3）应当以合理的标准正确区分公共领域与私人领域。无论从理论还是从实践层面来看，该原则都涉及一个重要的理论问题——公共利益的界定。公共利益的界定同样也是警察权力运用的必要前提，正如霍布斯所说，因契约而建立的国家权力并不涵盖人民权利的一切方面，一些无法以契约形式让渡的权力是为个人所拥有的。由此，我们也可认为，与公共权力运用相联系的是“公共利益”，与那些无法让渡的权力形式相联系的是个人利益，也就是“私人利益”。公共行政中，公共权力运用的一个必要的前提条件就在于公共利益和私人利益的边界界定，这对于警察权的运用同样也不例外。[①] 何谓公共利益？众多学者对其进行过深入探讨，但莫衷一是。美国行政伦理学家库珀认为：“要想给出一个能得到理论界或实际工作者公认的‘公共利益’定义，是不可能的。”在此，我们不想对公共利益进行定义，而是对公共利益的基本内涵进行简要概括。首先，公共利益是一个价值概念，是国家制度及国家行为的目的之所在。其次，公共利益以公共秩序和公共安全为核心价值取向，其具有非营利性和共同福利性。再次，公共利益是为公众所享有的利益，从行政法的角度看，其目的在于控制行政权，尤其是控制自由裁量权的滥用。最后，公共利益主要由政府来提供，但政府并非公共利益的唯一提供者，社会组织和公民的参与也有助于公共利益的实现。

谁来界定公共利益？从具体的层面上看，公共利益的界定问题是一个宪法上的分权问题，这种权力由立法机关、行政机关和司法机关共同享有。其中，立法者只对其规定一般的概括性条款，而具体的判断标准则由行政机关在行使自由裁量权时自行把握，当在实务中因对公共利益的理解上出现纠纷或冲突时，才由司法机关进行裁判，确定所争执之问题是否属于公共利益的范畴。[②] 立法机关和司法机关如何判断公共利益在此我们暂且不论，我们仅关注与警察权密切相连的行政机关是如何界定公共利益的。行政机关在判断何谓公共利益时，通常没有明确的标准，而是综合时间、地点、国家政策、是否对公共秩序与公共安全构成威胁等要素进行判断，所以，具有相当程度的自由裁量性。这种对公共利益的自由裁

---

① 吴梅、王建军：《公共权力运用中的利益诉求分析》，载《湖北社会科学》2004 年第 6 期。

② 郑贤君：《“公共利益”的界定是一个宪法分权问题》，载《法学论坛》2005 年第 1 期。

量若没有相应的法律限制，势必会导致其滥用。因此，从控制行政自由裁量权的角度来看，对公共利益进行限定无疑具有十分重要的法治意义。

如何对公共利益进行限定？阿道夫·默克教授认为，唯有用“法形式”表现出来的国家目的，才属于公共利益，只有将国家目的予以“法制化”，才完成承认其为公益的过程。[①] 因此，首要的是用法律对其进行限定。而从理论上讲，公共利益是一个抽象和高度概括的概念，因此，从实践的角度看，有利于对公共利益的理解和把握的最为可行的办法应是通过法律对其进行概括和列举。首先，通过法律给“公共利益”作一概括性定义，如“公共利益指主要由政府提供的、为公众的和与公众有关的或为公众所公用或者公共的利益”[②]。其次，尽可能全面地列举出属于公共利益范畴的事项。最后，结合在实践中人们的错误认识，规定一个排除性条款，明确哪些典型的事项不属于公共利益的范围。

三、警察责任原则

（一）警察责任原则的含义

几乎所有承认警察责任原则的学者均对其作了如下概括：警察责任原则是指警察机关及其警察必须对自己行使警察权的行为承担责任。具体包括两重含义：（1）警察机关权限只对负有违法责任者本人行使。如果对非责任者行使警察机关权限，就是警察权的滥用，这是法治社会所绝对不允许的。（2）按照“权责相一致”的现代法治要求，任何警察机关权限的行使都必须有相应的法律责任相对应。这就要求，一方面警察机关对于自己的任何职权都要有承担责任的能力；另一方面一旦警察机关权限的行使违法，都能够依法追究其责任。也有学者称其为“违反秩序责任原则”，即原则上当发生了对社会公共秩序的障碍，或者具有发生障碍的危险时，警察才能行使以控制社会治安秩序为目的的命令、强制权，而且只能对该状态的发生负有责任的人或法人行使。[③] 应当说，警察责任原则是警察权运行应遵循的基本原则，构建权责统一的责任型警察是警察法治建设的重要目标和内在要求。

（二）确立警察责任原则的意义

有学者提出，警察责任原则不仅是警察行政活动的内在要求，更是我国当前社会政治经济活动的现实需要，其在法律和政治的层面上均具有合理的理由：其

---

① 陈新民：《公共利益的概念》，《宪法基本权利之基本理论》（上册），三民书局 1992 年版，第 138～139 页。

② 范进学：《定义公共利益的方法论及概念诠释》，载《法学论坛》2005 年第 1 期。

③ 杨建顺：《日本行政法通论》，中国法制出版社 1998 年版，第 319 页。

一，国家警察机关的活动具有公共性质，以整个社会为对象，以公共利益为目标，如果警察活动可以随意实施而无须承担责任，就会引导整个社会进入无秩序状态。其二，警察活动是以警察权力作用于公民、社会团体为特征，公共权力的运用就是以对公民、社会团体的权益产生某种影响力为特点，如果这种活动可以不负责任，任意影响而无须负责，那将对公民、社会团体的权益构成极大的威胁，从而危及整个社会。其三，将责任原则确定为我国警察权行使的原则，是基于我国特定国情的考虑。历史上形成的封建传统观念在现实生活中并未彻底根除，官贵民贱、官本位、官管民等封建意识是推行法治化的最大阻力，政治法律上的责任意识还没有完全地树立起来。新中国成立以来，依法行政在很长的时间内没有得到提倡和重视，在警察机关及其警务人员中，有权力必有责任的责任观念并未成为普遍的意识。因此，将责任原则作为我国警察权运行的界限，对警察机关树立起责任行政的意识，实现依法治国，将会起到积极的、巨大的作用。①

也有学者认为重塑责任理念，倡导警察责任原则，就警察违法或不当行为应承担的法律后果作出明确规定，对制约警察权、促使警察权在法律的轨道上适度、谨慎地行使以及保障公民权利具有重要的意义。责任原则对警察权的制约意义体现在两个方面：积极性制约和消极性制约。所谓积极性制约，是指通过倡导权责一致原则和明确责任制度，来引导、规范和警示警察权力，以增强警察的自律性和危机感，促使其严格按照法律行使职权。责任原则对警察权制约的消极意义表现在：一旦警察权的运行超出限度，有关机关就要依法追究责任者的责任，以此来警示潜在的违法执法者。如果我们将警察权比喻为不羁的烈马，那么责任原则就是用以驯服和羁绊烈马的缰绳。若责任原则和相关制度缺失，警察权必将恣意妄为，成为公民权的最大侵害者。所以我们说，责任原则和制度是保障警察权正当运行的最后一道防线。②

（三）警察责任原则在实践中存在的缺陷及完善

有学者提出，目前落实警察权的责任原则方面还存在以下缺陷：一是责任状态不周全。即警察权的可监督性不够，还存在只有权力而无责任的状态，存在责任的空白点，如对执法中违反法定程序的行为大都没有规定相应的责任。二是责任承担设置不合理。导致责任实际上没有承担者或起不到应有的监督作用。如集体责任多，个人责任少，很多责任都由警察机关集体承担，个人不承担责任，实际上是任何人都没有承担责任；下级责任多，上级责任少，责任多由下级承担，上级下达不科学、不正确的警令甚至非法干预行为得不到应有的责任追究；直接

① 刘贵峰：《我国警察权研究》，中国政法大学2006届法学博士学位论文。

② 李少慧：《法治政府视角下的警察法治》，山东大学2007届法学硕士学位论文。

责任多，间接责任少，责任往往由具体执行者承担，对领导者、指挥者很少追究责任或是追究较轻责任，导致责任分配不公。三是责任追究较难落实。法律监督由于受程序不完备、情节轻重以及受案范围等因素的限制，很多责任较难进入法律追究渠道，在大多数情况下，责任是由警察机关内部来确认和追究的，这种“自己追究自己责任”的制度存在的内在缺陷，可能导致怠于追究或未能追究的后果。完善责任制度，一是要完善法律规定，特别是要将每项警察权力和相应的责任联系起来，确保警察权力处于责任状态，目前值得考虑的，是将警察机关内部的一些成熟的责任追究制度法律化。二是合理设置责任的承担。具体地讲，即要将集体责任和个人责任相结合，突出个人责任，避免用警察机关的集体责任来取代警察个人责任，只有将责任分配给每个执行职务的警察个人，才能从总体上确保警察权依法行使；要将上级责任和下级责任结合起来，在追究下级责任的同时，也应追究负有领导、指导和监督不力的上级机关责任，以此来规范上级警察机关的行为；要将直接责任与间接责任相结合，在追究直接责任者的同时，注意追究指挥者、下达命令者的责任以及负有监督、领导责任的个人责任，以减少领导者对执行具体公务警察的不当干预。三是完善警察机关内部责任追究制度，即在警察机关内部建立完善的相对独立的督察机构和信访制度。督察和信访制度由于是内部监督，存在内在缺陷，故加以完善，赋予其相对独立的地位，以最大限度地保证责任得以实现。①

四、警察比例原则

（一）警察比例原则的含义

警察行政法学界一般认为，行政法上的比例原则起源于德国警察法。早在1882年7月14日普鲁士高等法院作出的著名的十字架山案中就已蕴涵了必要性原则的思想，此后比例原则引起了学界的高度关注。德国行政法学鼻祖奥拓·迈耶于1885年出版的《德国行政法教科书》中就已明确认为“警察不可违反比例原则”，比例原则正式被立法确认始于1931年的《普鲁士警察行政法》，该法规定警察处分应该选择对人民及其社会最少侵害的方式为之。比例原则进而对其他国家和地区也产生了一定的影响，在法国、日本及我国台湾地区，无论是在行政执法实践中，还是在法院的审判实践中，比例原则都在一定程度上得到了执行和适用，对规范行政权的合法、合理运作起到了不可估量的作用。在英美法系国家的警察法中，虽然没有有关比例原则的明确的概念界定，但在警察执法实践和法院审判实践中，关于合理性原则和利益均衡原则的具体运用，可以说在某种程度

① 赵义兵：《略论警察权的行使原则》，载《江西公安专科学校学报》2003年第5期。

上是与大陆法系的比例原则相一致的。

掌握警察比例原则的基本内涵，是付诸警务实践的前提和保证。学者们多将警察比例原则分为三对关系来进行分析，即警察权力行使的目的与警察行为的手段之间的关系；多种可采行的警察行为手段之间的关系；受到侵害或限制的公民权益与警察行为欲达的公共目的、公共利益之间的关系。在这三组一一对应的关系中，警察比例原则作为一种衡量标准，来分层考察：（1）某一警察行为手段是否适于达成某一目的；（2）在诸多可能达成目的的手段之间，选择某一手段的必要性标准；（3）在实现的公益或行政目的与被侵害、限制的公民权益之间是否法益平衡，即我们经常听到的适当性原则、必要性原则和狭义比例原则。

（二）警察比例原则的内容

关于它的具体内容，学界存在着“三分法”与“两分法”之争。“三分法”认为比例原则包括三个次要概念，即适当性原则、必要性原则和狭义比例原则，“二分法”则认为适当性原则可以包含在必要性原则之中。笔者认为，无论是“三分法”还是“二分法”，都仅是一种划分方法，其所涉及的内涵并没有什么根本不同，倘若完全否认“适当性原则”却似乎欠妥，因为在实践中并不能完全排除违反适当性原则的现象发生。鉴于此，笔者采取通说观点，将警察比例原则分为三个子原则进行论述。

第一，适当性原则，又称为“妥当性原则”、“适合性原则”、“妥适性原则”。简单地说，就是要求所采取的手段是能够达到所追求的目的的。在警察法上，目的是由法律设定的。警察可以通过目的取向来选择能够达到预期效果的手段（当然，如果手段也是法定的、唯一的，那么也就无从选择，这时就不是对警察行为是否合比例的评价，而是转变为对立法上是否遵守比例原则的评价了）。在这个过程中，必须结合当时的自然或社会环境，运用经验或学识，对手段运用的效果，甚至是否与相关法律目的相冲突等因素进行判断。这就使得对妥当性的判断具有了相当的客观性基础，而绝不纯粹是警察自己的主观判断。①

第二，必要性原则，又称为“最小侵害原则”、“最温和方式原则”、“不可替代原则”、“禁止过当（分）原则”。即警察行为应尽可能地使对相对人的损害保持在最小的范围内，不得超越实现目的的必要程度。亦即要对所追求的目的和所采取的手段之间的相当比例进行判断，保证所要采取的手段在诸种可供选择的

---

①　蔡震荣：《论比例原则与基本人权之保障》，载《警政学报》1990 年第 17 期；蔡宗珍：《公法上之比例原则初论——以德国法的发展为中心》，载《政大法学评论》1999 年第 62 期。

手段中是最温和的、侵害最小的。[1] 我国有学者认为，对“最小侵害”的判断，看其是否有“可替代行为”，若有“可替代行为”，则行政主体或立法者的行为不符合比例原则，否则即符合比例原则。[2] 也有学者提出，在能实现行政目的的诸种方式中，由当事人自由选择侵害较小的方式。[3]

第三，狭义比例原则，又称为“均衡性原则”、“相当性原则”、“法益相称性原则”。目的与手段之间仅符合妥当性、必要性的要求还是不够的，因为行政行为的实施不可避免地会引起双方，甚至多方利益的冲突，比如，警察在街头使用枪支时，就涉及公共利益（排除违法犯罪行为对公共秩序与安全的危害）、警察个人利益（警察人身安全的保障）、第三人利益（行人、住家等的安全）、受违法犯罪侵害的人的利益以及枪械施加对象的利益（生命、健康权）之间的冲突问题，因此，必须在价值层面进行考量和权衡。[4]

（三）比例原则对警察权运作的基本要求

有学者提出，比例原则对警察权运作的控权功能主要体现在其对警察权运作的基本要求上。第一，适当性原则对警察权运作的规范。具体表现为：（1）警察权的行使都必须以特定的事实状态的存在为前提，只有特定的事实的出现使国家、社会、个人受到现实危险，警察机关才有权对公民个人的权利和自由进行限制或者剥夺。（2）警察权的行使目的只能是公共利益，不能以此谋取个人私利，即警察不能以假借公共利益的名义，为自己或者他人谋取私人利益。（3）警察权的运作必须以实现法律的明确规定为目标，即用 A 措施实现 A 目的，B 措施实现 B 目的，而不能用 A 措施实现 B 目的，或者用 B 措施实现 A 目的。（4）警察机关所采取的措施必须是能够实现其所追求的目的。第二，必要性原则对警察权运作的规范。主要表现为：（1）当存在禁止性措施与负担性措施时，应以负担性措施代替禁止性措施。（2）若能用单纯的禁止令即可实现行政目的时，一般不得采用负担性措施。（3）应尽量谨慎选择限制公民人身自由的行政手段。第三，相称性原则对警察权运作的规范。这主要表现在两个方面：（1）相称性原则应建立在适当性原则和必要性原则的充分考虑基础之上。（2）应充分考虑相对人权益受侵害的程度，适当地平衡公共利益与个人利益之间的关系。[5]

---

① 余凌云：《警察行政权力的规范与救济——警察行政法若干前沿性问题研究》，中国人民公安大学出版社 2002 年版，第 25 页。

② 黄学贤：《行政法中的比例原则研究》，载《法律科学》2001 年第 1 期。

③ 陈新民：《德国公法学基础理论》（下册），山东人民出版社 2001 年版，第 360 页。

④ 余凌云：《论行政法上的比例原则》，载《法学家》2002 年第 2 期。

⑤ 许韬：《试论比例原则对我国警察权的控制》，载《公安学刊》2005 年第 4 期。

五、警察程序原则

（一）警察程序原则的含义

正当法律程序最初源于英国的自然正义原则，后在美国宪法修正案中以成文的方式确立起来。1791 年美国宪法第五修正案规定，“非经正当法律程序，不得剥夺任何人的生命、自由或财产”，1868 年通过的美国宪法第 14 修正案规定：“无论何州亦不得不经正当法律程序而剥夺任何人之生命、自由或财产”。尽管最初自然正义原则只适用于司法或准司法领域，不能将此原则适用于纯粹的行政领域，但随着实践的不断发展，正当法律程序原则也开始进入到行政领域之内，成为行政法中的一项重要原则。该原则的内涵不断得到发展，在英国最终形成这样两个方面的内容，即避免偏私和公平听证两项规则。避免偏私要求行政行为必须由没有利益牵连的人作出；公平听证要求行政机关在做出不利于公民的行政决定时必须听取对方的意见，公民有为自己辩护的权利。公平听证包含三项具体内容：一是公民有在合理时间以前得到通知的权利；二是公民有了解行政机关的论点和根据的权利；三是公民有为自己辩护的权利。在美国，根据法院的解释，宪法所规定的属于行政法上的正当程序原则，是指程序上的正当法律程序，它要求一切权力在行使剥夺私人的生命、自由和财产时，必须听取当事人的意见，当事人具有要求听证的权利。这些程序上的要求在英美都被吸纳到正当法律程序这一宪法原则之中，具有审查政府行为是否违宪的功能。同时，通过正当法律程序对行政权进行约束和限制获得了最高法院的支持，公民程序上的权利借此获得充分的保障，保障人权的意义在这里便显得鲜明且具有可操作性。

正如有的学者所言，“以程序制约警察权是现代法治社会的必然选择，使得警察权行使的过程明朗化、合法化”①。虽然我国学者对警察程序原则的称谓略有不同，但所表达的含义基本相同。笔者综合各种表述对其作出如下概括：警察程序原则是指警察权限的行使应当严格按照法定的程序，其核心思想是警察行使警察职权对他人的人身、财产权利予以限制或剥夺时，必须听取当事人的意见，当事人具有要求听证的权利。同时，这一原则还要求，无论是执行行政法律的警察行政职权还是执行刑事诉讼法的警察刑事职权，都必须要严格遵循法律程序，违反法律程序的行为无论实体上是否处理得当，都将视为无效行为。

（二）我国公安工作现状

有的学者认为，“实际上在我国的公安工作中，已经在许多方面贯彻了正当程序原则，并且收到了令社会公众满意的效果”。该学者还将公安部门贯彻正当

① 邓国良：《解读以程序制约警察权》，载《江西公安专科学校学报》2008 年第 5 期。

程序原则的工作概括为几个方面：（1）警务公开制度。早在1999年公安部就发布了《关于在全国公安部门普遍实行警务公开制度的通知》，要求在公安部门普遍实行警务公开制度，公安部门的执法办案和行政管理工作，除法律法规规定不能公开的事项外，都要予以公开。（2）窗口服务制度。2003年2月17日，公安部制定了《公安部门窗口单位服务规定》，该规定中设定的警务公开制度、首接责任制等内容都体现了正当程序原则中“公开、公正、公平”的精神。（3）聆询制度。2002年，公安部颁发了《公安部门办理劳动教养案件规定》，该规定的第四章专门对聆询制度作了规定。公开聆询，是政务公开、警务公开的举措，体现了程序的公正，也体现了执法的人性化。（4）定期新闻发布制度。为切实推行警务公开，提高公安工作的透明度，主动自觉地接受舆论监督和社会监督，公安部决定，在全国公安部门实行定期新闻发布制度，及时主动地向媒体和公众发布重要信息。（5）“公安部门开门大接访”活动。按照公安部的统一部署，2005年5月18日到9月6日，全国公安部门集中处理群众信访问题，要求“人人受到局长接待、件件得到依法处理”。为从根本上预防和减少信访问题，公安部要求全国公安部门建立公安厅（局长）接待日制度。总之，公安部门在贯彻“正当程序原则”的过程中下了很大的力气，收到了良好的效果。另外，特别值得一提的是，2004年1月1日起开始施行的《公安机关办理行政案件程序规定》，是公安部门贯彻正当程序原则的集中体现，该规定要求公安部门办理行政案件应当遵循合法、公正、公开、及时的原则，依法保护公民、法人和其他组织的合法权益。该规定第八章规定的听证程序共30多条，对于保障公民权利起到了非常重要的作用。①

但是也应当看到，在公安工作中还有一些不尽如人意之处，违背了警察程序原则，应当予以改进。如有些学者认为，当前我国警察权程序控制存在以下问题：（1）程序传统十分脆弱。按照传统的习惯，通常认为警察机关仅仅是阶级统治的暴力工具，是镇压敌对分子的“刀把子”，其面孔冷峻，高高在上，动辄使用暴力，“命令—服从”是其活动的唯一形式。在此观念下，长期以来警察机关存在着一种“治民”心态和行为取向，一直以来屡禁不止的刑讯逼供问题、警务人员的官僚主义作风问题以及滥用警力警械等现象，就是其具体表现。（2）程序立法明显滞后。一是法律对于警察权的行使规定过于粗陋，给权力主体留下了较大的自由裁量空间。二是对警察权授权性规范多，限制性规范少。三是程序立法没有形成体系。四是程序法律解释滞后。（3）程序价值没有体现。长期以来，大陆法系国家往往坚持实质正义，对程序正义不甚重视。过去认为程序无价值，程序碍手碍脚，妨碍打击犯罪。1979年刑事诉讼法是一个程序相当

① 齐小力：《宪政视野下的警察执法》，载《法学》2006年第3期。

简单的诉讼法，1983 年开展全国性“严打”又简化程序，“从重从快”。实践证明，以牺牲程序正义换取个案的侦破，其代价往往是对整个法律程序制度的破坏，其所追求的短期实体威慑效果，惩罚犯罪、保护社会的效果，最终是要被抵消的。(4) 程序运行存在缺陷。一是程序的异化，即程序的实际履行违背程序本来的设立目的。二是程序的弱化，即程序因得不到强有力的保证或缺少监督而没有得到完全遵守。三是程序的虚化，即程序被完全抛弃。①

（三）警察程序原则的实现和保障

通过正当法律程序约束警察权力，保障人权已经成为学界共识，为此，各种主张纷纷涌现。有的学者提出应当从制度层面上对程序设计作出进一步完善：首先，正当法律程序应当成为行使警察行政权程序上的判断标准。其次，在程序设计时，听证程序应当是原则，其他程序是例外。再次，应当完善警察行政行为中收集证据的正当法律程序的规定。最后，应当对警察采取行政强制措施的行为设置完备的法律程序。②

还有的学者提出以程序制约警察权的具体途径：（1）程序为警察权的行使构建特有的行为秩序；（2）程序使警察权的行使得以定向运作；（3）程序为警察权的行使设定了否定性的法律后果。另外，要解决在公安执法实践中程序违法问题，一条重要的措施就是要提高程序违法的成本，当程序违法的成本变得更“昂贵”的时候，程序违法才有可能从根本上遏制。③

六、警察权行使原则的完善

在警察权行使原则的争论中，出现了很多新的观点，提出了一些新的原则。归纳起来，主要有以下内容：

（一）警察权的司法控制原则④

从当今国际范围来看，行政权大都要接受司法权的监督和控制，这是大多数国家和地区都遵循的通例。最常见的司法权对行政权的控制方式就是行政诉讼，当事人可以在行政行为作出之后向司法机关提出请求，由司法机关对行政机关行为的合法性等予以审查并作出处理。这种控制模式对本质上属于行政权的警察权

① 陈河北、胡春丽：《警察权程序控制问题探究》，载《福建公安高等专科学校学报》2005 年第 6 期。

② 沈国琴：《正当法律程序与警察行政权的行使》，载《中国人民公安大学学报（社会科学版）》2007 年第 3 期。

③ 邓国良：《解读以程序制约警察权》，载《江西公安专科学校学报》2008 年第 5 期。

④ 陈卫东、石献智：《警察权的配置原则及其控制——基于治安行政管理和刑事诉讼的视角》，载《山东公安专科学校学报》2003 年第 5 期。

也同样适用。除了这种事后监督模式的行政诉讼之外，另一种较常见的司法权控制行政权的方式是行政机关在作出某些涉及公民基本权益的行政行为之前，必须首先向司法机关申请，经过司法机关审查同意之后取得实施行政行为的许可证状等，才允许实施相应的行政行为。司法权对行政权的这种控制模式一般是适用于那些涉及公民基本权利的行为领域，实际上这种控制方式主要适用于警察权的行使。例如，当需要对公民临时限制人身自由或者需要进行搜查、扣押、羁押、监听等情形时，警察无权直接决定和实施，而是必须事先向法院、治安法官等提出申请，由法官决定是否批准同意。对于法定紧急情况下的无证逮捕、搜查、扣押等强制处分行为，由司法权予以审查以确认是否合法。也有些学者将此称为司法审查原则或者司法裁判主义。

（二）及时、高效、有效原则

相对于其他原则，及时、高效、有效原则是研究较少的一个问题。但仍有一些学者对此提出了很多有益的观点。如有的学者把警察权的双重职能区分开来，对此原则分别予以论述：在治安行政管理中，及时性原则要求警察必须根据具体情况，依照法律及时地对特定人员、特定物品及特殊事件采取行政措施或作出行政决定，包括及时行使指挥权、禁止权、许可权、命令权和及时依法采取行政强制措施，以及对违法行为及时给予处罚等。否则，任何的疏忽和延误，都可能由小事酿成大祸，造成严重的社会后果。在刑事诉讼中，及时性原则要求追诉机关必须在犯罪发生后即时启动诉讼程序以追究犯罪。同时，在追诉的过程中，追诉机关及有关各方应当增强时间观念，及时进行各项诉讼活动，反对无故拖延、耽误诉讼时间、影响诉讼效率和诉讼结果。否则，可能造成罪犯脱逃、证据灭失和不利于保护被追诉者权利的后果。警察权除了应当及时高效之外，还必须是有效的。这里说的有效不是指警察行为的法律效力，而是指警察权的行使必须能够有效地实现警察权的目的和宗旨，其职权大小的力度必须能够保证有效地控制社会态势和治安形势以及保证刑事追诉活动的有效进行，即警察权的强制力必须达到一定的强度。①

部分学者将及时、高效、有效原则称为警务效益原则、效率原则或绩效原则等。有学者认为，效益原则包括效率和效果两方面的评价指标，其中心内容是体现投入和产出的比例关系。警务工作是高投入的行业，然而其产出却是难以量化评估的，这给警务工作的绩效管理带来一些困难。但警务产出——公共安全的提供并非就没有效益标准，除了事故发生率、发案率、破案率等指标的参考作用

---

① 陈卫东、石献智：《警察权的配置原则及其控制——基于治安行政管理和刑事诉讼的视角》，载《山东公安专科学校学报》2003 年第 5 期。

外，公众的安全感是一个重要的指标，这是警务工作的效果的最终体现。① 效率原则要求公安机关在进行执法活动时作必要的成本——效益分析，力争用尽可能少的钱办尽可能多的事。公安机关在组织社会、经济、文化建设中，做出任何重大行政决定都要进行详细的调查和周密的可行性研究，对需要投入的资金和可能取得的社会经济效益进行认真、细致地计算，要考虑多个方案，从多个方案的比较中选择方案。公安机关有时进行的大规模清查、大兵团作战的做法，实际上就没有考虑执法的效率。②

更有学者提出衡量“更有效”的警察工作的具体指标，包括：（1）从输入面看衡量警察工作“效率”的指标。一是以经费多寡为衡量指标。二是以工作时间长短为衡量指标。三是以人力多寡为衡量指标。（2）从输出面看衡量警察工作“效率”的指标。一是以违法犯罪率为衡量指标。二是以破案率为衡量指标。三是各种综合指标。③ 该学者认为，追求警察工作的绩效是各国警察勤务改革的出发点和归宿，是衡量警察勤务改革成败得失的标准，是警察勤务应当遵循的最高原则。④

（三）警察权法定原则

警察权法定原则要求以立法的形式规制警察权的种类、警察行为样态、采用的实体和程序要件。公民权利不是法律价值的全部，而仅是一个方面。社会的发展永远都是在个人自由与公共安全之间寻求某种平衡。法律在保护公民个人自由等私权的同时，也赋予了警察对公民个人进行干预的公权力以维护大多数人的社会公共安全和秩序，强制权的理由或许可以从这里得出。特别是在当前犯罪态势呈职业化、组织化、智能化、暴力化、国际化的现实下，警察机关需要有适应现代化复杂的犯罪态势所需要的警察强制权，以实现对犯罪的有效控制和打击。从法治国家的立法实践看，警察行使强制权在其法律体系中都非常明确。这一方面反映了立法对司法现实诉求的回应；另一方面也反映了各国法律价值理念在个人自由与公共安全之间的不断平衡。从我国当前的警察法律体系看，仍存在一定的立法缺陷，使得一些具有目的正当性的警察权在实践中，由于立法的缺陷而导致程序的非正当性。突出表现在我国警察法律体系对警察权中有关强制权的立法规制严重不足，导致警察权在实践中存在着目的正当性与程序正当性的剧烈冲突，使得警察在行使警察权时，特别是行使刑事强制权时无法可依，进而出现“无

① 张强：《法治视野下的警察权》，吉林大学2005届法学博士学位论文。

② 王龙天、刘冰：《公安行政执法基本原则的研究》，载《中国人民公安大学学报》2003年第2期。

③ 汪勇：《警察勤务效率原则浅析》，载《中国人民公安大学学报》1999年第4期。

④ 汪勇：《警察勤务规划的十二原则》，载《中国人民公安大学学报》2001年第2期。

法即无违法”的心理状态，以致滥用警察权，对公民的权利造成了一定程度的侵害。而对于相对人而言，由于缺乏相关的法律规定，导致其无法获得权益的救济。因此，无论从警察权的实践需要，还是从公民的个人权益保障出发，都应当完善我国警察权的有关立法。①

（四）平等对待原则

英国学者米尔恩指出：（1）某种待遇在一种特定的场合是恰当的，那么在与这种待遇相关的特定方面是相等的所有情况，必须受到平等对待。（2）在与这种待遇相关的特定方面是不相等的所有情况，必须受到不平等的对待。（3）待遇的相对不平等必须与情况的相对不同成比例。概括地说，平等对待包括三种情形：同等情况同等对待、不同情况区别对待、比例对待。同等情况同等对待又有两种情况：一是同时面对多个相对人时的同等对待，即同一时间的不同相对人。对待规则是一视同仁，反对歧视。二是先后面对多个相对人时的同等对待，即不同时间的不同相对人。警察机关及其警察对在不同时间阶段出现的不同相对人，应当与以往同类相对人保持基本一致，除非法律规则等已经改变。区别对待即要求在行使警察权时认真区别各相对人的具体情况，并在此基础上作出不同的处理决定。比例对待规则要求按不同情况的比重来设立相对人的权利义务。警察权的行使要遵守比例原则，就是要通过各相对人之间的比较和均衡来保证警察权行使的公正性。否则，就会使相对人通过对结果的比较，对法律产生怀疑和蔑视，如果这种情绪涉及整个社会，就会动摇警察权的存在基础，让警察权最终合理、合法性。②

（五）制约原则

权力，作为一种可以强制他人服从的力量，从其天性来讲，其运行的不变规律仍然是——不受限制的权力要走向滥用和腐败，因而必须对权力的运行进行合理的制约。警察行政权是公权制约的重点防范对象。对警察行政权不加限制，势必导致其恣意泛滥，侵害公民权利乃至生命。从实然的角度讲，一个社会的民主和法制的建设程度，可以说是跟警察的权力受到的限制程度成正比，即越是民主、越是法治的国家，警察的权力就越是受到严格的限制。制约警察行政权的有效途径主要有三条：一是以道德制约之。这里所讲的“道德”是指将道德规范的要求上升为国家的法律制度，要求警务人员认真遵守。二是以权力制约之。以权力与权力之间的相互制衡来约束警察行政权，主要是通过警察行政权与其他国

① 胡建刚：《论警察权行使的原则》，载《河南公安高等专科学校学报》2008 年第 5 期。

② 赵义兵：《试论警察权》，苏州大学 2003 届法学硕士学位论文。

家权力之间的相互制衡和警察内部不同职权之间的相互制衡来实现。对于前者，在完善行政诉讼制度的基础上，建构刚性的司法审查制度，将警察行政权纳入司法权的控制下。在条件具备时，可将警察拥有的行政处罚决定权改造成申请权，警察对任何公民进行处罚，都只能申请，而由法院做出最终决定。对于后者，完善对公安行政行为的行政监察制度，通过警察机关内部各警察职权之间的不同分工来制约警察行政权，促使其正确行使。三是以权利制约之。我国宪法赋予了人民广泛的权利，对国家机关及其工作人员有权提出批评、建议、申诉、控告、检举。以权利的深度、广度来抗衡权力的力度、强度，既是民主法制建设的重要内容，也是制约权力最深厚的群众基础。①

（六）权力救济原则

权力救济原则指因行使国家权力使公民的权利受到损害或侵犯，必须对损害或侵害行为予以纠正，同时对损害或侵犯的权利予以补救、恢复的一项权利保障制度。尽管法律在设定警察权时对其实施的条件、内容、程序、手段、时限等作了详细的规定，但由于各种各样的原因，在行使警察权时侵犯相对人合法权益的情况却时有发生，这正是权力救济制度产生和存在的可能性和必要性。没有救济的权利就不是权利。权利救济是权利保障的最后手段，也是权利保障不可或缺的重要环节。没有权利的救济，无论这些权利在宪法上规定的如何详尽和完备，都可能失去意义，也谈不上得到保障。对因警察权的行使而产生的损害或侵害行为进行救济，不仅是保障公民权利的需要，也是警察机关及其警察人员正确行使职权、正确履行职责的需要。依照我国有关法律的规定，因行使警察权而使公民的权利受到侵害要求救济的途径主要有四个：一是依据《公安机关信访工作规定》进行控告、申诉。二是依据《行政复议法》提起行政复议。三是依据《行政诉讼法》提起行政诉讼。四是依据《国家赔偿法》提请国家赔偿。这虽已形成我国对警察权救济制度的框架，但各项制度仍有很多不足之处，如行政复议、行政诉讼的范围过窄、周期长、手续烦琐、相关配套制度缺乏等，还需要进一步完善。②

---

① 翁里、胡人斌：《论现代法治框架下的警察行政权》，载《行政与法》2004 年第 9 期。

② 梁晶蕊、卢建军：《论法治社会中的警察权》，载《甘肃政法学院学报》2003 年第 2 期。

第四章　专论一：警察组织研究

警察组织制度是一国警察法律制度的重要组成部分。早在1997年，公安部曾在全国范围内就制定公安机关内部的《公安机关组织条例》进行过广泛的论证和调研。在论证和调研的过程中，曾有两种倾向性观点：一种意见认为，公安机关作为政府的职能部门，其法律地位和组织机构及活动原则等均已由《国务院组织法》和《地方各级人民代表大会和地方各级人民政府组织法》作了明确规定，因此不必再就此作规定；另一种意见则从依法治警和依法强警的高度提出了制定人民警察组织法的重要性和必要性。认为制定《公安机关组织条例》非常必要，但仅将其定格为公安机关的组织条例还不够，而且将其调整主体局限于公安机关或是公安机关的人民警察已不能适应当前社会发展形势的需要了，应将《公安机关组织条例》上升和定位为对所有人民警察进行规范的《人民警察组织法》。发表于1998年第2期《云南法学》的杨经德《论人民警察组织法在我国警察法律体系中的法律定位》一文强调了警察组织法在警察法律体系中的地位和作用。直到2006年国务院出台《公安机关组织管理条例》，这也是第一部以行政法规形式出台的警察组织法，彰显了警察组织管理在整个公安工作中的地位和作用。而学者对警察组织管理制度的研究也一直是警察法学研究的热点问题。

第一节　关于警察管理体制与我国警察管理体制改革

警察管理体制，是警察制度极为重要的组成部分，它对警察制度的其他方面以及警务活动有着重大的影响，要建立完善的警察制度，提高警务活动的效能，就必须确立能够适应一国政治体制及不断变化的治安形势需要的警察管理体制。研究警察管理体制，必须首先讨论和明晰两个基本的理论前提，即警察管理体制的概念和类型，其次才能探讨警察管理体制的实务问题。

一、警察管理体制的概念认知

体制，英文为System。根据《牛津大学百科全书字典》，将“体制”解释为：一整套互相联结，彼此成体系的事情与部分。警察管理体制的概念是研究警察体制其他问题的基础。学者对于其概念表述与理解不尽相同，第一种表述为，所谓警察体制模式，乃是对一国警察体系、结构、组织、机构和管理机制的概括。[①] 第二种表述为，所谓警察体制是指一个国家关于警察的机构设置、管理权限划分的制度。而在我国主要是指以公安机关为主体的人民警察体制。[②] 第三种表述为，对于警察管理体制，应确立两个新的概念，作为比较警察研究的基础：一是广义的体制模式。它指一类国家的警察若干共同特点的总和。二是狭义的体制模式。它主要指警察组织机构、编制与领导体制。认为警察体制仅指领导体制，或仅指组织机构与编制是我国比较警察研究中的一种认识误区。产生这种认识误区的原因主要是，改革开放以来，我国公安机关对外警的研究做了大量的工作。早期研究的起点与突破口往往是集中在组织机构、编制方面。久而久之就形成了体制与机构编制同义的认识。实际上，体制模式除了组织、机构外，还包含很多方面，例如，警察合法性源于何处、警察作用（打击与服务等）、警察风格（主动与被动等）、警察武装特性（文职化与准军事化等）、人事教育、经费勤务等。[③] 第四种表述为，在我国，所谓体制，是指国家机关、企业、事业单位等的组织制度。管理体制则是反映一个组织的整体与部分以及各层级之间管理与被管理、指挥与被指挥关系的组织制度。因此，从广义上看，警察管理体制是反映一个国家依法或依政令确立的各级政府与警察机关之间、不同层级警察机关之间的管理与被管理、指挥与被指挥关系的国家行政组织制度；而从狭义上看，警察管理体制则仅是反映警察组织内部、整体与部分以及各层级警察机关之间管理与被管理、指挥与被指挥关系的警察组织制度。[④]

笔者认为，学者之所以对警察体制定义认识不同，是因为基于研究视角及出发点不同造成的。学者在进行警察管理体制问题研究时，应首先确定研究的基点与角度，在此基础上进行其他问题的研究。在下面关于警察管理体制的现实问题进行阐述时，将主要探讨包括一国警察组织机构体系及管理、内外部领导关系等内容的广义的警察管理体制。

---

① 雷鸣霞：《各国警察体制比较研究》，载《公安研究》2000年第6期。

② 刘鸿儒：《中美警察体制之比较》，载《辽宁警专学报》1999年第1期。

③ 朱启禄、王大伟：《警察体制模式的分类与改革趋势》，载《中国人民公安大学学报》1995年第2期。

④ 马亚雄主编：《世界警察导论》，中国人民公安大学出版社2003年版，第28～29页。

二、警察管理体制的类型

由于对警察管理体制定义不同、分类标准和依据不同，学者对其所作的分类也不尽相同。

（一）世界上有代表性的警察体制模式的分类①

第一，英国学者梅拜认为，世界上近200个国家与地区的警察体制可大致分为四种模式，即英国模式、美国模式、大陆模式（大陆法系国家）与殖民地模式。梅拜划分的三个参照系为：警察合法性的缘由、管理体制（如中央集权或地方自治）与警察性质（如军事化与平民化）、警察的作用。梅拜的划分方法涵盖了英美、欧洲大陆、亚洲与非洲大约80余个国家与地区的警察体制。它所采用的三个参照系具有一定的科学性，并抓住了若干本质特征。

第二，我国台湾地区学者邱华君将世界各国的警察体制划分为大陆派与海洋派。大陆派与海洋派是国际警学研究中早期的分类。其依据为法系。采用大陆法系的国家，属于大陆派警察制度，如法国、德国等。采用海洋法系的国家，属于海洋派警察制度，如美国、英国等。

第三，美国学者亨特将世界警察体制划分为三类，即中央集权型、地方自治型与结合型警察体制。

（二）我国学者对警察管理体制的分类

在我国学者早期的警学研究中，对于警察体制的分类，大陆派与海洋派占据重要地位，也有学者把世界警察体制分为分散型警察管理体制与集中型管理体制。1995年，朱启禄、王大伟提出了“六种警察体制模式学说”，认为世界警察体制可划分为六种模式，即英国警察模式、美国模式、欧洲大陆模式、发展中国家模式、其他国家模式等六种警察模式。② 但无论采取何种模式，趋同与融合是世界警察体制改革的大趋势，无论是英国警察模式、美国警察模式，还是欧洲警察模式，几十年来的改革之路，都是融合与结合，彼此学习，彼此渗透。

还有学者以管理和结构的集中或分散程度作为分类标准将世界各国警察体制分为以下四类：一是美国模式。其特点是：体制极度分散，警察局各自独立，互不隶属，管理地方自治，各自为政。这是一种分散类型的警察体制。美国、加拿大、澳大利亚等一些国家属于这一体制类型。二是英国模式。这是一种中央和地

---

① ［英］梅拜：《比较警务问题》、邱华君著：《警察学通论》，台湾“国立”编译馆1991年版；［美］亨特：《世界警察参考资料》等。转引自朱启禄、王大伟：《警察体制模式的分类与改革趋势》，载《中国人民公安大学学报》1995年第2期。

② 朱启禄、王大伟：《警察体制模式的分类与改革趋势》，载《中国人民公安大学学报》1995年第2期。

方相结合的警察体制模式。英国没有管辖全国警察的中央警察机关，但是，内政大臣代表中央政权，对地方警察局局长等任免、报告工作等事项，有权依法参与和干涉。三是法国模式。这是一种中央集权式的警察模式。国家设有中央警察机关，警察权集中于中央政府，统辖全国警察机构，自上而下，一律按全国统一的法律实施警察权，设有武装性的宪兵。四是殖民地警察模式。这是在殖民地国家或地区存在的警察模式。其警察权属于殖民地宗主国；这些国家和地区的地方警察权多数集中于其中央政权，殖民地警察是维护殖民地者利益的工具，多数有着强烈的军事性质。① 这类警察模式正随着殖民主义的消失而成为过去。

多数学者将世界各国警察体制分为三种类型：一是分散型或分权型，主要是一些联邦制的国家，如美国、澳大利亚，其特点是警务工作以地方自治为主，中央与地方警察机关责任不同、执行法律不同，没有领导与被领导关系。二是集权型，主要是一些单一制、共和制国家，如法国、意大利，其特点是警察机关实行垂直领导，地方政府不干预警察事务。三是中间型，即处于分权型与集权型之间的类型，比较典型的是英国、日本，其特点是警察机关实行中央和地方双重领导。我国大部分学者赞成这种分类方法。

笔者同意最后一种观点，认为世界各国的警察体制分为三种类型，即集权型警察体制、分权型警察体制及结合型警察体制。

集权型警察体制。这种体制为大多数大陆法系国家和第三世界国家所采用，如法国、意大利等。这种警察体制的特点是：（1）全国的警察机关是一个统一完整的组织体系，中央警察机关不但掌管着全国各地方的警察力量，一般还拥有一支比较强大的具有快速反应和支援能力的机动警察力量。（2）上下级警察机关之间具有隶属节制关系，中央警察机关对地方各级警察机关实行统一领导和指挥，执行全国统一的警察法律、法令，地方政府对警察机关没有领导指挥权或者只有微弱的领导指挥权。（3）警察机关内部实行层级节制，内部机构的设置基本上实行上下对应。

分权型警察体制。实行这种体制的典型国家是美国。这种警察体制的特点是：（1）没有全国集中统一的警察机关体系，中央警察机关实际上并不掌控地方警察机关，它们各成体系，互不隶属，分别执行不同的警察职能。二者之间仅是业务上的合作和支援关系。（2）中央政府负责中央警察机关的人力和财力资源支持，并对中央警察机关的业务负有领导权限和政治、法律责任；地方政府负责地方警察机关的人力和财力支持，并对本地方的社会治安状况负责，因而也对地方警察机关享有领导指挥权。（3）中央警察机关与地方警察机关在内部机构设置上并不对应，甚至有很大的差异。在前者，刑事警察机构居于首要的地位；

① 雷鸣霞：《各国警察体制比较研究》，载《公安研究》2000年第6期。

在后者，一般治安警察机构和基层社区警务机构占主体地位。

结合型警察体制。这是一种中央和地方相结合的警察体制模式，以英国为代表。英国没有管辖全国警察的中央警察机关，但是，内政大臣代表中央政权，对地方警察局局长等任免、报告工作等事项，有权依法参与和干涉。近年来，英国伦敦大警察厅为其他郡提供技术支援，代表英国参加国际刑警，以其工作和政策影响着其他郡的警察局的工作。这些都表示着英国警察地方机构需要在一些方面受制于中央。但是，它同中央集权制警察体制不同。各郡警察局握有很大的自治权，地方警务自治、自主，依据的是各郡的法律，其警察行政权属于地方。日本等许多国家属于这种类型。

综观各国的警察体制，每个国家都有自己的长处，也有不足。实行分权型警察体制的国家，其优点是能体现地方自治和民主精神，不易产生警察专制或重大腐败、滥用职权等现象；缺点是职责分散，各自为政，缺乏协作，难以形成警务工作的规模效益，机构重叠，易造成资源浪费，执法权限、装备、待遇等标准不统一等。而实行集权型警察体制的国家，其优势是法制统一，能按统一的标准开展执法活动；对全国警力能进行有效控制和统一指挥，警察行动的规模大、效率高，社会治安管理更为严密；缺点是警察工作不易受到监督和制约，也不易发挥地方政府参与维护社会治安的主动性和积极性。同时，世界各国的警察体制并不是永恒不变的，而是在不断发展变化，互相影响，互相渗透，取长补短。例如，英国原来属分权型警察体制，后来发展成集权型与分权型相结合的体制。而现在，为了提高警察的效能，更好地维护社会治安，打击犯罪，还在不断强化中央的权力。法国一直实行中央集权型警察体制，但从20世纪80年代起，也出现了市政警察。法国的市政警察类似于一些国家的地方自治警察，由市政当局直接领导，经费完全来自于市政当局。荷兰在法国占领时曾实行过集权型警察体制，后来又实行集权型与分权型相结合的体制，而当前还在不断向分权型体制发展。总之，只有从本国的具体国情出发，并根据实际情况和国际形势的发展变化进行改革或调整，才是具有效率和生命力的比较完善的警察体制。

三、我国的警察管理体制

（一）我国的警察管理体制模式

我国实行的是“统一领导、分级负责、条块结合、以块为主”的警察管理体制。这种体制实现了集权与分权的有机结合，实现了统一领导和分级负责的条块管理。

第一，由中央警察机关——中华人民共和国公安部统一领导。公安部是国务院的一个工作部门，是它的组成部分。在国务院的领导下，统一领导全国公安机关，履行的主要职责有三项：一是主管全国警务工作；二是负责全国警察机关的队伍建设；三是直接负责铁道、交通、民航、林业、海关缉私等行业警察机关的业务领导。这种体制是由我国统一的多民族国家结构体制决定的。有利于保证我国法制的统一，有益于使我国人民公安机关形成一个整体，从而充分发挥人民公安警察机关的整体力量，使它按照统一法律规定，设置统一的、层次分明的机构，这些职能机构，自上而下，形成有序的指导关系。实行统一的警衔、职级制度，依法统一有效履行人民公安警察的职责。

第二，各级公安机关的设置层次，基本上同各级政权机关的层次相适应。省、市、自治区设公安厅、局，地级市（地区）设公安局、处，县（市）设公安局。这些不同层次的公安机关，分别是相应层次人民政府的组成部分，是它们的一个部门，受相应层次人民政府领导。县级警察机关，即各县级市、县、自治县、旗人民政府设立的公安局和在市辖区设置的公安分局。其中，前者为同级人民政府的组成部分，负责同级政府管辖范围内的警务工作，分别接受同级人民政府和上级公安机关领导；后者不是区一级人民政府的组成部分，而是直接受所属的市一级公安局领导，由所属的市一级公安局根据警力资源配置的需要设立，不一定与区一级政府完全对应。我国地方各级警察机关既要接受同级党委、政府的领导，又要接受上一级警察机关的领导，以同级党委、政府的领导为主。各级警察机关的主要领导由同级党委常委或同级政府领导副职兼任。警务人员的任命由同级党委、政府征求上级警察机关的意见后直接任命，各级警察机关的经费主要由同级政府拨款解决。各级政府还根据法律和上级警察机关的指令，结合当地社会治安实际，制定当地的警务工作政策和工作要点，然后交由所属警察机关执行。上级警察机关的领导主要是业务领导，表现为制定、发布有关警察队伍建设和警务活动的规章、政策、指令，指导、规范、监督下级警察机关的警务活动，协调跨区域的重大警务活动，组织区域性、国际性的警务合作等。这种双重领导体制，既能保证我国警察权的依法统一行使，保证公安法制的统一，又能照顾到我国这样一个地大物博、人口众多国家各个地区的特点。其优越性是显而易见的。

第三，公安机关属于行政系列，是国家行政机关的组成部分。在我国，刑事警察则统辖于我国公安机关，是它的组成部分。或者说，我国属于行政系统的公安机关，同时担负着侦查、制止和惩治犯罪活动等诉讼任务。《人民警察法》第2条、第6条都对这一点作出明确的法律规定，“预防、制止和侦查违法犯罪活动”是人民公安警察的主要任务和职能之一。

第四，专业警察机关。专业警察机关是我国警察机关组织体系的重要组成部分，我国现有的专业警察机关主要有铁路警察机关、交通警察机关、民航警察机关、林业警察机关和海关警察机关。专业警察机关在领导关系上主要实行上下级垂直领导，仅在部分业务上（如劳教案件的审批等）受地方警察机关的业务领导和监督。当然，近年来部分地方正在尝试由中央行业主管机关领导为主逐渐转向由省级或市级警察机关领导为主的改革。因此，专业警察机关在领导体制上就表现出不同程度的差异性。

需要说明的是，基于传统的经济体制的原因，在油田、煤矿、水电站、大专院校、地方铁路等大型国有企事业单位，一般也设有专业警察机关或者地方警察机关的派出机构。近年来，随着警察机关体制改革的深入，这些传统的专业警察机关或者地方警察机关的派出机构已经或者正在进行合并或撤销。这些单位的安全保卫将逐渐由民间警察力量所取代。

第五，人民武装警察部队。1995 年《人民警察法》及对武装警察的定位是：执行国家赋予的安全保卫任务。① 2009 年以前，武装警察部队的任务和职责主要是内部文件的规定，而且比较零散，缺乏完整性和可操作性。制定宪兵、内卫部队的专门法律，对其性质任务、权利义务、领导指挥关系、执行任务的保障和法律责任作出明确规定，是许多国家的通行做法，如俄罗斯的《俄罗斯联邦内务部内卫部队法》、法国的《法兰西共和国宪兵组织法》等。为落实依法治国方略和依法治警的要求，使武警官兵执行任务做到师出有名、处置有据，体现国家法制的统一、权威和尊严，2009 年 8 月，全国人大常委会审议通过了《人民武装警察法》(以下简称《武装警察法》)。《武装警察法》的颁布施行，填补了我国武警部队立法的空白，而且有助于完善军事法规体系，与国际立法接轨。同时标志着武警部队建设和发展进入一个新阶段，对于武警官兵有效履行职责使命，维护官兵合法权益具有重大现实作用和历史意义。

《武装警察法》明确规定人民武装警察部队是国家武装力量的组成部分。担负国家赋予的安全保卫任务以及防卫作战、抢险救灾、参加国家经济建设等任务。同时明确规定了人民武装警察部队的具体任务和职责。② 在兵力调动使用上，强调了坚持严格审批、依法用警的原则，并明确规定任何组织或个人不得违反国家规定调动、使用人民武装警察部队。在具体行为规范上，对人民武装警察

---

① 《人民警察法》第 51 条规定："中国人民武装警察部队执行国家赋予的安全保卫任务。"

② 《武装警察法》第 7 条："人民武装警察部队执行下列安全保卫任务：（一）国家规定的警卫对象、目标和重大活动的武装警卫；（二）关系国计民生的重要公共设施、企业、仓库、水源地、水利工程、电力设施、通信枢纽的重要部位的武装守卫；（三）主要交通干线重要位置的桥梁、隧道的武装守护；（四）监狱和看守所的外围武装警戒；（五）直辖市，省、自治区人民政府所在地的市，以及其他重要城市的重点区域、特殊时期的武装巡逻；（六）协助公安机关、国家安全机关、司法行政机关、检察机关、审判机关依法执行逮捕、追捕、押解、押运任务，协助其他有关机关执行重要的押运任务；（七）参加处置暴乱、骚乱、严重暴力犯罪事件、恐怖袭击事件和其他社会安全事件；（八）国家赋予的其他安全保卫任务。"

查证、侦查、现场或交通管制、控制职权行使、交通工具优先使用、优先通行、民用物资使用、警械和武器使用等作了明确规定。在用兵单位与执勤部队的业务关系上，明确规定执勤目标单位对担负执勤任务的人民武装警察进行执勤业务指导。在领导体制上，明确规定武警部队由国务院、中央军委领导，实行统一领导与分级指挥相结合的体制。

《武装警察法》充分体现了义务与权利的有机统一。坚持义务与权利相一致，是《武装警察法》的一个鲜明特色。从义务上看，《武装警察法》明确规定，人民武装警察执行安全保卫任务，应当服从命令、听从指挥，不得滥用职权、玩忽职守；应当按照规定着装，并持有人民武装警察的有效证件；应当举止文明，礼貌待人，遵守社会公德，尊重人民群众的宗教信仰和风俗习惯；遇到公民人身、财产安全受到侵犯或者处于其他危难情形，应当及时救助，等等。从权利上看，《武装警察法》在军人权益、行为保护等方面均给予武警官兵充分的保障。

《武装警察法》在从严治警上提出了更高的标准和要求，如在接受监督检查问题上，专门作出规定：人民武装警察执行任务，应当接受人民政府及其有关部门以及公民、法人和其他组织的监督；武警部队接到公民、法人和其他组织的检举、控告，或者接到县级以上人民政府及其有关部门对人民武装警察违法行为的通报后，应当及时查处。

第六，中国共产党对公安机关的领导。我国公安机关置于党的绝对领导之下。在其机构内部，设有党组、党委和政治工作部门，设有党的书记、政委、教导员、指导员、政治助理员一类党的政治工作人员职务，这是在社会主义国家以外的国家警察机关所绝无仅有的。这一点连同我国人民警察机关是人民民主专政工具、是人民政权组成部分、其宗旨是为人民服务等基本特点在内，乃是我国人民警察的主要特征。

（二）我国警察机关传统的机构设置

长期以来，我国警察机关由于性质、层级地位、职能属性等的差异，在内部机构设置上并非完全一致。但概括起来，警察机关设置的内部机构可以分为以下五部分：领导指挥机构；政治工作机构；业务职能机构；业务保障机构；派出机构。派出机构不是一级公安机关，只是设立它的警察机关依据警务工作的需要设立的机构。目前，我国警察机关的派出机构有两类：一类是省级或市级警察机关派驻在各大型企事业单位或重要区域的公安局（处），如河南省公安厅黄河小浪底公安处等。另一类是县级警察机关设立的公安派出所。派出机构一般不具有独立执法主体资格，但特定情况下如果有法律的明确授权也可以独立执法，如根据《治安管理处罚法》的规定，公安派出所可以独立进行警告和500元以下罚款的治安管理处罚。[①]

（三）我国县级公安机关机构设置规范化

由上看出，我国县级公安机关原有的内设机构繁杂，警力分散，不仅难以形成工作合力，而且浪费了有限的警力资源。只有规范县级公安机关机构设置，做到精简机关，才能真正实现警力下沉，加强基层。为深入贯彻《中共中央关于进一步加强和改进公安工作的决定》（中发〔2003〕13 号）和第二十次全国公安会议精神，根据《公安机关组织管理条例》和公安部党委关于加强基层基础建设及《2004—2008 年全国公安队伍正规化建设纲要》的总体要求，结合县级公安机关的实际工作需要，2007 年，公安部发布了《关于县级公安机关机构设置的指导意见》，明确了县级公安机关机构设置的指导思想和原则，就规范县级公安机关机构设置问题提出了具体意见。[②] 我国县级公安机关内设机构包括执法勤务机构和综合管理机构，各地可根据实际工作情况，增设若干选设机构。内设机构总数控制在 10 个左右，其中，选设机构最多不超过 3 个，并需经省级公安机关核准。派出所一般按照行政区划设置，原则上实行“一乡（镇、街道）一所”。社会治安任务相对较轻的乡镇，可若干乡镇设置一个派出所；不设派出所的乡镇要设置警务室。看守所、拘留所、戒毒所等监管场所根据有关规定和实际需要设置。

四、我国的警察体制改革

以警察体制改革和公安体制改革作为题名或者关键词，在中国期刊网中搜索，结果数以百计，充分证明了现今公安体制改革问题是学者理论研究的热点。而实践证明，新中国成立以来，我们在实务层面对公安体制的探索和改革从来没有停止过。改革开放以来，公安职能主要有两次大的调整，一次是在 20 世纪 80 年代初，另一次是在新旧世纪交替之际；按照国家行政体制改革的总体安排和要求，我国公安机关共进行了四次大的机构改革，即 1983 年的机构改革、1988 年的机构改革、1994 年的机构改革和 1998 年的机构改革。这四次机构改革按照“转变职能、理顺关系、精兵简政、提高效率”和“定职能、定编制、定人员”要求实施的；人事制度改革积极推进。1997 年和 2000 年召开的公安机关人事制度改革会议，对于全国公安机关的人事制度改革予以强有力的指导和推动。从发展逻辑来看，公安系统的人事制度改革首先是从建立辞退制度开始的，其次是改革任用制度，即实行领导干部聘任制和民警聘用制，最后是推行交流制度、录用

---

① 毛志斌主编：《警察法》，河南人民出版社 2005 年版，第 44 ~ 45 页。

② 关于县级公安机关内设机构的设置要求，参见《关于县级公安机关机构设置的指导意见》（公安部公发〔2007〕9 号）。

制度和培训制度。从实践效果看，公安系统的人事制度改革有效调动了广大民警的工作积极性，推动了公安事业的发展和进步；公安工作机制的初步改革主要集中在四个方面：一是以1994年2月公安部发布《城市人民警察巡逻规定》为标志，在全国大中城市公安机关普遍建立了警察巡逻体制。二是建立指挥中心。1992年4月召开了城市公安指挥中心工作会议。三是实行派出所改革和刑侦改革。四是部分地方实行交巡警合并。①

从理论研究的层面梳理，学者对警察体制改革问题的探讨主要围绕两大问题：一是为什么要进行改革；二是如何改革我国的警察体制。

（一）改革现行警察体制的原因

由于学者对于警察体制的内涵理解不同，因此，在为什么要改革现行的警察体制的思考时，角度亦不同。笔者认为，改革的原因主要有：第一，"统一领导、分级管理，条块结合、以块为主"的管理体制存在的弊端。学者对"统一领导、分级管理，条块结合、以块为主"的管理体制的弊端的论述主要有：一是中央控制不足，政令不畅；二是地方公安机关受控有余，职能不足；三是现实中因受各种因素的影响，条块之间关系不顺，在业务上，因强调上级指导等而易导致上级干预下级；在政治生活、行政方面，往往因直接受益于同级政府，则往往导致过于重视地方利益，不愿上级参与，使得正常业务工作受到影响。条块之间不协调，甚至冲突的现象时有发生，尤其是对经济领域里一些案件的处理，以及涉及多方面利益或跨区域的案件，往往容易产生矛盾；四是"条块结合、以块为主"的管理体制越来越难以适应市场经济条件下动态的社会治安形势的要求及现实斗争的需要，而且在一定程度上造成了刑事执法中的地方保护主义；五是"条块结合、以块为主"的管理体制制约了公安机关的长期发展，影响了公安机关的声誉和形象；六是"条块结合、以块为主"的体制导致公安机关职责不清，助长了滥用警力等不良现象，弱化了公安机关的基础控制能力；七是"条块结合、以块为主"的体制导致机构设置机关化，制约了公安机关战斗力的提高。第二，警察机关内部管理体制存在的问题。一是内部机构设置不规范，警力设置不合理；二是警察机关之间、内部、警种之间存在职权不清、权责不清的问题。

（二）警察管理体制改革的路径

第一，20世纪90年代初期的情况。当时我国公安机关领导管理体制是为适应新民主主义革命和社会主义高度集中的计划经济体制的需要逐步形成和发展起来的。随着全党和全国工作重点的转移，社会主义高度集中的计划经济体制逐步

① 赵炜：《公安改革的历史回顾与前景展望》，载《公安研究》2006年第2期。

被社会主义市场经济体制所代替，作为上层建筑组成部分的公安工作与社会治安形势发展不相适应的矛盾日益突出。在这种背景下，公安机关要建立一个与其性质和任务相适应，能够分类指导、分层建制、突出管理、强调服务、强化职能的领导管理体制，使公安机关从旧体制的束缚中解放出来，不断加强革命化、正规化、现代化和军事化建设，提高战斗力。公安机关新的领导管理体制应是：公安部受中央和国务院的领导，掌握全国社会治安的发展动向，研究制定全国公安工作的战略策略、法规等，进行宏观指导。省、自治区、直辖市公安机关实行条块结合、以块为主，受省、自治区、直辖市党委和政府领导，同时受公安部领导，掌握省、自治区、直辖市社会治安的发展动向，根据省、自治区、直辖市的实际，制定区域性公安工作的策略。公安厅（局）党委书记由省、自治区、直辖市党委常委或政府副省长、副主席、副市长兼任。地（市）、县（市）公安机关、城市公安分局、派出所分别受上级公安机关垂直领导，对本地区社会治安进行宏观控制和微观操作。地（市）、县（市）公安局党委书记可以由地（市）、县（市）党委常委或政府副职兼任。在公安机关内部实行党委领导下的部、厅（局）、处（局）、局（科）、所长负责制，下级党组织受上级党组织的领导。

第二，进入21世纪以来出现了不同的观点。第一种观点，主张实行“有限垂直领导”的管理体制，其中有的主张省级以上公安机关保持现行“条块结合，以块为主”的管理体制，省以下公安机关实行垂直领导，以条为主。有的则主张在坚持公安部、省（区、直辖市）公安机关管下一级的同时，以市（地级市）为块，对全市公安工作、公安队伍实行垂直管理。第二种观点，主张实行“条块结合，以条为主”，由中央政府和公安部统一领导管理全国公安机关的民警，提供警务保障。变“条块结合，以块为主”的管理体制为“条块结合，双重领导，以条为主”的准军事领导体制。省级以上公安机关实行“以块为主，双重领导”，省以下地、市、县公安处（局）、派出所实行“以条为主，下管一级”。第三种观点，主张坚持现行管理体制，认为人们对现行“条块结合，以块为主”体制的种种责难，并非完全是由于该体制结构本身所产生的客观后果，更多的则是缘于我们在认识和观念上存在着的种种错误思想。这是现行体制没有充分发挥其功能作用，并且导致人们将现实公安工作中面临的诸多困难归咎于该体制结构的主要原因。而产生这一问题的根源，则是中央和地方的关系问题。实行“条块结合，以块为主”的体制，是确保党对公安工作绝对领导的一项重要措施。如果撇开纯政治的因素来考虑问题，应该看到的是，这种体制结构既体现了以“社区警务”为核心概念的世界警务改革的要求，也体现了当代中央集权型与地方自治型警务管理体制相互交融的发展趋势。笔者认为，在当前的治安形势下，我国应继续坚持“条块结合、以块为主”的警察管理体制，科学划分条块事权，充分发挥条块积极性。同时继续坚持由同级党委常委或政府副职兼任公安机关主要领导，增强公安机关履行重大政治和社会责任的能力。在今后一个较长时期内，我国还将处于经济转轨、社会转型的特殊历史时期，维护政治稳定和治安稳定工作面临巨大的压力和挑战。公安工作只能加强，不能削弱。

第二节　关于警察招录与教育训练体制改革的思考

警察招录制度，解决的是警察机关"入口"问题。警察机关如何招录警察，关乎警察队伍建设和警察队伍整体素质的提高，因此，世界各国都非常重视警察招募，在各国警察法中均明确规定警察的招募。

1995 年颁布实施的《人民警察法》为公安机关录用人民警察实行统一的考录制度提供了法律依据。[①] 随后，有学者提出应当尽快出台一部人民警察录用条例以及其他与《人民警察法》相配套的行政法规，以保证《人民警察法》的具体实施与执行。学者同时就制定人民警察录用条例提出了一些设想和建议，如建议录用人民警察应强调政治、智能、心理三者并重；把培训作为人民警察录用过程中必不可少的一个重要关卡；逐步完善试用制度，确保警察的录用质量等。[②] 1996 年公安部制定《公安机关人民警察录用办法》，1997 年公安部制定《公安机关录用人民警察实施办法》，从内容来看，显然汲取了学者当时的一些建议。随后，一些学者开始对警察招录制度进行研究探讨，学者对人民警察考试录用制度主要从以下几个方面进行了研究和论述。

一、我国警察录用制度的发展

十一届三中全会以来，随着我国经济的发展、改革开放的深人和公安工作形势任务的变化，计划经济体制下人民警察录用制度存在的许多不完善的矛盾日益突出，严重影响着公安队伍整体素质和战斗力的提高，制约着公安工作的发展。如录用工作缺乏法制规范可供遵循，存在着很大的主观随意性；录用过程缺乏竞争，不利于不拘一格选拔优秀人才；录用方法不完备、不科学等。1993 年国家建立公务员制度，明确了公安机关人民警察属于国家公务员；1995 年的《人民警察法》，对人民警察组织管理及人员任职条件做了原则规定。公安部 1997 年制定的《公安机关录用人民警察实施办法》，明确规定公安机关新录用人员要进行相应的考试和测试，人民警察考试录用开始有了制度依据。也标志着我国人民警

① 《人民警察法》第 27 条规定："录用人民警察，必须按照国家规定，公开考试，严格考核，择优录用。"

② 王观德、于征：《制定人民警察录用条例的一些设想》，载《公安研究》1995 年第 3 期。

察的录用已由计划经济下的包分配模式改变为与市场经济相适应的面向社会、公开考试、择优录用的新模式。①

实行人民警察考试录用制度是改革和完善人民警察录用制度的重要措施，是强化公安队伍管理的关键性环节，也是当时公安人事制度改革向纵深发展的重要突破口。对于提高公安机关录用工作水平，确保人员录用质量，进一步增强队伍战斗力，推动公安工作任务的完成，意义十分重大。

2000 年 5 月，人事部、公安部联合下发了《关于地方公安机关录用人民警察实行省级统一招考的意见》，正式建立了省级统一考录人民警察制度。

二、境外警察招募制度的特点及其启示

（一）境外警察招募制度的特点

国外及我国香港地区的警察招募有许多值得我们学习和借鉴之处。一是招募警察时普遍注重宣传。例如，德国的北莱茵－威斯特伐利亚州在招募警察时通过广告宣传将警察职业的真实面目呈现在人们的面前，将那些真正喜爱警察职业且愿意从事警察职业的人吸引过来。美国洛杉矶警察局一直注重通过广告宣传来从多数人中选拔合格者。我国香港地区警队为了吸引广大的优秀有志青年加入警队，不遗余力，花费大量的人力、物力、财力大张旗鼓地进行宣传鼓动工作。主要通过各种新闻媒介刊登招募警察宣传公告，举办大规模的警察职业展览会，在各中学、大学举办职业讲座，在人流密集的地铁及商业场所张贴海报，散发招募广告传单，将介绍警队情况的资料邮寄给每位中学应届毕业生，拍摄电视宣传短片等，运用多种方式向社会公众介绍、宣传警队，开展招募工作。二是将招募对象分为不同的层次。香港警察招募工作的对象及重点主要是在员佐级和督察级两个层面上进行，法国的警察官阶分为三个等级：警员、警官和警监。这三个等级同时面向社会进行招募，每一个等级都详细规定了年龄、学历、身体状况等资格和条件要求。西班牙的警队历来十分重视警察队伍的合理配备。他们不仅重视日后的培训工作，更加注意在招募时的不同层次的招募对象。应征者在申请警时有两个警级：督察和警士。三是招募标准具有警察职业特色。四是包含文职人员在内的独特的警察职务序列。英国、美国、日本以及我国香港地区警队等警察组织中都存在一定数量的文职人员。通过招募文职人员，可以使警察去从事真正的警察工作，并且节省国家在警察身上的开支，还可提高警察队伍的后勤保障水平与科技含量，更好地为警队服务。

---

① 张会文：《关于实行人民警察考试录用制度一些问题的思考》，载《公安教育》1997 年第 5 期。

（二）境外警察招募制度对我国的启示

学习借鉴境外警察招募制度的研究中，学者主要有以下几种观点：

一是我国公安机关目前招录公安民警只有一个层面，依据《公务员法》、《人民警察法》的有关规定，公安机关通过公开考试录用的公安民警仅限于副科级以下无领导职务的一般警员。这样无论是研究生学历还是高中学历都将以同等的平台进入公安机关，使高学历的人才难以充分发挥工作积极性，如果借鉴国外同行的做法，以多个层面同时招录不同层次的人员，既可以调动高素质人才的积极性，节省公安机关在培养领导和高级管理人才的投入，提高人力资源投资的回报率，又可以使公安机关的人力资源结构更加合理，人才流动更加有序。

二是我国的公安民警录用没有突出警察的职业特色，基本上使用的是国家招录公务员的一套成型的办法，按照国家统一招考公务员的程序进行的，考核方式程序化、考核内容模式化、考核标准单一化，且考核总体上更侧重于一般国家公务员，而未考虑到警察工作的特殊性和专业性。因此，学者建议，应逐步建立突出体现警察职业特色的招募制度，在人员录用标准上区别于一般的公务员，使考察的形式和内容更加多样化。

三是建立文职化的警察是世界各国警察行政发展的一大趋势，我们应当建立符合中国特色的文职警察制度。①

三、我国警察录用制度的改革

（一）人民警察录用过程中存在的问题

第一，省级统一考录人民警察无固定的时间周期。

第二，一些省份把警察院校毕业生纳入人才市场参与竞争极不可取，公安队伍的建设需要具有专门知识和技能的人才，让警察院校毕业生应聘保安、售票员等职业是公安队伍建设的重大损失，也是公安教育的巨大浪费。现有的招录制度已经影响到公安教育的质量。

第三，笔试科目、体能测试和心理测试存在不足。不能真正反映出考生的能力水平。

第四，报考职位方面存在不足。考生只能在众多职位中选择一个职位报考，可能会出现报考甲职位的考生多，而报考乙职位的考生少的现象，其结果往往可能是报考甲职位的落榜者的成绩比报考乙职位的录用者成绩还高，违反了“公

① 崔国贤、王晓东：《各国警察“入口”对我国公安民警录用的启示》，载《辽宁警专学报》2005 年第 1 期；李燕：《中国香港与内地警察招募制度之比较》，载《辽宁警专学报》2008 年第 3 期。

开、平等、竞争、择优”的原则。

第五，监督机制不健全，相应的规章制度不具体，以及一些领导责任心不强，最终造成违规、违法现象的发生。

第六，相关职能部门相互协调、相互配合不够。根据规定，省级政府人事部门负责所在的省市区公务员的招录工作。对于招录人民警察，公安机关应与人事部门互相协调、配合。但在一些地区这两个职能部门往往各顾各，未能很好地协调和配合，致使各地公安机关编制审批困难，职数空缺无法确定。

第七，由于公安院校的办学不能做到“按需招生，统一分配”，学生毕业后不能保证安排在公安机关工作，给公安院校办学带来诸多不利的影响，使学校培养学生时在教材内容上很难掌握尺度。另外，出口不畅、进口受阻，公安院校毕业生就业困难，必然引起生源减少，造成招生工作的困难，导致招生的质量降低，影响学校教学质量的提高，成为公安院校持续发展的不利因素。①

笔者认为，随着公安院校招录培养体制改革的深入，学者谈到的以上一些问题会随之迎刃而解，如警察院校学生的分配问题，随着公安院校学历教育的缩小，问题会逐步消化。但另一些问题，即使是实行招录培养体制改革之后，依然会存在，也应当引起我们的关注。例如，现行招录培养体制改革中公务员考试科目的设计是否合理，能否真正反映出考生的真实能力；如何减少和避免招考过程中的“腐败”，真正体现“公开、平等、竞争、择优”的原则等，这些问题尚需学者进一步探讨解决方法。

（二）改革警察录用制度的构想

对于如何改革我国警察录用制度，学者提出了如下构想：一是改革公安院校现行办学模式，适应公安实践要求；二是借鉴警察招录的成功经验，结合我国国情，建立健全适合我国公安工作实际需要的招警录用体制，尽量减少人才资源的浪费；三是把提升学历教育层次与加大警察职能训练力度有机地结合起来；四是力争实行公安院校毕业生在校参加公务员资格考试。还有的学者提出了具体的改进对策：一是职能部门相互协调配合，保证招录工作顺利完成；二是严格行政管理，完善各种监督机制；三是针对公安机关的特殊部门对人才的特殊需要，有关部门研究制定特殊公务员招考的特殊政策。

四、西方警察教育培训的发展历史

警察教育培训可以说是世界各国警察机关共同关心的问题，也是警学研究者

① 刘黎明：《录用人民警察诸问题探析》，载《辽宁警专学报》2005 年第 6 期；杨宝宏、杨正：《对我国人民警察录用制度的思考》，载《甘肃政法学院学报》2004 年第 4 期。

探讨研究的热点问题。改革开放以来，围绕警察教育相关问题进行研究的代表性论文就多达400余篇。学者对警察教育研究主要共同关注了警察教育的历史发展、外国警察教育培训、我国的警察教育等一些问题。

西方警察教育培训的发展历史与警察发展史相联系，也经历了一个漫长的发展过程。王大伟将西方警察教育培训的发展历史分为三个阶段：

第一阶段：从警察行为的萌芽到1829年为古代警察培训阶段。在近代警察产生之前的漫长过程中，教育培训被忽视，《英国警察的故事》一书中这样描述16世纪英国的更夫："这些人多是老人，举止迟缓、食不果腹、衣不遮体、目不识丁。"

第二阶段：1829年至20世纪初为警察教育培训的创始阶段。1829年伦敦大都市警察的建立，标志着现代警察的诞生，也是警察教育从无到有的里程碑。罗伯特·比尔在1829年发布的《警察训令》中强调："警察对任何一个阶级的人礼貌相待、彬彬有礼。"美国在1838年仿照英国建立波士顿新警察，20世纪初，美国开展了轰轰烈烈的警察专业化运动，提出了"提高招募警察标准，强调警官要接受高等教育"的措施。1908年，柏克利在美国加利福尼亚州建立第一所警察学校，揭开了警察培训的序幕。

第三阶段：现代警察培训阶段。20世纪30年代，随着警察装备及勤务方式的现代化对警察素质的要求越来越高，警察的教育培训也进入到新的阶段。20世纪七八十年代，警察教育培训达到了顶峰。①

五、改革开放以来我国公安教育的发展历程

1984年，公安部召开了第一次全国公安教育工作会议，确定了公安教育6年发展规划，促进了公安教育的正规化建设。1990年，公安部党委明确提出"向教育要素质，向素质要警力、要战斗力"，加强了公安教育培训工作。1995年，第十九次全国公安会议确定了"科教强警"的战略方针，坚持把公安教育放在优先发展的战略地位。1997年，中国人民公安大学和中国人民警官大学合并，为建设一所一流的警察大学打下了坚实的基础。20年来，公安教育长足发展，初步建立了分级管理、分级培训，多层次、多类型、多规格、多形式培养公安专门人才和教育培训在职民警的公安教育体系。公安警察院校具有了一定的规模，通过调整优化院校布局结构，提高办学效益，深化教学改革，逐步走上正规化发展道路。普通教育与在职教育培训并举，警察队伍文化结构有了显著变化。

① 王大伟主编：《欧美警察科学原理——世界警务革命向何处去》，中国人民公安大学出版社2007年版，第99～100页。

六、西方警察教育培训的特点及其启示

（一）英美警察教育的特点

英美警察教育是我国学者研究境外警察教育的主要目标。自1829年建立现代警察制度以来，英国政府就一直非常重视警察的教育培训工作。英国警察教育培训体系主要分为三大部分：见习警察培训制度（基层警察首任培训）、晋升考试与培训制度、高级警察培训。以上三大培训制度基本涵盖了警察职业生涯的始终，可为处于不同岗位、不同层次的警察提供相应的培训和学习途径。[①] 也有学者将英国的警察教育培训的三种类型称为上岗培训、岗位培训、晋升培训。[②] 上岗培训任务由各警察训练中心承担，这是一类针对新招募警察的教育培训，培训时间一般为14周~16周。英国警察的岗位培训是对在职警察的一种全员、全程培训。岗位培训包括知识更新、能力提高、转岗培训等。晋升培训是警察晋升前必须参加的晋级培训。在英国，晋升警长或晋升督察必须参加全国性的资格考试，考试成绩优异者进入警官学院学习，结业后方可晋升。督察以上警官的晋升不再参加考试，但必须参加培训。

美国警察教育有如下特点：一是具有独立的警察教育体系；二是建立完善的职后教育培训制度；三是实施面向实战的教育训练模式；四是具有合理的教师队伍结构。美国警察体制模式经过了二百余年的发展演变，已成为当今世界上最复杂、最具特色的一种警察体制。美国的早期警察教育传承了英国的警察教育体制，但在继承传统的基础上逐步形成了具有美国特色的警察教育训练体系。学者指出：从宏观上看，美国的警察教育分为两个自成体系的独立的部分。一是在普通大学设置刑事司法专业或犯罪学专业，主要承担警察的学历教育。具有警察学历者并非可以直接从事警察工作，还必须参加招募考试。录用后，经过专门培训才能进入警察队伍。二是在警察机关设置警察学院或训练基地，主要负责警察的职业教育。各警察学院是警察局的一个组成部分，直属警察局领导，由一名副局长分管或任院长。[③]

英美警察教育的共同特点为：（1）独立的警察教育体系。英、美真正意义上的警察教育体系是一个职业教育体系，警察教育训练都是采取警察系统办学的

① 张淮：《论英国警察的教育培训体系对我国警训工作的启示》，载《甘肃警察职业学院学报》2007年第3期。

② 李光文：《谈英美警察教育对我国公安教育的启示》，载《公安教育》2003年第5期。

③ 岳春生、杜鹏：《论美国警察教育对我国公安教育的启示》，载《广州市公安管理干部学院学报》2008年第1期。

形式，具有较为独立的警察教育体系。英、美的警察教育完全由警察机关负责，各级警察机关开办自己的学校和培训中心，警察教育的课程设置、师资队伍、经费来源、招生分配、教学计划等皆由警察部门负责，不受国家教育部门的领导和约束。有所区别的是：英国采取的是一种集中与分散相结合的管理体制，中央警察机关设有专门的警察教育管理机构，宏观指导全国警察教育训练工作，地方警察机关负责地方具体的教育培训工作，具有相对的独立性。美国采用的是分散管理的体制，全国没有统一的警察教育管理机构、教育培训规划和教学计划，地方警察机关各自设置警察教育培训机构，负责本地区的教育培训工作。（2）完善的职后教育培训制度。英、美警察教育培训都有严格的规章制度、完善的教育训练计划，其新警的录用、在职警察的晋升、警察的职后教育训练一体化。英美警察的职后教育是一种终身教育，在职警察均需进行不断的阶段性知识更新与能力提高教育培训。（3）面向实战的教育训练模式。理论与实践紧密结合，强调教育培训的针对性、实用性，教学过程的操作性、演练性，面向实战是英、美警察教育训练的共同特点。（4）注重具有实践经验的专业教师队伍建设。美国警察教育部门有着严格的师资聘用标准，特别是专业教师的任用。一般专业教师都是选聘警察机关中有大学及以上学历并有5年以上警察工作经验的资深警官。而专业教师每年都必须安排一定的时间到警察机关去实践，去充实教学内容，然后将最新的知识带回课堂。英国警察教育部门则规定，专业教师必须是既有丰富的理论知识又有实际工作经验的优秀警察，教师任职几年后可再返回警察局任职。

（二）世界各国警察教育的共同特点

世界各国警察教育的共同特点主要可以归纳为以下几点：

是警察教育有法律保障。许多国家的警察法规，都有关于警察教育的规定，警察教育有法律制度作保障。法国政府1985年制定了《国家警察培训法》，俄罗斯、埃及、泰国等国家规定警官必须是警官学校的毕业生，所有警察都必须在学院经过3个月的正规培训方可上岗。美国各州在20世纪70年代后期纷纷制定“执法教育规划”，对警察教育培训严格立法。依照德国基本法，警察的业务、教育训练完全由各邦自理。日本警察法专条规定了警察学校的等级、培养对象和目标等，建立了从警察的录用、晋升到各级警官培训的一整套制度。

二是警察教育自成体系。世界多数国家警察教育培训自成体系，不受国家教育部门的制约。警察教育训练由警察部门统一制定警察教育规划，统一布置、建立不同类型、不同层次的警察院校、培训中心或基地，实行警察岗前培训、在职轮训、晋升进修、专业深造等多形式、多类型的教育训练，逐步形成符合警察工作特点的教育培训体系。

三是警察教育注重正规化。许多国家都重视警察的正规化系统培养，实行警察录用、教育与晋升一体制，坚持教育培训与晋升相结合。如德国规定所有吸收的新警察和在职警察的每一级晋升都必须经相应的警察院校进行严格的正规教育，凡未受过正规教育的不能当警察，警官也不得晋升。法国的警察、警官全部来源于警察、警官学校的毕业生。警察的应征者要参加竞选考试，合格者才能被录取。各级警察在晋升前，均须到指定的学校或培训中心进行相应的教育培训，经考试合格方可晋升。英国、意大利等国招募新警必须经过严格的训练，试用合格后方能录用。

四是警察教育突出实践教学。世界各国警察教育培训与警察工作的实际紧密结合，教学内容切合现实，突出针对性、实用性。在教学中不仅讲理论，还联系实际讲授现实警察工作的最新情况和问题；强化模拟训练，提高实际应用能力；安排学员到警察实际部门实习。美国、法国、德国、英国、俄罗斯、哈萨克斯坦等国，不论学制长短，理论教育和实习各占 1/2。日本、意大利等国组织教学、技能训练和实习各占 1/3。

五是重视配备高质量的教师队伍。为确保警察教育培训的质量，各国都十分重视配备较强的教师队伍。挑选教师十分严格，专业教师大多从警察机关选拔实战经验丰富、理论素养深厚的优秀警官担任，他们既是优秀教官，也是破案专家。俄罗斯中高等警察院校的教师，多数具有副博士学位。朝鲜警察学校的教师中，4%有博士学位，4.5%有副博士学位。多数国家警察机关与警察院校的人员实行双向交流。

六是警察院校实行警务化管理。各国的警察院校均实行严格的警务化管理，警察院校列入警察机关建制，警察院校管理人员和教师列入警察编制，享受警察待遇，授予警察衔级。警察院校与军队院校一样，招生即招警，学生入校即入警，实行供给制，经费有保证。如日本警察院校学员一律实行寄宿制，有严格的一日生活制度，学生只有星期天才可回家，平时则不准回家。现在略有松动，但晚上 10 点前必须返校。学生外出，实行凭证式许可制度，未经许可，不准外出。所有学生都带工资就读，买东西时使用学校统一颁发的银行卡，而且限定在学校指定的商店。①

（三）对我国公安教育改革的建议

第一，公安教育培训体制有待进一步改革。中国的公安教育若要达到英美等国家警察教育培训实效性的效果，就必须改革现有的教育体制。大力发展职业教育，强化培训机制。有学者提出，要进一步改革警察院校办学模式，充分发挥院校在“大教育”、“大培训”中的主阵地作用。大力发展职业教育，逐步脱离

---

① 关于西方警察教育培训特点的分析，参见王大伟主编：《欧美警察科学原理——世界警务革命向何处去》，中国人民公安大学出版社 2007 年版，第 105 ~ 107 页。

“学历本位”、“学科本位”的传统普教模式，按照警察职业的实际要求，设计具有自己特色的教学模式，从根本上解决教学同实践脱节、教育同需求脱节的现象。[1] 同时，要进一步建立健全各级教育训练机构，加大对各级院校及训练基地人、财、物的投入，为“大教育”、“大培训”提供较好的基础保障。此外，要进一步整合各级各地警察院校和培训基地资源，明确职责，健全分级教育培训体系。同时灵活设置公安学历教育专业，积极探索学历教育的科学模式。

第二，新警与职后教育培训制度有待完善、落实。完善公安机关警察录用、晋升和职后教育的教育培训制度，是建设高素质公安队伍的需要，也是公安教育持续发展的有力保障。

第三，要转变公安教育培训理念，不断创新教育训练内容、方式，增强教育训练实效，尽快改变以理论教学为主的模式，在贴近实战、服务实战、增强实战能力上下工夫。必须从招考、教学、考核等环节的内容和方式入手，加大改革创新力度，切实增强教育训练的实效性。

第四，应优化公安院校教师结构，公安专业是一门实践性极强的专业，公安专业的教师也应当是一名实战经验丰富的行家里手。警察教育训练的发展，对现有的师资队伍提出了新的、更高的要求，既要有深厚理论，同时又具有丰富实践经验的“专家型”教师，才能适应新的教学要求。目前，警察院校教师实践能力不强是比较突出的问题，解决这一问题，可以采用“走出去、请进来”的办法，让教师定期到基层锻炼，积累经验，同时，聘请基层具有丰富实际工作经验的骨干参与教学。并且这种“双向交流”要形成制度，不是短期和临时行为，要从组织、待遇等方面给予保障。在已实行招录培养体制改革的省份施行“教官制”正在积极推进中。

第三节　关于警衔制度

一、警衔与警衔制度认知

警衔就是警察衔级，是表明警察级别、身份的特定方式和标志。不同的警衔对应不同的警察权利与义务。警衔制度则是关于警察衔级的法律规范的统称。一般来说，当代警衔制度多以法律、法规的形式出现。其内容主要包括警衔的名称；等级设置；类别；授予对象；授衔的条件；警衔的授予、晋升、降低和取消

---

① 朱建义：《德国警察教育训练特点及对我国警察教育训练工作的思考》，载《云南警官学院学报》2008 年第 1 期。

程序；相应的警察权利义务等。警衔制度的建立有利于增强警察的职业荣誉感、责任感和上进心，有利于加强警察队伍的正规化、法治化建设，是适应现代警务发展的需要应运而生的重要警察法律制度。

追根溯源，警衔制度源于西方国家。一个很有趣的现象是，警衔制度的产生早于现代警察的产生。一般认为，英国内务大臣罗伯特·皮尔于1829年创建的享受工资待遇、身着制式服装的伦敦专职警察队伍标志着现代警察制度的开端。但是警衔制度的产生却不在英国而在法国。早在11世纪，法国的警官就是国家的五大军官之一，掌有一定的司法裁判权和骑兵统辖权。1667年，法国国王曾指派一名警察上尉负责巴黎警察部队，管辖所有的犯人。后来国王将这位警察上尉晋升为警察中将，以后的继任者，都被授予警察中将的衔级。1829年英国建立现代警察队伍后，其领导人就是两名有军功的上校。从此，警衔制度随着现代警察的创立被保留下来并不断发展完善。警衔制度的这段产生与发展历史表现出一个突出的特点，即由于历史上军警不分，所以衔级制度在产生与发展的初期也带有明显的军事色彩，甚至可以说，警衔制度就源于军衔制度。

综观当代世界各国，建立警察制度的国家无一例外地都实行了警衔制度。当然，由于各国的政治制度、历史传统等因素的制约，各国的警衔制度在具体内容上不尽相同。

二、我国警衔制度的建立

自1829年近代警察警衔制度在西欧诞生以来，尽管模式和衔级称谓不同，但几乎所有国家都实行了警衔制。中国也不例外，1956年，党中央原则同意公安部部长罗瑞卿《关于在人民警察中实施警衔制度几个问题的请示报告》和公安部起草的《人民警察警衔条例（草案）》，但是，由于历史的原因，该警衔条例未能正式颁布实施。1983年11月，公安部再次向党中央、国务院作了《关于人民警察实行警衔制度的报告》，1988年，国务院总理办公会议上，国务院领导在听取公安部关于加强公安工作的汇报后，同意公安民警实行警衔制度。公安部党委立即部署，开展工作，部领导进行分工，并成立专门班子，指定专人负责，对人民警察的人数、参加工作的年限、职务、任职年限等分地区、分职务、分警种无数次进行了统计测算，同时多次通过各省、自治区、直辖市公安机关进行统计、测算，形成上下共同努力、多层次展开调查研究的局面。同时，请驻外机构搜集其他国家和地区有关警衔和佩戴标志的情况，吸收和借鉴外警警衔制度中的可取之处，不断修订和完善警衔条例草案。公安部专门负责的同志在同有关部门研究并取得一致意见后，报请国务院法制局审改。国务院法制局又多次征求了中央十几个部委和各省、自治区、直辖市人民政府的具体意见，如此反复征求意见、不断修改完善的工作历程历时三年多，1991年，中央政治局常委会讨论并通过了《人民警察警衔条例（草案）》。1992 年 7 月 1 日，全国人大常委会通过《人民警察警衔条例》。警衔条例的颁布实施，标志着我国警衔制度的正式确立和实施，标志着依法治警、从严治警进入了一个新的阶段。警衔条例的颁布实施，增强了人民警察的责任心、荣誉感和组织纪律性；理顺了人民警察的指挥关，强化了管理，畅通了警令；使人民警察教育培训制度化、规范化，提高了队伍整体素质和执法水平。1992 年 8 月，国务院批转公安部《关于评定授予人民警察警衔实施办法》，标志着评授警衔工作进入实施阶段。为了进一步加强对警衔工作的管理，完善人民警察警衔制度，根据《人民警察警衔条例》和《国务院批转公安部评定授予人民警察警衔实施办法的通知》的规定，制定了《人民警察警衔工作管理办法》。根据这些法律、法规的规定，我国现行警衔制度的主要内容包括：授予警衔的范围、警衔等级的设置、警衔的首次授予、警衔的晋升及警衔的降级、保留和取消等。

三、改革我国警察警衔制度的思考

我国警衔制度是在借鉴我国的军衔制度、外国警衔制度的基础上制定出来的，应该说总体上是科学、合理的，符合我国人民警察队伍实际情况。但随着社会的不断发展和变化，应该结合实际分析现行警衔制度的不足之处，对进一步加强警衔制度建设进行研究和探讨。

关于现行警衔制度存在的问题：一是关于编制警衔等级的依据问题，在某种程度上存在着论资排辈，靠年限吃“平均主义大锅饭”的问题。另外，我国 70% 左右的基层一线警察只有办事员和科员两个职业发展台阶，如果单纯依《人民警察警衔条例》所确立的警察职务等级来评定警衔，就会导致一线执法警察的职业发展空间狭小，影响他们的积极性。二是关于警衔与职务的关系，警衔与岗位职级的挂钩并不紧密，单纯从警衔上无法区分岗位职级。并且，由于存在领导职务与非领导职务职系，会出现少数职务高者在警衔上低于职务低者，在警务工作中，警衔没有发挥出领导与指挥的梯次标志作用，在警衔条例中又没有明确规定此种情况下的上下级关系。这样，在多部门、多警种的协同作战中，不利于统一指挥管理。三是关于警衔晋升，在现有的警衔晋升培训中，由于是先定晋升人员名单后培训，在培训时没有严格的考核制度，导致警衔晋升培训成了走过场。这与晋升培训的初衷是不符的。

对我国现行警衔制度的改革设想，笔者认为，一是警衔制度必须建立在独立评价体系的基础上，警衔应主要体现个人工作业绩、工作能力水平、警察知识和技能、突出贡献等，基本做到从警衔可判断警察的个人主要工作情况及能力水平。二是调整基层一线人民警察的警衔设置，对于作为公务员的基层一线人民警察，也应当依照《公务员法》的有关规定，设置更适合他们发展的职务序列，而不仅仅是办事员和科员，同时调整基层一线警察职务的警衔编制幅度，适当缩小同一岗位职级的警衔衔级跨度。三是增加外在标志，明确上下级关系。警察作为一个准军事化部门，建立与其警务工作需要相适应的不同于一般公务员的职级体系，使警衔与职务相适应，应该是人事制度改革的发展方向。鉴于目前我国条件不成熟的情况，笔者认为，应通过一定的外在标志标示职级梯次，如在警衔标上或者臂章上以一定的方式突显出不同级别的行政领导梯次，充分发挥警衔的标示作用。

对于借鉴国外警衔晋升的经验，笔者认为，一是通过考试选拔的形式择优晋升警衔。在实行公务员制度的国家和地区，大多是在机会均等、公平竞争的基础上，通过考试选拔的方式择优晋升警衔。如在英国，督察以下各职级的警衔的晋升必先参加晋升考试以获得晋升资格，至于说能否晋升，要由晋升委员会根据职位空缺数以及考试成绩、日常表现来定。在日本，巡查晋升为巡查部长，在经过一定的工作年限的前提下，必须参加晋升资格考试，通过考试取得晋升资格后还要由各警察署根据业绩进行选拔。在法国，总督级以下各级警衔的晋升，在本级内按期自然晋升，跨等级晋升的除符合自然晋升的条件以外，还必须参加国家举办的统一考试并合格。二是警衔晋升与培训相结合。西方各国基本上都遵循警衔的每一级晋升都要经过相应的业务培训和综合培训。但各国做法略有不同的是，有的国家采取晋升后培训制度，如日本，被选拔晋升者，必须到管区警察学校或都道府县警察学校接受教育训练，培训结业后，才能任命；大部分国家采取晋升前培训制度。一个越来越明显的趋势是，警衔晋升与警察教育培训的结合越来越紧密。我们认为，为了激励先进，淘汰落后，促进警察队伍素质的整体提高，应严格警衔晋升的程序，提高晋升的标准，建立晋升培训考核制度。即在警衔晋升制度中增加资格考试的内容，凡拟晋升人员每晋升一级警衔都必须参加晋升资格考试，考试合格后取得晋升资格；然后参加警衔晋升培训，实行培训与考核分离制度，考核通过后才能晋升一级警衔。反之没取得晋升资格，则不再参加培训以晋升警衔。

第四节　关于警察职位分类管理的基本设想

职位分类制度是一种以事为中心的科学的人事管理方法和制度，其基本内容是将适合分类的各种职位按照工作性质、难易程度、责任大小和所需人员的任职资格条件加以分类，并制定职位说明书，作为公务员录用、考核、培训、晋升以及确定其工资福利待遇等的依据，以此加强对公务员的管理和控制行政费用。可以说，职位分类是公务员管理的基础。正如美国行政学家怀特所说：“现今人事管理建立在两大柱石之上：一为选贤任能，二为职位分类，两者缺一不可。”

警察职位分类管理问题属于警察法学与人力资源管理学研究共同关注的问题。实行公安机关职位分类管理，建立公安机关职位分级分类管理评价体系，有利于公安机关各组织、各部门的职能科学合理地分解转化为各级各类职位，责任到人，各司其职，充分发挥个体的主动性和创造性，确保组织的各项工作任务得到全面落实；有利于为组织内部选人用人、教育培训、考核激励、监督保障等各项工作提供科学依据，切实提高队伍管理效能；有利于排除人力资源管理中的人际化因素，提高人力资源管理活动的透明度，是公安机关人事管理工作的一大进步。

一、发达国家和地区的经验

职位分类最早起源于美国，是美国人事行政管理的基础，是文官制度的一大特色，以精密细致的职位分类体系为特色。1923 年美国通过了第一个职位分类法，鉴于职位分类实施机构的重要性，又成立了人事分类委员会。1949 年修订职位分类法，重点是调整职位分类的结构，把公务员职位分为两大类，一类分为 18 个等级，适用一般行政等级表；另一类分为 10 个等级，适用技艺保管等级表。1978 年，通过了《文官制度改革法》，该法规定在联邦政府各机关中，设置 9200 个高级行政职务，简称 SES。并要求各机关把 SES 职位的空缺情况上报人事管理总署，并由后者通报全国，凡符合条件者均可申请作为候选人。这一措施打破了以前人员位置僵化的局面，有利于发挥高级文官的能力与积极性。美国实行职位分类所取得的成功经验，受到了许多国家的重视和借鉴，加拿大、阿根廷、泰国等国家先后也实行了职位分类制度。通过各国不断地运用和改进，当前职位分类的发展主要体现出两个趋势：一是简化趋势。通过合理简化职位分类，使之更加简便易行，成了职位分类未来发展的最大趋势；二是重视人的因素的趋势。当前，许多国家在实行职位分类的同时，积极借鉴品位分类的优点，吸收品位分类重视人的因素的长处，活跃原来刻板的人事管理，进一步调动公务员，特别是高级公务员的工作积极性。这也成为职位分类管理发展的一种主流趋势。①法国警察分为三类：一是国家警察。分为着装系列和便衣系列。着装系列的警察又分为警官和辅助警察两种，他们享有警察的权利和义务；便衣系列的警察分成行政人员、技术人员、服务人员三类，他们不着警服，是服务于警察机构中的普通公务员。二是国家宪兵。国家宪兵分为军官宪兵、辅助宪兵和行政人员三种。其中军官宪兵享有与警官一样的权力。三是地方市政警官。② 在英国，根据工作

---

① 杨超颖：《公安机关职位分类管理模式研究》，上海交通大学 2008 届硕士学位论文。

② 谢天长：《我国公安机关公务员之分类管理探析》，载《四川警官高等专科学校学报》2001 年第 3 期。

性质和工作内容的不同，将其警察机关中的职位划分为四类：（1）警察，是指由担负执法职责、享有警察执法权利并且在治安法官面前宣过誓的专职人员所在职位构成的类别。（2）辅助警察，是指由担负执法职责、享有警察执法权利并且在治安法官面前宣过誓的非专职志愿人员所在的职位构成的类别。（3）文职人员，是指由在警察机关内部担负文秘、技术、后勤职责并且无须在治安法官面前宣誓的人员所在职位构成的类别。这一类别属于在警察机关工作的一般文官（即普通公务员），不着警服，没有警察执法权力，其录用、考核、晋升、奖惩等人力资源管理，按照一般文官管理法规进行。（4）交通督导员，是指由专门负责有关机动车停放管理的专职人员所在的职位构成的类别。这一类别由地方政府雇佣，按地方政府制定的规章管理。交通督导员身着与警服类似的制服。从职级上，英国绝大多数警察局警察职系的直接自高到低划分为警员、警长、督察、总督察、警司、总警司、局长助理、副局长和局长。各职级警察的人数是不断变化的，但警员的人数始终占总人数的75%～80%。英国的警察分类管理是典型的融品位分类与职位分类为一体的分类模式。它克服了因人设事、因人设岗、因人设职的弊端，避免了执法权力的流失、误用、滥用的现象，真实反映了各类任职人员的责任及付出大小，明确了警察执法职位的专业性与专门性，对改革以人及其等级为中心的带有浓重品位分类色彩的公安机关人员分类制度，激发公安民警的工作积极性，提高工作效率，有重要参考价值。① 香港特区警察属于特殊公务员系列，警队人事管理工作除了具有一般公务员管理的特征之外，还具有纪律部队的性质。这里的纪律部队主要是指警务处。香港警队人事管理实行分类管理，人力资源由三部分组成，即纪律人员、文职人员和辅助警察。特点是：（1）以事为中心，岗在人先。在很大程度上抑制了因人设事、因人设岗、因人设职带来的人浮于事、职权界限混乱、相互推诿、机构臃肿、效率低下等现象和弊端。（2）按职位划分职系，明确了各职系任职人员的职权界限。避免了由于警察机关中各种人员职权界限不清造成的执法全力的流失和滥用。（3）按职位定级，按职位定酬，警衔与职务合一，为警察人力资源管理提供准确、科学的依据。（4）强调警察机关各种职位的专门性和专业性。我国公安机关在建立职位分类管理体系过程中，应借鉴先进国家和地区的做法，以工作职位为中心、以提高工作效率为目标，建立一种具有中国特色的、较为规范、科学的任职人员分类模式，克服因人设事、因人设岗、因人设职的弊端，避免执法权力的流失、误用、滥用的现象。②

---

① 马亚雄：《中英警察机关人员分类制度比较研究》，载《中国人民公安大学学报》2004年第3期。

② 马亚雄：《世界警察导论》，中国人民公安大学出版社2003年版，第98～99页。

二、我国公安机关人事管理制度的沿革及现状

1989 年，公安部下发《关于公安机关辞退公安干警的规定》后，特别是 1993 年《国家公务员暂行条例》和 1995 年《人民警察法》以及 1996 年《关于实行县级公安机关领导干部交流制度的意见》、《公安机关人民警察辞退办法》、《公安机关人民警察录用办法》的发布实施，为公安系统的人事制度改革提供了重要的法律政策依据。1997 年和 2000 年公安机关人事制度改革会议，对于全国公安机关的人事制度改革予以强有力的指导和推动。从发展逻辑来看，公安系统的人事制度改革首先是从建立辞退制度开始的；其次是改革任用制度，即实行领导干部聘任制和民警聘用制；最后是推行交流制度、录用制度和培训制度。从实践效果看，公安系统的人事制度数次改革一定程度上调动了广大民警的工作积极性，推动了公安事业的发展和进步。

公安机关人民警察担负着"巩固中国共产党执政地位、维护国家长治久安、保障人民安居乐业"的三大光荣而又艰巨的历史使命，但长期以来，我国基本上把警察与一般公务员同等对待，实行相同的管理办法，特别是没有考虑公安机关队伍庞大、公安民警占公务员队伍 1/4 的实际情况，在职位分类、职务序列、职务职数确定办法上完全按照一般公务员管理。虽然 1995 年《人民警察法》规定：国家根据人民警察的工作性质任务和特点规定组织机构设置和职务序列。这只是规定了有关人民警察组织机构和职务序列设置的权限和程序，但并未对这些内容作出实质性的规定。尽管武汉、温州、山东等地探索等级化管理方式，广东、浙江等地着手建立公安文职制度，但从公安部到各地尚未建立健全分层次管理制度。

三、我国公安机关职位分类管理的主要问题

我国公安机关职位分类传统管理方式存在的主要问题有：[①] 第一，职位分类管理观念和思路比较陈旧和落后，缺乏规划意识、超前意识，导致人员补充、职务晋升等正常性工作要么盲目、要么被动。第二，职位分类管理制度设计不尽合理。具体表现在：（1）职位设置不尽科学，大多数公安机关的警种分类，体现了一定程度上的分类管理。但对不同性质职位之间的分类差异还没有充分体现，使警务人员的工作积极性受到一定程度的影响，也难以形成科学的职业导航体系。（2）没有执法岗位与非执法岗位的职系区别。（3）职位分类评价机制不尽完善。（4）薪酬、隶属标准多重。（5）个人职业发展渠道单一。（6）警衔管理的激励作用日趋淡化。第三，职位分类管理方式有许多弊病：造成财政投入的失

① 杨超颖：《公安机关职位分类管理模式研究》，上海交通大学 2008 届硕士学位论文。

调；“人在岗先”，造成角色失调和混淆；造成权力的滥施，职系划分缺位；弱化了公安执法人员的专业化建设，忽视各种岗位的专业性和专门性。

四、建立与完善我国警察分类管理制度的建议

基于公安机关人事管理体制所存在的弊端和英法等国以及我国香港特区的实践，有学者提出我国公安机关中公务员的管理应作如下改革：一是做好定岗定编工作。二是将公安机关人民警察分为三类：治安警察、警官、行政人员。三是依据三个方面来进行分类管理：（1）基于警察权与非警察权的不同属性而划分；（2）基于刑事侦查权与行政管理权的不同性质而区分；（3）基于行政职权的不同种类而区分。[①] 对于这种观点，笔者不太赞成。有的学者认为，建立符合公安特点的职位分类制度，应从以下几个方面入手：（1）按公安工作特点进行职位分类；（2）建立具有公安特点的职位级别制度，可以用人民警察实行的警衔制度取代国家公务员的级别制度；（3）制定具有公安特点的职位说明书；（4）严格考核制度，制定切实可行的实施办法。我们认为，第一种措施是可取的。也有学者认为，要充分发挥警力资源的内在潜力，不仅要对民警个体进行有效管理，更需要结合公安工作实际，建立层次清晰、责任明确、配套有效的职位分类管理模式：（1）建立执法岗位与非执法岗位的分开管理体制，将公安机关全部警务人员划分为警察、辅助警察和文职雇员三大序列。其中警察序列又分为警官职位类和警员职位类两类，辅助警察分为交通协管员（车辆停放管理员）和社保队员两类。（2）科学开展职位设置和分类评价工作。（3）建立相应配套管理措施，建立或完善录用制度、轮岗制度、培训制度、考核制度、激励制度。[②] 还有学者认为，我们应在借鉴英国等国外警察机关职位分类经验的基础上，分阶段、分轻重缓急地逐步改变以“人”为中心的分类制度和方法，推进以工作岗位为中心的职位分类。具体应分两个阶段进行：（1）现阶段应着重解决两个问题：一是解决警衔与职务的分离过于严重的问题；二是明确警察工作岗位的专业性。（2）在未来适当时候，将公安机关的岗位大致区分为执法和非执法岗位，任职人员区分为警官和文职人员。在管理及地位上，文职人员与其他政府部门的公务员完全相同，属于在公安机关协助警官工作的一般公务员。[③] 概览学者的观点，可以发现，建立与完善我国警察分类管理制度的核心问题包括两个方面：一是在

---

① 谢天长：《我国公安机关公务员之分类管理探析》，载《四川警官高等专科学校学报》2001 年第 3 期。

② 杨超颖：《公安机关职位分类管理模式研究》，上海交通大学 2008 届硕士学位论文。

③ 马亚雄：《中英警察机关人员分类制度比较研究》，载《中国人民公安大学学报》2004 年第 3 期。

进行分类时以什么为标准或依据；二是划分为哪几类。笔者认为，我国警察分类管理应当以“工作岗位”为基本依据，在目前情况下，对一些辅助性非执法岗位有计划地实行聘任制，在时机成熟的情况下，全面推行着装警察和文职人员制度。

第五节　刍议民间警察

“民间警察”这一概念是警察法学者毛志斌在2005年提出的。[①] 所谓“民间警察”，是与国家警察相对而言的，是维持社会秩序和治安的民间组织的总称。在此之前，也曾有学者对美国的警察与私人保安业、私人警察问题、警察私有化问题等进行过介绍和阐述。1995年，有学者介绍了美国的警察与私人保安公司之间的密切协作，警方要控制犯罪，就必须打破常规，谋求全社会的支持与参与。美国警察竭力争取市政当局、政府官员、企业家、房产主、商人、居民协会、私人保安公司的支持，齐心协力解决犯罪的导因。已初获成果的重要措施，就是与私人保安公司密切协作，联手对付妓女问题、联手解决校园报警压力。[②] 2004年，学者提出了“私有警察”的概念，认为私有警察，狭义上指私人和私人企业雇用的警察或保安人员；广义上指公有警察以外的所有形式的警察。警察私有化是第四次警务革命的主要内容，是当今西方警务改革的十大趋势之一。西方警察科学家预言：“警察私有化是与社区警务并驾齐驱的两大改革。也许，私有化将主导未来的警务革命。”社会需要警察私有化，主要基于四个因素：一是警力不足；二是有偿服务；三是服务定量；四是自我警务的传统。英美国家多实行自治体警察，警察国有化的概念本身就不被人们所理解。加之公众的隐私意识较强，不愿让警察介入他们的私人生活，一旦发生案件，往往采取自警自救的措施。西方警察私有化已形成包括：私人安全公司、合同安全员、特别警察队、特别公安员、警察承包制、文职警察和私人侦探等多种类并存格局。[③] 笔者认为，只要坚持建设社会主义市场经济，只要秉持保障人权的宪政理念，只要树立构建和谐社会的治国理想，民间警察的培育和发展就是不容回避的。

民间警察存在的社会基础主要有：第一，国有企事业单位的改革和私营企业的发展。计划经济条件下，我国许多企事业单位都有成建制的国家警察，从大型

---

① 有关民间警察的详细研究，参见毛志斌：《民间警察的政策突围与法律规制》，载《中国人民公安大学学报》2005年第4期；毛志斌：《民间警察的职业空间》，载《河南公安高等专科学校学报》2005年第2期。

② 马国华：《警察与私人保安公司》，载《中国保安》1995年第3期。

③ 刘超：《从警察的私有化趋势看中国保安业》，载《中国保安》2004年第1期。

的甚至像一个社会似的工矿企业、高等院校到一个县级地图都难见标志的水库、林区，都有公安局、处或派出所负责维护治安。市场经济条件下，这种现象则难以为继。政企政事分开、实行公务员制度、建立现代企业制度、事业单位实行聘任制等改革举措，从制度上把国家警察一步步推向自己的本来位置，同时也从整体上给企事业单位的治安保卫提出了新的课题。第二，经济生活的日益活跃和社会生活的日趋复杂。市场经济条件下，作为物质形态的资源元素流动过程中的安全保障日益凸显，以契约守违为主要类型的经济纠纷大量增加。这些问题的解决，有的依赖于国家提供的安全和司法服务，而相当一部分则是国家鞭长莫及甚至不可以越俎代庖的。与经济生活活跃共生相伴的是社会生活的复杂化。社会生活中的情感纠纷和利益冲突，相当一部分显然不宜由国家力量进行干预，尤其是一些特殊的利益和安全需求，更不可能由国家无偿提供满足途径。第三，发达国家的成熟样板。美国的民间警察的数量甚至超过了国家警察。业已成熟的“小政府大社会”的社会治理形态，就包含了国家警察的有限职责管辖和民间警察的广大业务空间。保安公司承包的许多大型企业的安保业务，形形色色的安全押运业务，星罗棋布的私人侦探社，大量工商巨子、社会名流雇用的私人保镖等，构成了洋洋大观的美国民间警察行业。发达的保险业与安保行业的联姻，更为美国民间警察业务的发展增加了保险和动力。美国民间警察发展的历史经验同样是人类文明的共同成果，完全可以为经济后发国家所借鉴。

关于民间警察的职业空间，如果将警察业务大而化之，那么，国家警察主要负责国家安全和社会面上的治安秩序，也就是通常所说的宏观“大治安”。而民间警察则主要负责单位内部治安保卫和特殊、专项安全服务，我们可称之为微观“小治安”。按照这个划分，以单位和区域治安承包为主要业务的治安服务，以特定物品人员和大型商贸活动为对象的专项安全服务，以及以纠纷事件为对象的调查证明服务，就是民间警察的基本职业空间。

关于民间警察的职业权限，在制定相关法律、法规时，要遵守几项基本原则：一是与职业责任相适应；二是与国家警察相衔接；三是与宪法原则相协调；四是与民主政治相一致。从我国的文化背景和社会现实出发，民间警察的权限可以包括以下具体内容：第一，安全检查权。包括对安全隐患的责令整改和对违反单位安全防范规定行为的内部处罚。第二，盘查权。主要是指对进出单位和靠近目标的可疑人员的盘问以及可疑危险物品的检查等。第三，留置权。即在特定情况下可对不明身份或可疑的人员扣留一定时间，以弄清情况，但需严格的程序。第四，设置禁区权。为了确保安全，对特殊部位和任务现场实行封锁，其中对重点部位的封锁是长期持续性的，对任务现场的封锁是临时性的。第五，交通管制权。根据大型活动和特殊任务的安全需要，对非公共道路的常规交通秩序实施临时改变。第六，现场人身强制权。对于实施危险或违法犯罪行为以及严重扰乱秩序的人员进行即时制服或强制带离现场，以避免危险或违法行为造成不良后果，确保正常的工作、生活秩序。第七，扣押权。主要是对危险物品、违禁物品、可疑物品和赃款赃物实施扣押，弄清情况后依法处理。第八，民事调查权。包括查明真相和获取证据。此证据属民事证据性质，若用于刑事诉讼则需通过特定转换程序。第九，警械使用权。可以使用的仅限警棍、手铐、强光手电、捕捉网等用于防卫、约束、制服目的的普通警械，而刀具、脚镣、高压水枪、催泪弹等特殊警械则不得配备和使用。具体品种应明文列举规定。第十，武器使用权。杀伤性武器（火器）只能限定在武装押运和武装看守的业务范围之内，非杀伤性武器如麻醉枪、橡皮枪等也应严格限制配备使用。具体品种亦应明文列举规定。新品种的配备和使用亦应有严格的审批程序。

民间警察的政策突围和法律规制。必须将民间警察的外围关系纳入其中，一并加以筹划和落实。否则，民间警察作为主体将难以实现根本突破性发展，有限的发展也难以取得预期的效果。需要设计或处理的外围关系有：民间警察的组织形式、民间警察与国家警察的关系、民间警察的执法资格与教育培训等。

第五章　专论二：警务保障研究

警务保障是与公安事业现状及其发展相适应、为公安警务服务的一切物质和非物质资源的合成，是公安警务得以开展的支持系统，是公安现代化建设的重要内容，也是发挥公安战斗力的根本条件和基础。对警务保障进行研究可以在当前经济和社会发展以及社会治安形势下，为公安机关更好地承担政治和社会责任，履行工作职责，完成工作任务，提供帮助和支持，使之能充分利用现代信息和科学技术，积极调动和发挥公安民警的工作主动性，确定和实施符合现代社会要求的公安工作方法和过程。我们针对国内 20 世纪 80 年代以来有关警务保障的资料做了收集梳理，以期能推动我国警务保障制度的系统研究，为我国现代警务保障机制的建立提供必要的理论支持。

第一节　警务保障的基础理论

一、研究现状

警务保障的基础理论研究，在我国学界并不多见，具有代表性的研究专著只有中国人民公安大学聂国丽的《现代警务保障》，该书系统和完整地论述了警务保障的相关问题，但涉及基础理论部分非常有限。唯一一篇研究警务保障基础理论问题的论文是惠生武于 1996 年发表的《论警务保障》，该文系统论述了警务保障的含义、特征以及功能，明确了警务保障规范的基本内容，认为警务保障是指为保证警察职能的履行和警察任务的完成，对警务活动规定的专门行为保障措施和物质保障条件的各种法律规范的总和，具有法定性、多元性、全面性和强制性等特征。警务保障规范则包括四个方面的基本内容：第一，国家以及各级政府对警务活动提供保障的法律规范；第二，其他社会主体对警务活动提供保障的法律规范；第三，警察机关内部警务保障法律规范；第四，对妨害警务活动的行为处理、制裁的法律规范。[①] 其中关于警务保障的原则，他未作详细论述，只是在论述警务保障的含义时略提到，即法定原则和目标原则。

其他关于警务保障基础理论的研究则散见于一些警察院校教科书中或者一些相关论文中的只字片语，但都只涉及基础理论的某一方面，没有系统的论述。例如，刘永坚认为装备保障的原则包括：实用原则、必须原则与可能原则；[②] 于子航认为警务保障的特征有复杂性、多样性、基础性和先行性；[③] 王强则提到现代警务保障具有全局性、动态性、层次性和有效性等特点。[④] 由此可见，我国学者们对警务保障的基础理论问题关注较少，导致其研究相对薄弱，使其成为亟待我们探讨研究的一项重要课题。

二、警务保障的概念与特征

警务保障的概念多见诸于教科书，一般认为它是指国家和政府根据警察机关和警察人员开展警务活动的实际需要，从法律上、物质装备上等所提供的先决条件，是我国警察法律体系中的一个重要组成部分。[⑤] 也有将其分为狭义和广义两种概念，认为狭义的警务保障，仅仅是指对警务活动的物质技术的支持和保证，也就是常常所说的人、财、物的保障。广义的警务保障，是指对公安机关履行职责、行使职权提供全方位的支持和保证，既有政治方面的保障、法律方面的保障、体制方面的保障，又有人力资源保障、经费保障、技术装备保障、社会环境保障等。[⑥]

综上所述，我们认为关于警务保障的概念不能简单地理解为一种措施和规范的综合，也不宜机械地将其内容罗列作为定义。警务保障应指为使公安机关和警务人员正常开展警务工作而提供的必要的基础条件和基础设施，既包括抽象的外部环境因素（如法律保障、政策保障），也包括具体的内部技术设施因素（如人、财、物的保障）。结合该定义，警务保障的特征应包括：第一，多元性。由于警务活动的社会公共性质以及多样化全方位的特征，决定了警务保障也呈多元

① 惠生武：《论警务保障》，载《公安大学学报》1996 年第 5 期。

② 刘永坚：《构建现代警务机制下公安装备保障体系》，载《人民公安报》2006 年 5 月 30 日。

③ 于子航：《公安装备财务工作保障和服务于公安工作全局路径探讨》，载《公安研究》2008 年第 10 期。

④ 王强：《现代警务机制下公安装备保障体系建设的探讨》，载《公安研究》2006 年第 2 期。

⑤ 赵思洪、杨玉海、袁广林主编：《人民警察法教程》，法律出版社 1995 年版，第 183 页。

⑥ 聂国丽：《现代警务保障》，中国人民公安大学出版社 2003 年版，第 2 页。

化特点，既有抽象的保障又有具体的保障，既有社会环境的保障又有人力资源、经费和技术装备等保障。第二，动态性。警务活动是随着社会治安形势、违法犯罪情况的变化而不断调整和发展的，这就决定着警务保障的内容和标准也要随着时代的发展变化而不断更新和完善。第三，基础性。警务保障是公安机关履行职责的前提条件，是保证警务工作正常运转的基础和关键。第四，层次性。警务保障是区分不同层次、不同部门具体情况而言的，同时在宏观层次上统一执行党和国家的方针、政策、法律、法规和公安部的决定、指示，并在实际贯彻中发挥主动性、创造性；在微观层次上，要结合各地的实际情况，保质保量地完成各项保障任务。

三、警务保障的原则与功能

惠生武教授认为，警务保障的原则包括法定原则与目标原则。首先，警务活动是人民警察机关和人民警察履行警察职能的法律活动，警务活动的法制化，必然要求警务保障应当依法进行。其次，警务活动的目的在于维护国家安全和社会治安秩序，保护公民合法权益，保护公共财产，预防、制止和惩治违法犯罪行为。警务保障必须反映警务活动的目的要求。① 也有学者具体提出装备保障的原则，包括：一是实用的原则。要从我国基本国情出发，配备既能在公安工作中派上用场，又符合我国经济发展水平的警用装备。二是必需的原则。虽然目前我国经济发展还不充分，公安经费保障还不是很完善，但是各警种工作基本装备、民警必需的个人装备还是应该装备到位。三是可能的原则。在保证基本装备的基础上，尽量满足各警种、各部门对警用装备的不同需要，在条件允许的时候，还应考虑装备一些超前性的装备，以应付可能出现的新情况。② 由此，我们认为警务保障的原则应包括：有效原则，体现在警务保障及时、持续、优质、高效四个方面，要求警务保障必须依托现实警务运行机制的客观需求。有效原则是管理的永恒主题，也是保障的根本目的。实现“保障有力”是现代警务保障效益的综合反映，有效原则直接影响着公安机关的生存和公安工作的发展。全面原则，体现在警务保障涉及面广泛，既包括警务活动过程的保障又包括警务人员身份权益的保障。现代警务保障体系不是各个要素的简单堆积和机械相加，而是有机组合的整体。因此，警务保障工作的好坏影响着公安工作全局。法定原则，体现在警务保障是由国家法律明确予以规定的，《人民警察法》第五章专门规定了警务保障的相关内容，以使其能够真正地在基层贯彻实施，也使警务保障具备了强制性和

① 惠生武：《论警务保障》，载《公安大学学报》1996 年第 5 期。

② 刘永坚：《构建现代警务机制下公安装备保障体系》，载《人民公安报》2006 年 5 月 30 日。

实用性，防止出现保障不力、推诿扯皮的现象。警务保障的功能可以概括为四个方面：（1）国家保护功能。国家保护功能是指国家对推动警务活动的实施所发挥的效能。警务活动实质上是警察机关及其人民警察为实现国家管理的目标，代表国家而实施的管理活动。因此，警务保障必然体现国家保障的基本特性，具有国家保护的功能。国家保护功能的具体发挥主要通过两种方式，一是通过国家立法对警务保障的法律地位以及警务保障的具体内容加以规定，使各种社会主体明确其履行警务保障的责任和义务；二是通过国家和各级政府实施的各种警务保障措施和手段，保证警务活动的有效开展，以国家保障为后盾，从而使警察机关及其人民警察增强执法信心，消除后顾之忧，认真履行其警务活动的职责，依法执行职务。（2）群众参与功能。警务活动与人民群众的利益息息相关，人民群众参与警务活动实践，是警务活动的重要特色。警务活动离不开人民群众的支持、协助，这是警务保障的一项不可缺少的内容，它反映了警务保障具有人民群众参与实施的功能。这一功能对于发挥公民和组织在警务保障中的参与作用，特别是对于树立公民和组织支持和协助人民警察依法执行职务、参与警务活动实践的意识，形成警务活动良好的外部保障环境，有着不可低估的作用。（3）杜绝功能。警务活动是警察机关及其人民警察的执法活动，对妨害警务活动的各种情况，需要采取措施加以制止、排除，所以具有杜绝功能。如果缺少这种功能，就可能出现执法过程中的偏差与失误，或发生不执行、错误执行或拖延执行职务的现象；或出现指派人民警察从事非职责范围的工作，使其承担超越法定范围的非警务活动。因此，警务保障规定对于抵制和拒绝非警务活动，排除对警务活动的干扰和影响，使警察机关及其人民警察集中精力做好本职工作，保证执法的正确性、有效性和权威性，是十分必要的。（4）激励功能。警务保障的重要目的之一，就是调动警察机关及其人民警察的工作积极性和敬业精神，使他们尽职尽责，积极主动地完成任务。《人民警察法》第 37 条～第 41 条对警察机关的经费、装备、设施建设，以及对人民警察身份权益方面的保障规定，其意义不仅仅是明确了警务活动有了坚实可靠的物质基础，人民警察的工作需要、生活需要有了法律上的保障，更重要的是，使人民警察体会到了尊严感和社会责任感。同时，合理的、较为优厚的物质利益保障条件，对促进人民警察廉洁自律，严格执法，激励工作热情，提高工作效率，调动其工作的主动性、创造性，有着重要作用。①

① 惠生武：《论警务保障》，载《公安大学学报》1996 年第 5 期。

第二节　警务保障有什么

由于警务保障涉及内容广泛复杂，为了方便研究，根据《人民警察法》规定的警务保障的内容，把警务保障分为物质资源的保障与非物质资源的保障。其中物质资源的保障也即有学者认为的狭义的警务保障，主要包括警力保障、经费保障、公安机关基础设施保障和技术装备、被装的保障等。非物质资源的保障则指法律保障、社会保障、权益保障等抽象的外部资源环境的支持和保证。

一、物质资源的保障

对物质资源的保障研究由来已久，无论是学界还是实务部门都对这一问题格外重视，它是警务保障的核心组成部分。按照目前多数研究成果的分类方法，可以将其划分为人、财、物的保障。

（一）人力资源保障

所谓人的保障也即警力保障。警务工作的正常开展和运行，人是第一要素，只有警力有保障，各项警务工作才能落实。所以，对警力保障的研究也成为学界关注的重点。综合现状，学者们普遍认为警力资源普遍不足和警力资源浪费严重是警力保障的主要症结。造成这一问题的原因是多方面的，有学者认为主要是由于对公安机关的性质、地位等定性不准确，基层公安机关化倾向严重，过多非警务活动影响了正常警力的使用。① 也有学者将其原因归结于公安机关从事打字、文印、电脑操作、话务、司机、财会、医务、老干部管理、房产物业管理等行政服务性辅助人员的警察编制，占用了相当大的警力，造成警力资源浪费。针对上述问题，学者们也提出了不同的建议，有的认为要建立警察文职化制度，将行政服务性辅助人员剥离出警察编制，按普通公务员或事业编制安置，从根本上解决我国公安部门的机关化倾向，将空出的警察编制充实一线实战部门，避免一线警察干着急、难、险、重的警务而与文职人员（有的甚至是被供养的闲人）享受同等待遇的不公正现象，也使警察愿意到一线实战部门工作。② 有的认为加强警力保障要从数量和质量上入手，在当前财力、政策的限制下，除了面向公安院校和社会招募警察增加部分警力外，更重要的是要内部挖潜，通过“精简市局，

---

① 刘华、章春明：《论警力资源的优化配置》，载《云南警官学院学报》2005 年第 1 期。

② 韦杰：《构筑有中国特色的警务保障体制》，载《广西政法管理干部学院学报》1999 年第 4 期。

弱化分局，强化基层”，科学地划分不同层级的公安机关事权，精简机关，合并职能相近机构，减少冗员，腾出警力投入社区，改变原来倒“金字塔”的不合理结构，使基层责、权、利相统一。同时，合理配置现有警力资源，实现一警多能，避免重复布警。① 有的认为可以通过增编扩容，按需要增加地方警察编制。并通过机关精简重组，最大限度地从内部挖潜，把机关警力转移到一线实战部门特别是派出所，实现警力合理转移利用。② 还有学者认为解决警务活动中人力资源保障的首要问题在于强化警力资源管理与开发，走内涵式发展道路，在适当增加警力的基础上合理配置警力，最大限度地开发每个公安民警的潜能。③

综上所述，我们认为警力保障的关键问题在于警力资源的开发、培养与合理利用。一方面，既要重视对未来警力资源的开发，也要重视现有警力资源的培养，还要建立科学合理的警力资源管理机制，防止警力资源的浪费。另一方面，还需改革警务人员的职级待遇，防止警力资源的流失。

（二）经费保障

公安经费作为警务活动中的财力资源保障，是警务保障不可或缺的重要组成部分。但由于《人民警察法》对警察经费的规定过于原则、笼统，缺乏可操作性，实际上难以为解决警察的经费不足的状况提供法律保障。经费保障不足成为制约警务保障发展的“瓶颈”，主要体现在以下几个方面：一是民警工资不能按时足额发放；二是公安机关的公用经费严重不足；三是因公安财政“分灶吃饭”造成改革方案措施不配套。④ 究其原因，有学者认为是由于以下几点造成：第一，地方经济发展缓慢，财政保证力度不够；第二，相关职能部门对公安工作的性质和重要性认识偏差；第三，公安机关内部警力与财力配置不合理，运行成本高；第四，警察职能泛化，增加了警务活动的直接成本；第五，维护社会治安的任务日益繁重，办案成本越来越高。⑤ 由此，有学者提出完善经费保障要根据公安机关的特殊需要确定特殊的定额标准，加大公安部对全国公安机关经费的宏观调控能力，研究建立“分级保障为主、分享保障为辅”的公安经费保障机制，

① 岳光辉：《建立和完善社区警务的保障机制》，载《湖南公安高等专科学校学报》2004 年第 5 期。

② 沈培菊：《论公安派出所体制模式和运行机制的改革创新》，载《贵州警官职业学院学报》2008 年第 4 期。

③ 聂国丽：《现代警务保障》，中国人民公安大学出版社 2003 年版，第 89 页。

④ 韦杰：《构筑有中国特色的警务保障体制》，载《广西政法管理干部学院学报》1999 年第 4 期；聂国丽：《现代警务保障》，中国人民公安大学出版社 2003 年版，第 133 页。

⑤ 李文成、李文新：《湖北省公安经费保障苦难原因浅探》，载《审计月刊》2006 年第 3 期。

保证公安机关警用装备、特费开支和队伍建设的资金需求，并强化公安机关内部财务管理与监督。[①] 另有学者建议首先取消治安收费，开征公共安全税（或称社会治安税），作为国税，由中央财政拨付给公安部，由公安部统一预算，监督管理，下拨给各省、自治区、直辖市公安厅、局，再层层下拨给基层公安机关。二是对警察的基本工资、警衔津贴、公安通信网络、刑事鉴定等基本的警察待遇、经费、装备等费用由中央支出。三是警察的交通工具、场地、基建、办公费等列入各级地方财政预算，由地方支出。四是中央对西部等贫困地区再补助一部分经费，省、自治区、直辖市对贫困的市、县补助一部分经费，分别列入中央和地方财政预算，专款专用。五是借鉴新加坡、我国香港的做法，建立警察专项福利基金，提高警察的福利待遇。六是警监以上的工资、津贴等工资收入由中央财政支付，以加强公安部对高级警官的管理和监督。[②] 还有学者提出公安部可按东南沿海发达地区、中部地区、西部及老少边穷地区三种类型，明确一定的地区差异幅度，制定经费保障的最低标准，由地方财政单独列支予以保障。同时切实解决好基层公安机关业务办案经费、装备建设经费的来源，公安经费（包括民警的收入）要与当地经济发展和生活水平相适应，并按 GDP 增长比例逐年递增。对公安机关内部民警收入的差异，一方面可以积极争取地方党委、政府的支持，增加特殊岗位津贴；另一方面可由市公安局内部一次性调剂补偿，做到同一地区民警收入基本平衡，以充分调动基层民警的工作积极性。[③]

总之，当前公安机关经费保障问题已成为制约现代警务活动有效开展的主要症结，笔者比较赞同上述学者的观点，主张建立分类、分级的经费保障机制，逐步解决普遍存在的经费不足和紧张状况。

（三）装备保障

目前，各种高科技犯罪层出不穷，恐怖活动日益猖獗，公安工作面临的任务越来越繁重。使用什么样的装备才能适应现代警务机制下的公安工作，成为不可忽视的重要问题。综合现有资料不难发现，研究这一方面保障问题的文章多是实战部门的工作人员，他们结合自己的工作实际提出了自己的观点和看法。王强指出目前公安装备保障存在的主要问题在于：第一，从体系建设上看，呈现出分散性；第二，从管理模式上看，呈现出封闭性；第三，从管理方式和手段上看，呈现出单一性和滞后性。所以，他认为现代警务机制下公安装备保障体系建设应遵

---

① 聂国丽：《现代警务保障》，中国人民公安大学出版社 2003 年版，第 154 ~ 157 页。

② 韦杰：《构筑有中国特色的警务保障体制》，载《广西政法管理干部学院学报》1999 年第 4 期。

③ 沈培菊：《论公安派出所体制模式和运行机制的改革创新》，载《贵州警官职业学院学报》2008 年第 4 期。

循科学规划、科技强警、应用为先、引研并用、以人为本等原则，处理好超前与实用、引进与开发、利“旧”与用“新”的关系，做到创新装备管理理念，改革装备管理模式。同时，规范装备建设，加强装备配备和管理，加强装备人才培养，提高管理水平。[①] 于子航则提出加强和改进公安装备财务工作要从以下方面做起：第一，参与实战，在公安事业的发展中准确定位装备财务工作；第二，把握大局，从公安工作全局出发谋划和推进装备财务工作；第三，创新思路，实现装备财务工作在新时期的转变；第四，强化策略，全面提高装备财务工作的能力和水平。[②] 杨红根也撰文指出，随着维护社会稳定的任务日趋艰巨和繁重，公安机关面临的任务日趋繁重，执法难度、强度、精度要求日益提高，公安装备建设也因此面临着许多新情况和新任务，原有的装备保障体系，特别是在装备的应急保障、信息化装备的建设方面略显滞后。因此，我们应着眼未来发展，在公安装备建设上求长效。通过加强公安装备三年规划建设，加强公安装备应急储备调拨机制建设和加强高精尖技术装备建设来构建现代后勤装备保障体制。

综合上述观点，笔者认为发展现代装备保障体制的重点应在其现代化上，应从公安技术装备的标准化、科学化和现代化做起，坚持科技强警战略，努力提高装备保障的科技含量，加强计算机综合信息系统的建设，并按照公安信息化的统一标准和业务规范实行联网。

二、非物质资源的保障

伴随新时期治安形势的发展变化，仅仅强调物质资源的保障是难以满足现代警务科学、实时、高效用警要求的。非物质资源的保障开始彰显其重要性，它在当前维护社会政治稳定和治安稳定，推动警务工作及时高效开展等方面发挥着关键作用。

（一）法律保障

法律保障是指国家运用法律形式，通过法律规定对人民警察的各项工作给予保障。具体内容包括：第一，人民警察依法执行职务受法律保护；第二，人民警察必须执行警令；第三，追究妨害警务行为的法律责任；第四，称之侵犯经用标志、制服、警械和证件专有权和专用权的行为。[③] 有学者提出警务保障的规范主要包括：国家保障规范、社会保障规范、内部保障规范、制裁规范。其中国家保

① 王强：《现代警务机制下公安装备保障体系建设的探讨》，载《公安研究》2006 年第 2 期。

② 于子航：《公安装备财务工作保障和服务于公安工作全局路径探讨》，载《公安研究》2008 年第 10 期。

③ 冯德文编著：《警察学概论》，中国人民公安大学出版社 2005 年版，第 152 ~ 155 页。

障规范包括：经费保障规范，设施、装备保障规范，待遇和抚恤保障规范；社会保障规范则包括，社会保险规范，物质支持、帮助规范和行为支持、协助规范；内部保障规范包括：执行职务的行为保障规范，警察财务审计保障规范，警察财务管理规范和警察文书、档案管理规范。① 也有学者具体研究了有关保障警务活动的法律法规，认为其主要体现在两方面，首先是保障人民当家做主，健全公安机关的组织和制度，有效组织和领导公安事业方面的法律，具体包括：《中华人民共和国宪法修正案》、《中华人民共和国公务员法》、《人民警察法》、《中华人民共和国地方各级人民代表大会和地方各级人民政府组织法》、《中华人民共和国全国人民代表大会和地方各级人民代表大会选举法》、《中华人民共和国劳动法》等。其次是保障公安工作和国家安全工作方面的法律，具体包括：《中华人民共和国枪支管理法》、《中华人民共和国消防法》、《中华人民共和国国家安全法》等。最后是涉及公安业务工作内容的法律，包括《中华人民共和国刑法》和《中华人民共和国刑事诉讼法》等。此外，在行政法制建设方面的相关立法有两部，一部是《中华人民共和国立法法》，另一部是《中华人民共和国行政处罚法》。② 另一方面，结合现实中存在的法律保障问题，学者们也提出了加强和完善法律保障的建议。如有学者指出要强化公安权力规范，即从总结公安工作的经验入手，提出适应新形势的方针、政策，制定保障公安权力有效行使的公安法规，从法律规范上尽快建立起保护警务活动的机制，形成强有力的保障运作体系，从而进一步确立公安警务活动的法制权威，创造良好的执法环境。③ 还有学者建议要从填补立法空白，细化现有法律、法规，司法和立法相一致等方面来完善我们的法律保障。④ 另有学者建议通过修订《人民警察法》，完善和明确人民警察执法权限的范围、内容、行使的基本原则和基本程序以及法律救济等，并以规章或规范性文件的形式对人民警察出警、巡逻盘查时应携带的警械武器、处置规则、处置程序、针对不同违法犯罪的处置措施以及执勤中的技战术运用等加以具体规定，以此来完善人民警察法，构建系统的、有关人民警察行使职权的法律体系。⑤

结合上述学者观点，笔者认为目前完善法律保障的关键在于对相关法律、法

① 惠生武：《警察法论纲》，中国政法大学出版社 2000 年版，第 238 ~ 242 页。

② 聂国丽：《现代警务保障》，中国人民公安大学出版社 2003 年版，第 58 ~ 60 页。

③ 谢云飞：《对新世纪公安机关警务保障的再思考》，载《公安部管理干部学院山西分院学报》2000 年第 2 期。

④ 叶晓川：《人民警察执法权益遭受侵害原因及其保障措施》，载《江苏警官学院学报》2007 年第 2 期。

⑤ 李延军：《论人民警察执法权益的法律保障》，载《福建公安高等专科学校学报》2006 年第 6 期。

规的细化和修订，许多法律保障制度在内容上规定得过于笼统模糊，给现实的操作带来许多不便，也使某些不法分子频频利用法律漏洞阻碍警务活动的正常开展，这也是值得关注和研究的重要问题。

（二）社会保障

警务活动的有效开展，不仅需要警察自身具有良好的素质、较强的战斗力，也需要有一个民主、法治、健康、和谐的社会环境，更需要人民群众的积极支持和协助。因此，有学者认为社会保障也即群众保障，是指公民及社会组织要积极协助、支持人民警察依法执行职务，并且这种行为受法律保护。其内容包括：第一，支持和协助人民警察执行职务是公民和组织的光荣义务；第二，公民和组织协助人民警察依法执行职务的行为受法律保护；第三，公民和组织协助人民警察执行职务的行为应当给予表彰和奖励；第四，公民和组织因协助人民警察执行职务，造成人身伤亡或者财产损失的，应给予抚恤或者补偿。① 也有学者将其称为执行职务的保障，认为其内容应包括执行职务优先、职务服从和职务协助。② 这里的职务协助与上述的群众保障有类似的地方，但范围要比前者广泛，除包括群众保障外，还包括精神上和舆论上的支持协助。另有学者认为社会保障包括两部分，即公民和社会组织的协助义务与公民和组织不作为的协助义务。其中前者又包括确定公民和组织有支持和协助人民警察依法执行职务的义务，明确公民和组织协助人民警察执行职务的行为受法律保护，对群众协助人民警察执行职务规定了具体保障措施。③ 另外，有学者认为社会保障存在的主要问题是舆论宣传的偏差和非警务活动的影响。个别警察的劣迹时常成为媒体竞相报道的对象，造成了极坏的社会影响，严重损坏了人民警察在群众心目中的形象，从而严重损害了警察的执法形象、执法权威和警民关系。并且由于我国警察的具体任务比较模糊，导致了警察不仅要处理作为本职的警务工作，还要处理大量的非警务任务，警察被推到了各种矛盾的风口浪尖上，面临复杂的执法环境。④ 也有学者认为影响社会保障的负面因素在于说情风盛行，阻碍公安执法案件增多，滥用警力，有禁不止。提出要不断完善公安权力制约机制，切实改善警民关系。⑤ 针对上述问题，

---

① 冯德文编著：《警察学概论》，中国人民公安大学出版社2005年版，第156～158页。

② 惠生武：《警察法论纲》，中国政法大学出版社2000年版，第242～247页。

③ 赵思洪、杨玉海、袁广林主编：《人民警察法教程》，法律出版社1995年版，第191～193页。

④ 叶晓川：《人民警察执法权益遭受侵害原因及其保障措施》，载《江苏警官学院学报》2007年第2期。

⑤ 谢云飞：《对新世纪公安机关警务保障的再思考》，载《公安部管理干部学院山西分院学报》2000年第2期。

有学者建议建立和谐良好的警民关系，警察应树立人权意识和法治意识，并同时提高公众的法制意识，科学界定警察权，利用新闻媒体进行正面宣传。[①] 另有学者提出社会保障的加强要体现在从优待警上，包括政治上关心、人格上尊重、待遇上改善、伤亡上抚恤和舆论上支持。[②]

综上所述，笔者认为社会保障不能仅限定于群众保障，应当包含着公民、组织和社会团体的支持，舆论的支持，以及整体社会环境的支持等因素。因此，当前我们要积极发挥公民和组织在警务保障中的参与作用，特别是树立公民和组织支持和协助人民警察依法执行职务，参与警务活动实践的意识，形成警务活动良好的社会保障环境。

（三）权益保障

伴随着我国转型期的到来，各种社会矛盾叠加交织在一起爆发出来，由于警察权与公民权性质的天然对立，人民警察就往往被置于矛盾的焦点。因此，人民警察的权益保障成为警务保障研究的热点问题。在我们收集到的有关警务保障的相关论文资料中，仅此一项就占据了半壁江山，并且发表时间都集中在2000年以来至今的这段时期，可见其明显的时代特征。

第一，权益保障的内容。在权益保障内容方面，学界存在两种观点，即对权益的广义理解与狭义理解。对权益的广义理解者认为人民警察代表公安机关行使职权时，其执法活动依法受到保护，正当执法权益当然不容侵犯，但警察权益保障不应仅包括执法权益保障，也应包括职务需要、福利待遇等合法权益的保护。因此，权益保障的内容包括执法权益、职务权益和个人权益。[③] 刘小荣认为警察权益是国家特别赋予警察所享有的权益，其内容具有特定性，具体包括：生命健康权、司法特别保护权、人格尊严权、伤亡抚恤权、获得工作报酬权、接受教育培训权和休息休假权。[④] 马进保认为警察权益分为两大类：一类是民事法律所赋予的公民权，如生命权、健康权、名誉权、肖像权，以及获得劳动报酬、社会福利和安全保障等私权；另一类是履行职务时享有的特别权利，如职务防卫权、使用武器和警械权、紧急情况处置权、获得特殊抚恤与救助权等。[⑤] 李延军认为执法权益是指人民警察在执行公务时依法所享有的与职权、职责相关的权利和利

---

① 蒋连舟、傅利：《警察正当执法权益保障对策研究》，载《中国人民公安大学学报》2008年第4期。

② 王蓓：《关于从优待警的理性思考》，载《公安教育》2003年第10期。

③ 王梅花：《论警察权益保障机制》，载《河南教育学院学报》2005年第5期。

④ 刘小荣：《警察权益界说》，载《铁道警官高等专科学校学报》2006年第3期。

⑤ 马进保：《警察执法权益保障的辩证思考》，载《中国人民大学学报》2008年第3期。

益。人民警察执法权益应当是警察权益中最主要、最核心的内容，应当是我们关注的焦点，警察执法权益的保障应当是所有警务保障中最迫切需要解决的问题。其具体内涵包括：一是执行职务、担当职责时依据一般性法律所享有的公民权利（如生命权、健康权、名誉权、肖像权、获得报酬权、培训权等）。二是执行职务、担当职责时依法律特别授权而享有的与职务行为相关的权益（如职务防卫权、使用武器和警械的权力、优先使用交通工具的权力、获得社会尊重与协助的权力、获得特殊抚恤与救助的权力等）。[①] 陈春蓉则认为警察权益从法律角度来说分狭义和广义，狭义是指由法律规定并受法律保护的属于警察应该享有的不容侵犯的特殊的权利（如执法权益、警衔津贴等），广义的还应包括警察作为普通公民的由法律规定并受法律保护的应该享受的不容侵犯的权利（如人身权、名誉权、休息权等）。所以，警察权益包括政治权益、经济权益、执法权益、健康权益等。[②] 另一类观点是狭义的理解，认为警察权益仅是指警察的执法权益，而不包括警察作为公民的权利。如孟昭阳认为，警察执法权益是民警依法执行公务时权力和利益的总称，包括生命和人身安全不受侵犯，人格尊严不受侵犯，执法的设施设备不被损毁，执行公务后不受诬告、陷害，以及家属不受打击报复等。[③] 谢根明认为，民警的执法权益是指民警在依法执行公务时应当享有的不容侵犯的正当权利，包括执行公务时民警的人格不容侮辱和侵犯，人身不容伤害，执法活动不容阻挠，事后不容诬告、陷害、侵扰、报复等。[④] 由上可知，多数学者倾向于广义理解，笔者也赞同此观点，它有利于体现对警察权益的全方位保障。值得注意的是，另有些学者对警察权益与警察执法权益未加区分，而是将两个概念混为一谈，交叉使用，这种做法不利于进一步的研究和现实的操作，应当引以为戒。

第二，权益保障的动因。在权益遭受侵害的原因方面，学者们也作了大量的分析，有的认为是由于三方面原因造成，一是公安机关自身原因，包括公安队伍素质不高，部分领导重视不够，职责部门保护不力；二是外部执法环境原因，包括社会舆论的误导，非警务活动频繁，社会道德沦丧；三是立法原因，包括处罚

① 李延军：《论人民警察执法权益的法律保障》，载《福建公安高等专科学校学报》2006 年第 6 期。

② 陈春蓉：《论建立和完善警察权益保障机制》，载《福建公安高等专科学校学报》2003 年第 3 期。

③ 安玲：《执法维权：用足用好现有法律武器》，载《人民公安报》2005 年 12 月 14 日。

④ 谢根明：《维护民警执法权益的实践与思考》，载《江苏警官学院学报》2004 年第 4 期。

性条款缺乏震慑作用，保护性条款可操作性不强。① 有的将当前民警执法权益受侵害的主要原因归纳为：从社会环境因素上看，当前社会整体法制水平不高，个别不法分子借机报复闹事；从自身客观因素上看，警察的职业特性起了很大的决定作用；从自身主观因素上看，公安队伍数量庞大，人员素质参差不齐，执法为民思想观念淡薄，依法执法和依法维护自身执法权益的能力不强；从管理体制上看，警察的权责不明确、不具体，尤其是警察职能不清晰；从经济因素上看，受经济条件所限，民警的装备配备以及工资福利待遇保障不足；从保障环节上看，既有内部保障环节上的不足，也有外部保障环节上的不足；从法律保障上看，现行法律保障机制较薄弱，可操作性不强。② 还有的认为其原因包括客观因素、主观因素和法律因素三方面。其中客观因素又包括，执法环境日益复杂化，群众往往会将不满发泄到警察身上，导致侵害警察执法权益案件增多；非警务活动日益增多，把诸多矛盾集中到警察身上，使警察成了众矢之的；装备不足而且严重落后，加重了警察执法的危险性。主观因素包括，公安机关对警察执法权益保障在观念上存在偏差，忽视了对警察执法权益的保护；部分警察自身执法素质不高，实战技能不强，自我保护意识差。法律因素则包括，立法不完善，处理一些侵害警察执法权益的行为无法可依；对侵害警察执法权益的行为打击不力，助长不法分子的嚣张气焰。③ 另有学者将其原因总结为四方面，一是违法犯罪暴力化倾向日益严重；二是有关法律法规对人民警察的执法行为保障不力；三是民警执法能力、自身素质亟待提高；四是传统的观念、舆论导向、媒体宣传的负面作用。④

综合多数学者的观点，笔者认为其成因主要是保障主体个体性与职业性的混同，保障客体公益性与权威性的抗衡，以及保障内容的法定性与模糊性的对立。首先，保障主体个体性与职业性的混同是指作为个体性的警察权益保障因为警察权的职业性特点而受到了忽视和模糊，导致公众对警察权益保障问题一直持异议态度。另一方面，公安民警的个人素质以及对职业性理解的不同，导致出现滥用权力与怕用权力的悖论。其次，保障客体公益性与权威性的抗衡是指警察权益保障的客体体现为二元性，既包括警察与国家之间的权利义务关系也包括警察与公民之间的权利义务关系，由于公权力与私权利的对峙而导致警察权益保护客体呈

---

① 邵定美：《警察合法权益受侵害原因及对策》，载《吉林公安高等专科学校学报》2003 年第 2 期。

② 欧阳洁慧、连扬达：《当前民警执法权益受侵害的原因及对策》，载《政法学刊》2005 年第 3 期。

③ 王莹：《浅谈警察执法权益的保障》，载《河北公安警察职业学院学报》2006 年第 1 期。

④ 徐天合：《新视野下的警察执法权益保障机制探析》，载《北京人民警察学院学报》2007 年第 1 期。

现权威性与公益性的抗衡。在警察权益保障问题上，是扩大警察职能，树立警察权威，还是限制警察权，加强警察服务性成为认识的盲区。最后，保障内容的法定性与模糊性的对立是指关于警察权益保障问题在法律法规内容规定上比较清楚明确，但存在着法律滞后性，在保障的范围和力度上规定的过于笼统和模糊，对阻碍警察执法、侵犯警察执法权益的行为制裁力度不足，对阻碍公务者采取强制措施上难于操作，什么情况下采取强制措施和使用武器、警械的规定过于原则，不利于操作。造成现实中一旦警察权益受到侵犯，去寻求法律帮助时无所适从。

第三，权益保障机制的建立。关于警察权益机制建立的途径方面，学者们也是仁者见仁，智者见智。有的认为应当从五方面构建这一机制，（1）创造良好的法律和政策环境，为警察权益的维护提供强有力的法律保障；（2）建立健全警察权益保护机构，为警察权益的维护提供组织保障；（3）加强民警执法权益保障制度的建设，为警察权益的维护提供制度保障；（4）加大资金物质等方面的投入，为警察权益的维护提供物质保障；（5）加大社会宣传和法制教育的力度，为警察权益的维护提供社会保障。① 有的认为建立适合我国的新型的警察权益保障机制，应从维权立法、维权机构、健康体系、经济机制等方面入手。② 有的认为应从构筑和谐的警民关系，改善警用装备，完善法制，提高警察战术水平等方面做起。③ 也有学者建议建立和完善警察执法权益保障机制，要健全人民警察执法权益的法律法规保障体系；要成立人民警察合法权益保护机构；要加强教育培训，提高人民警察执法水平和自我保护能力；要建立从优待警保障机制，维护人民警察的合法权益。④ 还有的学者提出要从加强有关警察权益保障的立法工作，加强对警察权益保护的宣传，促使警察权益保护问题社会化，建立科学的公民投诉处理机制，以及完善执法维权保障机制等方面构建我国的权益保障机制。⑤

综上所述，我们认为要从保障主体建设的规范化，保障客体定位的准确化和保障内容界定的明晰化等方面构建完善警察权益保障机制。首先，在保障主体建设的规范化方面包括：扩大民警的知情权，增强警察的法律素养，使之及时获知

---

① 刘小荣：《警察权益界说》，载《铁道警官高等专科学校学报》2006年第3期。

② 陈春蓉：《论建立和完善警察权益保障机制》，载《福建公安高等专科学校学报》2003年第3期。

③ 叶晓川：《人民警察执法权益遭受侵害原因及其保障措施》，载《江苏警官学院学报》2007年第2期。

④ 徐天合：《新视野下的警察执法权益保障机制探析》，载《北京人民警察学院学报》2007年第1期。

⑤ 王桂胜、周明红：《浅议和谐社会中警察权益的保障机制》，载《新疆警官高等专科学校学报》2007年第3期。

新法和上级有关政策；从物质基础着手，加强对基层民警和整个警察队伍的权益保障，这是提高全体民警的素质、责任心和士气的重要手段，也是建设一支高效率的警察队伍的关键因素；改善警用防护装备，充分行使警察使用警械武器的权限。其次，在保障客体定位的准确化方面既要通过公民权利制约警察权，以防后者侵害前者；也应以警察权约束公民权利，不使其滥用而导致社会安定和秩序的不保。应当承认、发掘且促使两者在行政法治化背景下的和谐统一、合力进取。结合目前现状，笔者认为可以从以下三方面入手：一是营造良好的社会风气和执法环境，形成遵纪守法的良好氛围，做好新时期的群众工作，密切警民关系。二是明确警察的职责范围，正确处理严格执法和热情服务的辩证关系。三是建立科学的公民投诉监督处理机制。

第四，保障内容的界定。一是保障依据的明晰化，从当前保障人民警察权益的实际现状看，有必要制定一部《中华人民共和国人民警察权益保障法》或对《人民警察法》有关内容进行进一步完善和修改，增加保障警察健康权、休息权、名誉权等方面的内容。另一方面，对警察合法权益受到侵害的情形，应当授予其比公民正当防卫更大的职务防卫权，承认自卫权，同时规范警务用枪，进一步细化警察使用武器的详细规则，加强对警察合法用枪的法律保护，并进一步制定先发制人型而不是被动应付型的警械武器使用规定，使警察能始终占据主动控制地位。我们还可以借鉴西方国家的立法经验，增加设立诬陷警察、扰警、袭警罪等相关罪名，像英美法系国家直接设定袭警罪。二是保障程序的明晰化，主要是警察维权机制的建立和完善。应在警察系统内，尽快建立自上而下的各级维权机构，形成“维权网络”，全面开展警察维权活动。应对维权机构的职责范围、维权工作流程、维权措施、法律监督、法律责任等制定完善的维权工作制度；逐步建立警察心理健康医疗制度、警察人身意外伤害保险制度；制定警察执法遭受不法侵害经济补偿办法；设立“警察维权基金”等权益保护项目；与医疗卫生部门联合，建立民警因公负伤救治快速通道，等等。

第三节　警务保障的体制构建

随着社会主义经济体制和政治体制改革的逐步推进，长期以来形成的计划经济体制下的警务保障理念、管理机制和保障体制逐步落后于时代，难以适应新时期的要求，探索、建立具有时代特征的现代警务保障体制成为当前研究的重要课题。结合目前建设社区警务机制的特色，将警务保障体制研究分为城市社区警务保障体制研究、农村地区警务保障体制研究和地方特色警务保障体制研究。

一、社区警务保障体制

社区警务改革是适应社会主义市场经济的发展，进行公安工作改革的重要举措。它不仅涉及基层公安机关，更涉及整个公安机关的运行机制。要成功实现这一改革目标，建立和完善警务保障机制是不可或缺的前提条件。而目前由于我国城市化进程的加快，城市流动人口数量激增，城市的社区警务工作面临着新的挑战，城市社区警务保障体制的建立和完善成为重中之重。与此相反的是，对城市社区警务保障体制的研究却凤毛麟角，仅在少数论文中涉及。

目前基层社区警务保障体制主要存在的问题表现为警力不足，警力与人口比例失衡，与实际要求存在差距，警力的素质和能力没有得到保障的现象，以及经费保障中的自筹与规范管理之间，经费保障问题与基础业务工作之间，经费保障与科技强警、从优待警之间，经费保障与现实实际之间的矛盾。① 所以，有学者认为建立城市社区警务保障体制要从七个方面做起：第一，统一思想，提高待遇，建立和完善鼓励民警到社区工作的激励机制；第二，建立和完善社区民警执法监督机制；第三，精简机构，优化结构，建立和完善警力资源效能优化机制；第四，创新模式，增强效果，建立和完善民警教育培训机制；第五，因地制宜，弥补警力，建立和完善辅警协作机制；第六，加强调研，开源节流，建立和完善基层公安机关经费保障机制；第七，绩效考核，科学评估，建立和完善社区民警绩效考核机制。②

综合学者们的观点，笔者认为，建立公安基层社区警务保障体制的具体措施在于以下几个方面：

第一，更新观念，端正执法指导思想，为社区警务提供思想保障。在基层公安机关内部树立艰苦奋斗的思想，通过更新理念、转变机制，加强教育培训，使人人心中都树立“管理就是服务”、“一切保障工作都是为了公安工作大局服务”以及“围绕经济为中心开展公安工作”的思想，让每个民警都了解，只有做好各项公安警务保障工作，才能为公安工作提供物质基础，才能更好地服务经济建设。

第二，科学配置警力，提高警察素质是社区警务的警力保障。实现警力向基层倾斜，按照社区的人口比例配置相应的警力。

第三，拓宽经费渠道，改善工作条件是实施社区警务的物质保障。在经费保

---

① 程天磊、杜雷：《公安基层警务保障调查与思考》，载《江苏警官学院学报》2004 年第 4 期。

② 何立新：《贫困地区实施社区和农村警务战略保障问题初探》，载《公安研究》2008 年第 7 期。

障方面，要做到提高经费运作效益。

第四，完善公安派出所建设，确保适合社区警务勤务机制的运行，为社区警务提供机制保障。沈培菊认为城市社区警务保障体制的建立要从科学规范派出所的职级、选好配强派出所所长、提高基层民警素质等方面做起。从有利于派出所工作的前提出发，派出所的职级应当统一（特殊情况例外），而且要适当调高派出所的职级，以调动基层派出所领导和民警的积极性，增强派出所的吸引力；要建立派出所“双向选择，竞争上岗，择优录取”的选拔机制，使基层优秀民警脱颖而出，以适应“单一型”向“多元型”指挥的转变；要建立起稳定的教育培训机制，坚持定期培训和日常培训相结合、综合培训和专题培训相结合的原则，确保派出所民警每年至少有1个月的警务知识和技能培训，每3年接受一次系统轮训，彻底解决基层民警“说不过，追不上，打不赢”的问题。

第五，加强监督和考核，强化社区警务的组织保障。在考核的内容和标准的确定上，应当坚持科学性和可操作性相结合的原则。在考核的方法上，应当坚持“平时考核与年终考核结合，重点抓住平时”和“结果性考核和过程性考核结合，重点注重实绩”的原则。在考核结果的运用上，要真正体现“赏罚分明”和“奖优罚劣、奖勤罚懒”的原则。通过考核，科学评估基层民警的工作情况，及时总结经验、解决问题。①

第六，要强化改革意识，充分把握和运用政策，积极服务公安中心工作，为社区警务的发展创新提供保障。向管理要战斗力，明确改革目标，统一管理机制，强化以人为本，创新用人机制。同时结合公安警务保障的实际，转换服务机制；强化现代化意识，科学把握和加强公安基础设施建设，积极探索警务保障与时代发展相适应的规律；强化成本意识，正确把握和贯彻效益原则，使基层公安警务保障工作适应市场经济发展。

总之，在建立城市社区警务的保障体制方面，人员和经费保障是关键，警力下沉到基层后能否发挥作用，警务人员的执法素质和警务活动经费的切实到位是关键一环，同时科学高效的保障管理机制的建立也是不可或缺的。

二、农村警务保障体制

随着社会的发展变革，城乡二元结构逐渐被打破，农村生产责任制的落实，一家一户生产元素的形成加大了农村中利益的纷争。由于区域经济发展不平衡，反映在社会治安状态方面也不尽相同。在一些经济发展相对滞后的地区，青壮年

---

① 岳光辉：《建立和完善社区警务的保障机制》，载《湖南公安高等专科学校学报》2004年第5期；沈培菊：《论公安派出所体制模式和运行机制的改革创新》，载《贵州警官职业学院学报》2008年第4期。

大多外出打工，农村中单家独户的居住状况，成为治安防范的薄弱环节，为犯罪分子实施不法侵害提供了可能。凡此种种，给农村警务带来了新的挑战，也对农村地区警务保障体制的建立发展提出了新的要求。

农村警务保障体系，由警力保障和后勤保障两部分组成。在农村警务的警力配置方面，大机关、小基层的现象普遍存在。不少地方公安机关对农村派出所的设置，警力的配置不是以辖区人口多寡、治安状况复杂与否作为设置、配置的依据，而是在很大程度上带有主观随意的因素；在后勤保障方面，农村警务保障与所属地的经济发展状况密切相关。由于区域经济发展的不平衡，在经济发达地区，农村警务保障相对要好一些。反之，则非常困顿。但总的来看，整个农村警务的后勤保障都存在这样或那样的困难。[①] 所以，警务保障与日益发展的农村社会治安形势不相适应。由于警务保障与地方财政密切相关，所以易造成警察待遇、保障存在地方差异，使警察职业相同但待遇厚薄却不一，因此易导致因待遇、保障问题而产生违法行政、乱罚款和乱收费等现象；也易导致警察因对警务保障有看法而对警务工作的责任感发生动摇，警务工作变为一种谋生的职业，使警察难以对之投入情感。在我国农村地区，地方经济相对发达地区的警务保障有时也会出现困难，在经济相对落后的农村地区，警务保障更是难以落实。[②] 有学者提出建立健全农村警务保障体制，为实施农村警务战略创造良好的外部环境应从五个方面入手：第一，要建立和完善农村公安机关经费保障机制。要积极向当地党委和政府汇报，争取有关部门的支持，结合社会主义新农村建设，把农村公安机关建设列入“十一五”总体规划确保农村公安机关能够适应社会主义新农村建设的需要。第二，要建立和完善鼓励民警到农村工作的激励机制。加强激励机制建设，要按照“农村高于城市，基层高于机关”的原则，千方百计地创造条件，不断提高农村公安机关民警的经济待遇、政治待遇，为农村公安机关民警不断创造良好的工作和生活环境，使民警能够安心地在农村工作，引导和鼓励民警到农村工作，激发农村公安机关民警的工作积极性。第三，要建立为农村公安机关减负的工作机制。要积极推广电子警务和办公自动化，进一步精简报表台账，废止各种作用不大、重复填报的报表和台账，实实在在地减轻基层负担。要积极会同有关部门，研究确定非警务活动的范围，出台严格禁止非警务活动的制度和具体规定，防止和减少基层公安机关承担大量非警务活动。第四，要建立培养和提高农村公安机关民警素质的工作机制。要以“大练兵”长效机制建设为平台，通过自学自练、集中培训、战训结合等多种方式，突出农村公安工作的实

---

① 程航：《农村警务运行机制的思考》，载《江西公安专科学校学报》2006 年第 2 期。

② 陆冬英：《关于农村社区警务建设的思考》，载《广州市公安管理干部学院学报》2008 年第 3 期。

际需要，以民警应知应会的基本知识、基本技能以及基本体能为重点，以民警履行职责、完成任务所必需的基本素质、基本能力以及基本水平为目标，组织开展多种形式的岗位练兵活动，做到“三懂、五会”；要建立民警集中训练制度，尤其是要重点提高驻村民警的能力和水平，做到“一警多能”。①

综合学者们的观点，笔者认为应根据农村警务的不同特点，从农村实际出发建立科学的农村地区警务保障体制。主要从以下几个方面做起：

第一，在农村派出所的经费保障方面，农村的经济发展相对于城市比较滞后，单纯依赖地方财政解决警务保障的问题在农村地区还无法实现。应根据我国农村的现状，建立地方和中央共同承担警务保障的体制，中央根据各地农村的经济状况，以中央财政直接加以调补，实现警务保障的持续运行。同时要想方设法为农村基层队所提供后勤保障，切实做到在财务上向基层倾斜，从根本上解决农村警务的经费保障问题。

第二，在派出所组织领导方面，要着力配强、配齐队所领导班子，要建立健全适应新形势的队伍管理机制，依靠制度进行管理，避免管理上的主观随意性。要精简机关，充实基层，缓解农村警务活动中警力不足的矛盾。

第三，在建立规范的农村治安防控体系方面，要构建社会面动态控制网络，建立联户联防、条块结合的农村群防群治网络，要建立多层次的治安管理网络，还要建立完善的奖励机制，对及时汇报辖区内不安定因素的、抓获违法犯罪人员的、协助民警破获案件的等对农村社区安全作出贡献的群众都可以给予相应的物质奖励和精神奖励，提高群众的治安积极性。

第四，在农村社区民警的素质保障方面，要加强农村社区民警的教育培训，以提高农村社区民警队伍的整体素质，适应社区警务建设的要求。要努力提高民警的政治、业务素质，尤其要增强民警在农村变革时期做群众工作的能力。要通过集中培训，经常召开一定范围的现场会，提高民警素质。通过抓思想教育提高农村民警的政治素质；抓基本功提高农村民警的业务素质；抓岗位练兵提高实战素质。同时建立了民警体能、技能考评机制，定期组织考核，通过反复演练切实提高队伍的整体实战素质，树立良好形象，密切警民关系。②

通过比较不难看出，农村地区警务保障体制与城市社区警务保障体制都强调警力的保障和经费的保障，强调结合各自地区特色建立保障体制。区别在于农村

① 崔亚东：《实施农村警务战略 建立新型警务机制实现农村公安工作的跨越式发展》，载《公安研究》2006 年第 10 期。

② 程航：《农村警务运行机制的思考》，载《江西公安专科学校学报》2006 年第 2 期；陆冬英：《关于农村社区警务建设的思考》，载《广州市公安管理干部学院学报》2008 年第 3 期。

地区警务保障体制更突出信息化、科技化保障措施的建立以及鼓励民警到农村工作的激励机制的建立和完善，这与农村经济发展相对落后于城市的现状有关。“三农”问题也已成为国家改革发展的重点，基于此我们认为农村地区警务保障体制的发展和完善是今后需要特别关注与研究的重点，并且研究不应仅限于表面的经费保障和技术装备保障问题，还应更多地关注切实可行的保障体制改革问题。例如，如何改革民警的职务、级别、待遇保障体制，如何建立规范、科学的农村勤务保障体制等问题。

三、地方特色警务保障体制

由于我国国情特殊，各地方在地理位置、民族构成、经济发展、治安形势状况等方面的差异决定了其警务保障体制的建立也必须具备地方特色。学者刘季英结合西部地区具体的社会环境、自然环境以及由此而产生的公安业务工作特点，指出西部地区警务保障具有以下特点：第一，经济建设基础薄弱，公安机关普遍存在经费短缺的现象，警务保障长期处于较低水平；第二，公安机关装备陈旧落后，已不适应公安工作的需要，更不适应确保西部大开发战略顺利实施的需要；第三，改革开放以来国民经济的迅速发展，为西部地区公安机关警务保障奠定了必要的物质基础，提供了宝贵经验，这是西部大开发公安机关警务保障建设的一个重要优势。在此基础上，提出要密切联系西部地区生产力及经济发展进程，树立长期观念，自觉地将警务保障纳入本地区社会经济发展战略规划，要充分利用和争取西部大开发的优惠政策，紧密结合西部大开发中公安工作的新情况、新特点，科学合理安排使用公安经费，提高公安经费管理水平，同时要树立全局观念，实行信息、资源共享，避免重复建设，以此来建立西部大开发中的警务保障体制。① 学者曾忠恕针对广州市公安机关的动态治安防控机制提出建立动态警务保障，强调面对外来犯罪分子流动作案频繁，使用现代化交通和通信工具快速动态作案突出，犯罪时空呈现“多方位”、“全天候”趋势，街面“双抢”犯罪严重影响整体治安状况的犯罪动态化问题，建立与动态社会环境相适应的、确保动态治安防控机制高效有序运转的支持保障系统。其核心是在各级党委和政府的领导下，社会各有关方面协调联动，采取强有力的警务工作措施，严密控制住社会治安局面，增强动态环境下治安工作的力度和效果，带动公安机关驾驭和控制治安整体实力的提升。它主要包括以 110 为龙头的快速反应机制；以创安全文明小区活动为载体的动态防范机制；以刑侦改革为基础的打击犯罪机制；以整治治安

---

① 刘季英：《西部大开发中公安机关警务保障的思考》，载《公安研究》2001 年第 1 期。

乱点为重点的治安管理机制。①

学者余延生则研究了汶川地震救援中的警务保障体制，指出首先应当适时组建后勤保障专业队伍，培训一批能够进行野外生存保障作业的民警，在开展突发灾害事故救援、处置群体性事件以及大型野外警务作业时，随救援队伍作业，为一线工作的民警提供后勤保障服务，并应当配备后勤保障装备。县级基层公安机关作为长期处于一线单位，经常在维护稳定过程中还承担大量的救援救助任务，仅靠人力和徒手作业显然无法完成好这些任务，因此，在实际工作中应当购置便携式发电机、帐篷、多功能救援和防护服、餐车、医疗急救包等装备，以应对突发事件救援和处置的供给保障。同时应当建立警务后勤保障物资储备系统。每个县级以上公安机关要适当储备油料、食品、降温防寒用品等后勤保障物资，确保在大范围警力调动和特定恶劣环境下，后勤保障不断档、不掉链，能够在第一时间后续跟进。其次，从基层公安机关的现实情况看，现在很多县级公安局没有配备高频电台，更不用说配备卫星电话了，特别是欠发达地区大多依靠手机作为通信保障的手段，很难在突发灾害来临时应对自如。因此，提高公安机关警务保障的科技含量刻不容缓。一是应当提高通信设备的科技含量。每个民警配备一部手持电台，达到随时随地通话。有条件的公安局适当配备海事卫星电话，在警务用车上全部安装 GPS 卫星定位系统，全面提升公安通信水平。二是应当提高交通装备的科技含量。根据地域特点，因地制宜地为基层公安机关装备带有指挥平台的指挥车，建立流动的应急指挥平台。三是应当统一警务保障装备标准，适当将科技含量高的装备向欠发达地区倾斜，提高欠发达地区应对突发事件的处置能力和水平。最后，要将搜救培训作为警务保障的必修课。当前，诸如儿童落水事故报警后，我们的民警要搜救，水灾、火灾事故我们也经常要参与搜救。搜救培训显得尤为重要。一是要组织民警学习搜救的一般常识，特别是火灾、水灾等自然灾害事故的现场搜救技术，要求民警人人掌握，遇到类似紧急情况可以迅速解决。二是加强救援心理抚慰培训。开展类似如“谈判专家”式的心理抚慰培训活动，让民警在应对突发公共事件、灾害事故后，能对受害人及时进行心理抚慰，以最快的速度、最佳的效果化解受害人和其家属的心理创伤，达到及时化解矛盾的目的。②

另有学者论述了青岛奥帆赛警务保障体制的建立。通过对青岛奥帆赛警务保障工作的 SWOT 分析，即对组织自身的内外环境进行全面深入的分析为前提，即分析外在环境，可找出组织发展可能存在的机会（opportunities）和威胁

① 曾忠恕：《论动态警务保障》，载《福建公安高等专科学校学报》1999 年第 4 期。

② 余延生：《汶川地震救援中警务保障的几点启示》，载《黄冈日报》2008 年 8 月 21 日。

（threats）；分析内在环境，明确组织自身具备的优势（strengths）和存在的劣势（weaknesses）。结合青岛市警务工作现状及奥帆赛安保工作的要求，指出青岛奥帆赛警务保障体制建立应首先发挥现有优势，实施“六个延伸”，实现对社会面的全方位、多角度控制。第一，在控制方式上，从人防、物防向技防延伸。着力实施以技防为主，人防、物防为补充的新型防控机制。第二，在控制时间上，由白天向夜间延伸。第三，在控制区域上，在巩固主干道防控成果的基础上向次干道、居民社区延伸。第四，在参与控制的警力摆布上，由单警种作战向全警参战延伸。第五，在防控主体上，由公安一家管控向全社会共同参与延伸。第六，在防控指挥上，由粗放式管理向精确指导延伸。其次，应实施危机管理，进行评估式预防与控制。应着重健全反应敏锐的预警机制、快速有力的控制机制、全面的恢复机制。最后，应挖掘内部潜力，统一协调关系。要强化安保学习培训，向素质要警力，发挥科技优势，向科技要警力，整合社会辅警资源，拓展治安防控覆盖面，细化安保方案，进行动态控制。①

还有学者通过分析上海现代警务机制体现出的集约型、信息主导型、动态型、效能型等特点，针对目前公安后勤保障工作与现代警务机制要求不适应的方面，诸如公安后勤保障观念依然陈旧、公安经费预算管理水平较低、警用装备建设水平相对落后、公安后勤保障体制改革进展迟缓、公安后勤保障制度体系不够健全、公安后勤保障队伍整体素质不尽如人意等问题，提出建立警务保障体制应当做到：第一，开拓工作视野，在后勤保障理念上求更新。树立大公安后勤保障观念、后勤保障是一门科学的观念、后勤保障的科学发展观。并同时强化成本意识、管理意识、法制意识；第二，加强经费管理，在公安经费使用和调控上求效益。要增强预算意识，提高预算的执行率，加强规范化管理；第三，着眼未来发展，在公安装备建设上求长效。要加强公安装备 3 年规划建设、公安装备应急储备调拨机制建设、高精尖技术装备建设；第四，创新管理模式，在公安后勤保障机制上求突破。主要应建立健全社会化服务机制、集约化管理机制、精确保障机制和应急保障联动机制；第五，健全规章制度，在公安后勤保障制度体系上求完善。为顺应后勤保障社会化的改革进程，将在解决好政策配套问题上下工夫，逐步建立起从行政经费到办公用房，从服务质量到职务消费，内容全面、结构完整、形式规范、制约配套的制度体系，使公安后勤保障各项工作有法可依、有责可究；第六，推进信息化建设，在公安后勤保障效率上求提高。必须在“五统一”原则下，加快对还未形成信息化管理的保障工作列入信息化管理，并以更快的速度、更好的方式，为一线民警提供“适时、适地、适量、高效”的精确

① 袁春瑛、丁文俊：《青岛奥帆赛警务保障策略选择——以 SWOT 为分析模型》，载《山东警察学院学报》2006 年第 1 期。

保障；第七，提升队伍素质，为公安后勤保障工作持续发展求后劲。要全面提升后勤保障队伍素质，应狠抓专业培训、狠抓人才引进、狠抓廉政建设三个关键环节。①

由上可知，我国目前已经初步探讨形成了各具地方特色的警务保障体制，在全局统一的保障原则与保障标准下，结合地方实际，确立切实可行的警务保障体制是发展的必然趋势。经过比较不难看出，在地方警务保障体制中也存在共性，例如，建设的重点都放在科技化、信息化保障方面，这有利于各地方互相学习，取长补短。

① 杨红根：《现代警务机制中的上海公安后勤保障工作》，载《上海公安高等专科学校学报》2009 年第 3 期。

第六章　专论三：警务监督研究

第一节　警务监督

一、警务监督含义与特征的认知

在学者的研究和论述中关于警务监督的相关语词使用的比较多，也可以叫做监督警务、警察执法监督或者警务法治监督。警务监督可以分为广义和狭义。广义的警务监督，是指对公安机关及其人民警察执法活动的监察、督导和促进，包括公安机关内部和外部的监督。狭义的警务监督，仅指公安机关内部的监督。警务监督，是从对公安机关公权力监督的角度的命名，从相对人私权利保护的角度，可以称之为警务救济。[①] 警务监督研究的文章比较多，特别是《人民警察法》、《公安机关督察条例》等法律、法规制定实施以后，在肯定警务监督法治建设进步的同时，指出存在的问题、需要改进的地方，[②] 相关研究也更为具体、丰富多彩。[③]

① 高毅：《论对警察权不当或者违法行使后果的救济》，载《辽宁公安司法管理干部学院学报》2008 年第 2 期。

② 李忠信：《中外警察法立法之比较》，载《公安大学学报》1998 年第 1 期；李忠信：《论公安执法监督》，载《公安大学学报》1998 年第 4 期。

③ 参见宋远升：《论侦查行为的社会监督》，载《河南省政法管理干部学院学报》2008 年第 2 期；巩振兴：《干预警察心理危机的整合模式》，载《上海公安高等专科学校学报》2008 年第 1 期；曹延彬：《警务监督的管理学思考》，载《上海公安高等专科学校学报》2007 年第 2 期；《警察法：让人民警察在时代激流中找准位置和方向》，载《人民公安报》2005 年 2 月 23 日；魏永忠：《深化警务监督的理性思辨》，载《公安教育》2003 年第 1 期；刘林华：《学习贯彻十六大精神进一步加强对公安执法权力的监督》，载《公安研究》2003 年第 5 期；欧阳澄：《香港警察执法监督机制概述》，载《邵阳学院学报（社会科学）》2002 年第 1 期；陈龙环：《违法侦查行为及其法律对策》，西南政法大学 2004 届法学硕士学位论文；申剑锋：《权力腐败与〈治安管理处罚法〉的执法监督》，载《湖南公安高等专科学校学报》2006 年第 2 期；等等。

警务监督的特征可以概括为以下几个方面：

第一，警务监督的主体具有广泛性、多样性。总体上讲，任何一个公民、法人和其他组织都有权力（利）而且可以适时地对公安机关及其人民警察的执法活动进行监督。比如，国家权力机关、[①] 行政机关、司法机关、上级和本级公安机关都有权力依法实施警务监督，其他任何公民、法人和其他组织等都有权利对公安机关及其人民警察的执法活动进行监督。

第二，警务监督的内容具有全面性、全方位性。警务监督的内容，既包括警察权的主体，也包括警察权的客体；既包括警察权的内容，也包括警察权的形式；既包括警察权行使的合法性问题，也包括警察权形式的合理性问题；既包括警察权适用的实体性问题，也包括警察权运行的程序性问题；既包括警察权的保障问题，也包括警察权的归责问题。

第三，警务监督的对象具有确定性、特定性。警务监督的对象专指公安机关及其人民警察的执行法律和遵守纪律的情况。

第四，警务监督的方式具有多样性、多重性。警务监督的方式主要有国家权力机关人民代表的审议质询，行政机关的行政监察，司法审查，[②] 法纪检察，中国共产党纪委的纪律检查，人民群众的申诉、控告、检举和举报，以及公安机关内部的监督等。对于一个警务的监督，这些监督方式可以同时存在和运行。仅我国公安机关的内部警务监督主要包括：（1）警务情况报告和通报制度；（2）行政复议、听证制度；（3）现场警务督察制度；（4）警务检查、考核、评议制度；（5）法律审核和办案审核制度；（6）专案调查制度；（7）执法过错责任追究制度；（8）违法违纪责任和领导责任追究制度。此外，法律法规和规章还规定了其他一些内部监督制度，如刑事办案中的复核制度，劳动教养办案中的复查制度内部审计制度等。而且形式在不断地创新发展，如社区警民议事会。[③]

第五，警务监督的目的具有明确性、多层级性。警务监督的直接目的是确保公安机关及其人民警察依法行政；警务监督的宏观目的是维护和保障警察权的依法运行，建立警务法治，实现宪政层面上的警察秩序；警务监督的终极目的是尊重和保障人权，实现人的全面进步和发展。

二、警务监督的必要性

建设中国特色社会主义社会的伟大宏途，就是要使经济更加发展、民主更加

① 吴延溢：《人大监督语境下的警务立法规制》，载《理论导刊》2008 年第 10 期。

② 吴延溢：《司法审查语境下的警务监督》，载《南通大学学报·社会科学版》2009 年第 6 期。

③ 王景军、赵立新：《有效监督制度的稀缺与补救——对社区居民警务议事会制度的分析》，载《行政与法》2005 年第 12 期。

健全、科教更加进步、文化更加繁荣、人民生活更加殷实。历史为鉴，和谐社会乃是实现健步宏途、迈向宏途的基础和生命力。洋为中用，可以加深对警务监督的必要性和建设性认识。① 建设民主法治、公平正义、诚信友爱、充满活力、安定有序、人与自然欣然相处的和谐社会中，公安工作和公安队伍的建设和释放能量就成为基础性和关键性工作，在对这个客观形势的认识、思考和探索过程中，警务监督的必要性和重要性日渐凸显，已在公安机关内外人士中形成不少共识。我们认为，警务监督的必要性可以从不同的角度和层面简要地归结为以下几个方面：

第一，警务监督是公安这一社会存在的自然要求。根据唯物主义，我们知道，社会存在决定社会意识，社会意识又反作用于社会存在。公安机关是政府的一个职能部门，但又不同于一般的行政机关，这种共性和特性，决定了在机构设置、人员配置、管理训练、指挥运作、工作方式、监察督导、装备保障等方面应当有与它的性质、任务和效能施展等相适应的体制和制度。警务监督就是公安这一社会存在链条和逻辑的要求，是公安相关体制和制度系统内容的有机组成部分。

第二，警务监督是防患于未然、实现未雨绸缪的需要。从静态上讲，公安民警自然是“金无足赤、人无完人”，公安工作更不会是完美无瑕。从动态上讲，公安机关是“铁打的营盘”，公安民警是“流水的兵”，队伍建设是“不竭的育树泉水”，社会发展是“雄关漫道真如铁”，治安问题自然“继往开来、推陈出新”，公安工作需要“持续迈步从头越”。不论从静态还是从动态上看，公安民警和公安工作会不可避免地出现这样或那样的问题，警务监督的建立和实施，可以推迟、减少新问题的出现和旧问题的重现，起到预防针的效果。

第三，警务监督是公安管理整体系统正常运作的需要。从公安系统内部看，公安管理过程的实质是一个控制过程。其中，决策机构是控制系统，执行机构是被控制系统，警务监督是监测系统。作为监测系统的警务监督，其主要任务是对执行法律、遵守纪律的情况作出正确的判断，反馈信息，采取措施，保证管理目标的实现。可见，警务监督是公安管理的重要环节。

第四，警务监督是加强公安队伍建设的需要。队伍建设是公安工作的重中之重，公安工作的成败取决于公安队伍建设的成效。警务监督已越来越被看做是加强队伍建设的重要措施，如110报警服务台接受群众监督投诉、全面推行警务公开制度、实行责任追究制度等，这些制度如决策者、执行者和民众所愿，在队伍

① 李钢：《关于英国警务监督机制的考察报告》，载《湖南公安高等专科学校学报》2005年第2期；贺裕民：《英国警务监督工作及启示》，载《人民公安报》2003年12月26日，第7版。

建设中起到了积极的不可缺少的作用，推动公安队伍成为一支党和人民放心的、能够担当重任的高素质队伍，一支忠诚可靠、纪律严明、作风过硬、秉公执法、训练有素、业务精通的队伍。

第五，警务监督是规范公安执法的需要。如前所述，警务监督也叫做监督警务、警察执法监督或者警务法治监督，是指对公安机关及其人民警察执法活动的监察、督导和促进。这就说明，规范执法乃是警务监督的直接使命和首要之责。实践证明，警务监督制度的存在和实施，对公安执法规范实施产生了重要的积极威慑力、监控力、纠错力和推动力，有力地保障了公安执法目的的实现。1993年行政法平衡论推出后，平衡论被广泛地应用于警务监督等执法领域，论述监督的必要性和监督机制建设。①

第六，警务监督是提高公安队伍执法能力和执法效能的需要。公安机关在正常执法的基础上，需要努力地切实提高维护国家安全的能力、驾驭社会治安形势的能力、处置突发事件的能力和为经济社会发展服务的能力。警务监督事关公安工作和公安队伍建设全局，是对公安执法遵纪全过程进行动态监督的有效制度，不仅保证了公安执法规范、保持了公安队伍处于正常可持续运转状态，而且成为公安队伍继往开来、不断发展、提高自身能力、实现执法效能日益提高的监督、推进和保障力量。

第七，警务监督是提升公安形象，推进警察公共关系，做到所涉各方共赢，更好地实现公安宗旨的需要。警务监督的实施，可以有效地加强公安队伍建设，提高公安执法水平，有力地推动和树立起良好的公安形象。良好的公安形象，可以推进警务跨地域、行域甚至法域的协作关系，在警务合作、协作中做到通力支持、效能共享共升，实现共赢。良好的公安形象的提升，可以很大地推进警民公共关系，增强信任，警民关系在良好有力的互动中，提升公安执法能力、水平和效果，更好地实现全心全意为人民服务的公安宗旨。

三、警务监督法律体系

警务监督的法律体系，是指实施警务监督的法律依据体系。目前，我国已经基本建立了比较系统的警务监督法律体系。警务监督法律体系是警务监督研究的成果的体现，特别是被具有立法权的国家机关依法认可的警务监督内容和机制的体现。目前，我国警务监督的法律体系所涉及的规范性文件及其内容可以作如下梳理和归纳。

① 杨立新：《刑事诉讼平衡论》，中国政法大学2005届法学博士学位论文；李宏坤：《行政调查的权力反思与理性规制》，长春理工大学2006届法学硕士学位论文；等。

（一）《宪法》

《宪法》第3条第3款规定："国家行政机关、审判机关、检察机关都由人民代表大会产生，对它负责，受它监督。"该规定包括了国家权力机关的警务监督权。第41条规定："中华人民共和国公民对于任何国家机关和国家工作人员，有提出批评和建议的权利；对于任何国家机关和国家工作人员的违法失职行为，有向有关国家机关提出申诉、控告或者检举的权利……对于公民的申诉、控告或者检举，有关国家机关必须查清事实，负责处理……"该规定为公民行使警务监督权提供了宪法依据。除此之外，《宪法》在诸多条文中明确或隐含地规定了国家权力机关、行政机关、司法机关等方面的警务监督权。宪法的这些规定，成为警务监督法律体系的纲领和建立警务监督法律体系的基础，也使警务监督具有了国家根本大法的依据和保障。

（二）《人民警察法》

《人民警察法》是我国警察法律体系的主干，也是警务监督法律体系的主干。该法第1条规定："为了维护国家安全和社会治安秩序，保护公民合法权益，加强人民警察的队伍建设，从严治警，提高人民警察的素质，保障人民警察依法行使职权，保障改革开放和社会主义现代化建设的顺利进行，根据宪法，制定本法。"可见，《人民警察法》具有承上启下的重要地位和作用。在内容上，《人民警察法》正是围绕上述立法目的，系统规定了包括警务监督在内的体系完整的警察法规范。比如，《人民警察法》第六章是执法监督，第七章是警察执法的法律责任。除了《人民警察法》以外，全国人大和全国人大常委会制定的其他涉及公安机关执法的法律中也都相应地规定了警务监督的内容。

（三）行政法规

在国务院制定的行政法规中，最能体现警务监督特色的是1997年6月20日第220号国务院令发布施行的《公安机关督察条例》。该条例的发布实施，标志着我国建立起了世界通行的重要警务监督制度——警务督察制度。该条例的发布实施，推动了公安机关警务监督机制的完善，保障了公安机关及其人民警察依法履行职责、行使职权和遵守纪律。除此之外，国务院制定行政法规建立健全行政监督的内容，作为行政监督一部分的警务监督已经包括于其中。

（四）公安部制定的行政规章和规范性文件

为了建立健全科学有效的警务监督机制，公安部制定了一系列的行政规章。公安部制定的主要用来建立健全警务监督机制的规章和规范性文件主要有：2001年1月2日发布实施的《公安机关督察条例实施办法》，1997年9月10日发布实施的《公安机关警务督察队工作规定》，1997年4月3日发布实施的《公安机关追究领导责任暂行规定》，1999年6月11日发布实施的《公安机关人民警察执法过错责任追究规定》，1999 年 6 月 11 日发布实施的《公安机关内部执法监督工作规定》，1995 年 1 月 11 日发布实施的《公安机关受理控告申诉暂行规定》，2000 年 6 月 3 号发布实施的《公安部关于加强公安法制建设的决定》，1999 年 6 月 10 日发布实施的《公安部关于在全国公安机关普遍实行警务公开制度的通知》，2000 年 2 月 26 日发布实施的《公安部关于认真做好 110 报警服务台受理人民群众电话投诉工作的通知》，2003 年 2 月 1 日实施的“五条禁令”，2004 年 8 月 3 日发布实施的《关于公安机关监督制约机制建设的意见》等。

根据我国法律体系，除了以上四个方面外，警务监督法律规范还包括地方性法规、地方政府规章和规范性文件。

由此可见，我国已经建立起以《宪法》为“龙头”，包括法律、法规、规章和相关规范性文件的警务监督法律体系。

四、警务监督机制建设基本原则

警务监督机制的现状不容乐观，[①] 建立健全警务监督制度是一项极端复杂艰巨的系统工程，包括警务监督体制、警务监督机制和警务监督规范建设，不可能毕其功于一役，建设道路任重而道远，而且应当保持警务监督制度建设的开放性和与时俱进。但是，有一些基本要求，是建设警务监督制度必须坚持的。这些基本要求主要是：

第一，紧紧围绕公安中心工作，把警务监督制度建设于各项重大决策和措施之中。要把警务监督制度建设放到公安工作的全局来把握，与各项公安业务工作紧密结合起来。制定和实施重要的政策与措施，要充分体现对执法权力进行有效制约和监督的精神，推动公安工作和公安队伍建设协调发展。

第二，在改革创新上下工夫，不断加大从源头上防治腐败的力度。要深入研究社会主义市场经济条件下公安队伍中违法违纪和腐败现象滋生的原因、规律和特点，针对容易发生问题的重点部位和薄弱环节，通过深化改革，逐步铲除腐败现象产生的土壤和条件。

第三，加强制度建设，保证执法权力沿着制度化和规范化的轨道运行。要把制度建设贯穿于警务监督制度建设的各个环节。通过制度建设，把从严治警、执法为民的思想本质转化为具体规定，将原则性的要求转化为具有约束力和强制力的规章制度，切实做到用制度管权、用制度管事、用制度管人，有效防止权力失控、决策失误、行为失范。

---

① 曹延彬、宋军：《现行警务监督机制的弊端及其对策分析》，载《河南公安高等专科学校学报》2007 年第 3 期；孟昭阳：《论公安执法监督机制的发展与完善》，载《中国人民公安大学学报》2004 年第 5 期；等。

第四，在整体推进中突出重点，注重实效。要按照公安机关警务监督制度建设的总体要求，紧密结合实际，突出重点，抓住难点，逐项抓好落实。当前，要重点加强对执法权力运作过程特别是领导干部行使权力的监督，确保警务监督制度建设的针对性、实效性。

第五，尊重基层首创，加强分类指导。要善于总结基层公安机关在实际工作中探索积累出来的鲜活经验，用好的典型引导和推动面上工作的开展，提高警务监督制度建设工作的整体水平。这里需要注意的是，增强警务监督工作的理性，力戒标新立异的形式主义，避免推广经验“一阵风”。

第六，责任制科学明确，各警种、各业务部门各负其责，政工、纪检监察、法制、督察等部门发挥组织协调和监督检查职能作用的领导体制与工作机制，形成齐抓共管的监督格局。需要强调的是，必须用法律和制度明确统一领导和各司其职中的责、权、利，避免重复产生的内耗，努力杜绝出现“大家都管等于大家都不管”和“龙多不治水”的现象。

五、警务监督的分类与基本方式

（一）警务监督的分类

警务监督分类的目的，不是人为地将警务监督切成豆腐块，割裂它们之间的联系，而是通过警务监督的类型化，进行梳理和分类研究，突出各种类型的特点和重点，有利于总结规律，增强监督的针对性，弥补缺失，形成互补和合力，结成体系，建立警务监督的长效机制，实现警务监督的效益的最大化。

从警务监督的特点可以看出，警务监督是一个相当庞杂的系统。从不同的角度，可以对警务监督进行不同的分类。

第一，从警务监督主体权力的运行向度，可以将警务监督分为纵向警务监督和横向警务监督。纵向警务监督又可以分为自上而下的警务监督和自下而上的警务监督；横向警务监督主要包括同级公安机关之间、同级业务部门之间和公安民警之间的警务监督。

第二，从警务监督实施的时间，可以将警务监督分为事前警务监督、事中警务监督和事后警务监督。事前警务监督，是指在日常工作中或者下达特定任务之前，通过调研、检查、指导等方式，针对可能出现的对执法产生不良影响的问题，采取预防性措施，排除影响，实现最佳的执法效果。事中监督，是指警务运行过程中的同步监督，它以正在进行的警察执法活动为监督对象。事后监督，是指某项警务活动告一段落、结束或者某种问题出现以后实施的警务监督。应当说明的是，所谓事前、事中和事后是相对而言的，为理论研究提供便利，在执法实践中，警务监督过程时常贯穿于三阶段中的两个乃至三个阶段。

第三，从警务监督的主体，可以将警务监督分为国家权力机关的警务监督、行政机关的警务监督、检察监督（也叫法律监督）、司法审查、中国共产党的警务监督、各民主党派的警务监督、公民的警务监督、社会团体的警务监督、大众媒体的警务监督和公安机关自身的警务监督等。

第四，从警务监督主体权力的空间方位，可以将警务监督分为外部警务监督和内部警务监督。外部警务监督包括了上一个分类中除了公安机关自身监督以外的所有主体的警务监督。内部警务监督是指公安机关自身的警务监督，还可以进一步分为上下级公安机关之间的警务监督和具体某一个公安机关的内部警务监督。

（二）警务监督的基本方式

警务监督的方式主要是由警务监督的类型决定的，不同的警务监督类型具有不同的警务监督的基本方式。所以，分析警务监督的基本方式时，应当是先对警务监督进行分类。

常见的警务监督的分类是，先根据警务监督权力主体与公安机关的关系，把警务监督分为外部警务监督和内部警务监督，然后进一步根据警务监督权力主体进行分类。在此基础上，分析警务监督的基本方式就自然“水到渠成”。不同的警务监督权力主体的性质和地位不同，不同的警务监督权力的性质和运行的法律轨道、方式不同，就决定了警务监督基本方式的不同。

在外部警务监督领域，国家权力机关的警务监督的基本方式是执法检查、审议公安机关执法报告、质询、弹劾和罢免；行政机关警务监督的基本方式是行政纪律检查；检察机关的警务监督基本方式是通过介入、审批、调卷、阅卷、侦查、起诉等方式实施法律监督；司法审查的基本方式是行政诉讼；中国共产党警务监督的基本方式是以党的纪律检查的方式对公安机关的执纪进行监督（监督执纪的目的在于监督执法，实现执法目的；各民主党派警务监督的基本方式是民主评议、提交参政提案；公民和社会团体的警务监督的基本方式是提出批评、意见和建议，申诉，检举，控告，信访，申请行政复议、提起行政诉讼）。

在内部警务监督领域，自上而下警务监督的基本方式是政治监督、指导、执法检查、纪律检查、警务督察、审计监督和个案督办等；自下而上警务监督的基本方式是提出批评、意见和建议，申诉，检举，控告和信访等；具体到某个公安机关内部，其警务监督的基本方式主要表现为：政工部门实施的政治监督，纪检监察部门的纪律检查监督，法制部门的执法监督和警务督察部门的现场督察、审计监督和信访监督。其中，警务督察是公安机关内部独具特色的警务监督基本方式。

第二节　警务督察

古希腊神话传说中有一则达摩克利斯悬剑的故事：叙拉古国王狄奥尼西奥斯的朝臣被迫坐在上悬宝剑的餐桌旁，宝剑由一根头发系住。今天，学者常常把督察制度看做这样的宝剑，是架在警察头上的悬剑。警务督察，是警察权自恰机制中具有预防、矫正和救治作用的内容。①

一、警务督察含义与特征的认知

警务督察的含义不仅是学者的理论解释，已经体现在一系列公安文件之中。警务督察，是指公安机关的督察部门依照法定的程序、方式和原则对公安机关和人民警察的执行法律、遵守纪律情况进行的监督，是警察执法监督的内部监督。警务督察制度是严格于一般行政机关的内部监督制度，是从严治警的一项硬措施。

警察督察被学者归纳为具有以下特征：

第一，主体的特定性。警务督察的主体是特定的。督察主体在公安部是督察委员会，负责领导全国公安机关的督察工作。地方各级公安机关设立督察机构，对上一级督察机构和本级公安机关行政首长负责。督察机构建立由专职人员组成的警务督察队。

第二，监督方式的法定性。警务督察部门的督察工作必须依法进行，依据法定的程序、方式和原则对人民警察的执行法律和遵守纪律的情况进行监督检查。依据的法律、法规主要是《人民警察法》、《公安机关督察条例》、《公安机关督察条例实施办法》等。监督方式及其主要特征，就是主要体现为现场督察，突出监督的及时性和现场性。

第三，监督的内部性。警务督察制度是一种内部督察制度，监督的主体、对象和范围都在公安机关内部，不仅有别于外部监督，与传统的纪检监督和监察监督也不相同。公安机关作为纪律部队，在其内部设立督察制度，有着明显的强制性效果。

---

① 在我国，被称为督察制度的还有国土资源督察制度，该制度既有别于一般监督制度，又不同于警务督察。考察国土资源督察制度在2006年产生的背景，不难看出国土督察制度的特定含义和功能。对一般监督的区别，主要是借鉴警务督察的含义和特点，强化了对权力失范行为的警示、凸显尽快查处和对失范行为处理的坚决态度；与警务督察有明显区别，主要是与其不具备警察权特征决定的警务督察机制的现场性和快速反应性。

二、警务督察制度的建立

在警务督察制度建立以前，公安机关内部监督工作主要是通过纪检和监察两大监督系统来进行的。公安系统内部的纪检和行政监察部门一般是合署办公，一套人马行使两个部门的职责和权力。这种体制，在公安内部监督上存在着一些问题：

第一，内部监督人力不足。当时，全国公安系统纪检监察民警才8000多人，仅占全国公安民警总量的0.8%左右，人数偏少，而且分布不均匀，人员年龄偏大。

第二，内部监督体制自身存有问题。党的纪律检查部门在公安系统分为两种形式，即党委内设纪委和上级党委派驻纪检组，这两者领导关系不同。公安机关的监察部门，有的是上级监察机关派驻，实行上级监察机关和公安机关双重领导的体制。公安机关的上级纪检、监察部门对下级纪检、监察部门的领导关系不顺。这种体制具有地域和部门局限性，不能对公安机关和人民警察进行系统化、规范化的监督和管理。

第三，内部监督职权行使受到制约。《中国共产党章程》、《行政监察条例》（1997年5月9日失效，被《行政监察法》所取代）赋予纪委、监察部门有直接处理违法违纪案件的权力。而“条块结合、以块为主”的管理体制又决定了“干部地方所有”。受地方管理的影响，党政纪律处分要经过当地党政部门，直接处分权无论在本级公安纪检、监察和上级公安纪检、监察之间都难以作出快速的决定。在公安机关内部，负责队伍管理、人员任免的机构是政治部门，警察违纪的查处却由纪检、监察部门负责。实际上，纪检、监察部门仅仅限于提出处理建议，难以直接处理警察违纪行为，使得内部监督主体在行使职权中受到制约。

第四，内部监督主体执纪乏力。实践证明，对警察权不予监督或监督不力，必然会导致某种程度上的警察权的滥用和警察腐败。公安政工、纪检、监察部门各自行使不同的职权，虽然强调相互配合，却难以形成合力，起不到制度设计本身应有的效果。对公安执法和职权行使过程缺乏经常性的监督。造成公安机关的工作从领导决策到具体的实施过程，缺少监督和信息反馈环节，使决策不当或决策不能得到良好地贯彻实施，有令而不得行。

针对以上体制中带来的问题，经过学者的研究和社会呼吁，借鉴许多国家警察机关内部督察制度的有益经验，《人民警察法》规定了警务督察制度，开始建立适合我国公安工作需要的内部督察制度。[①] 1997年6月，为了完善公安机关监

① 《人民警察法》第47条规定：“公安机关建立督察制度，对公安机关的人民警察执行法律、法规、遵守纪律的情况进行监督。”

督机制，保障公安机关及其人民警察依法履行职责、行使职权和遵守纪律，国务院出台《公安机关督察条例》，2001 年 1 月，公安部出台《公安机关督察条例实施办法》。至此，我国警务督察制度正式建立起来。

三、警务督察制度的内容

警务督察制度的内容主要体现在《公安机关督察条例》和《公安机关督察条例实施办法》之中。

（一）警务督察机构设置

公安部设立督察委员会，领导全国公安机关的督察工作，负责对公安部所属单位和下级公安机关及其人民警察依法履行职责、行使职权和遵守纪律的情况进行监督，对公安部部长负责；另设立警务督察局负责具体工作。

县级以上地方各级人民政府公安机关设立督察机构，负责对本级公安机关所属单位和下级公安机关及其人民警察依法履行职责、行使职权和遵守纪律的情况进行监督，对上一级公安机关督察机构和本级公安机关行政首长负责。

公安部和县级以上地方各级人民政府公安机关的督察机构建立由专职人员组成的警务督察队。警务督察人员必须经过上岗前的培训，培训合格的方能上岗。

公安机关督察机构的督察长由同级公安机关领导成员副职担任。县级以上地方各级人民政府公安机关督察机构的督察长、副督察长在任免前，必须征求上一级公安机关的意见。

（二）警务督察职权

根据我国公安机关督察法律规范，警务督察职权可以简要概括为警务参与权、派出督察权、现场处置权、责令执行权、决定撤销权或变更权、决定停止执行职务和紧闭权、督察建议权、移送处理权、警务评议权和受理核查检举控告权等。

现场督察是行使警务督察职权的基本方式，是警务督察区别于公安机关内部其他监督最显著的特征，也是警务督察制度的生命力所在。根据《公安机关督察条例》规定，督察机构对公安机关及其人民警察依法履行职责、行使职权和遵守纪律的事项，进行现场督察。①

（三）警务督察措施

督察机构可以向本级公安机关所属单位和下级公安机关派出督察人员进行督察，也可以指令下级公安机关督察机构对专门事项进行督察。督察机构可以派出督察人员参加本级公安机关或者下级公安机关的警务工作会议和重大警务活动的部署。督察机构应当开展警务评议活动，听取国家机关、社会团体、企业事业组织和人民群众对公安机关及其人民警察的意见。督察机构对检举和控告应当认真核查，根据检举人、控告人和被检举人、被控告人双方的陈述，或者检举人、控告人提供的证据材料，按照规定程序处理。

督察机构对本级公安机关所属单位和下级公安机关拒不执行法律、法规和上级决定、命令的，可以责令执行；对本级公安机关所属单位或者下级公安机关作出的错误决定、命令，可以决定撤销或者变更，报本级公安机关行政首长批准后执行。

督察人员在现场督察中发现公安机关的人民警察违法违纪的，可以采取下列措施，当场处置。② 督察机构认为公安机关的人民警察违反纪律需要采取停止执行职务、禁闭措施的，由督察机构作出决定，报本级公安机关行政首长批准后执行。督察机构认为公安机关的人民警察需要给予行政处分或者降低警衔、取消警衔的，督察机构可以提出建议，移送有关部门按照国家有关规定办理。督察机构在督察工作中发现公安机关的人民警察涉嫌犯罪的，移送司法机关依法处理。警务督察机构的人员执行任务应当佩戴督察标志或出示督察证件；在督察工作中，必须实事求是，严格依法办事，接受监督。

---

① 《公安机关督察条例》第 4 条规定："督察机构对公安机关及其人民警察依法履行职责、行使职权和遵守纪律的下列事项，进行现场督察：（一）重要的警务部署、措施、活动的组织实施情况；（二）重大社会活动的秩序维护和重点地区、场所治安管理的组织实施情况；（三）治安突发事件的处置情况；（四）刑事案件、治安案件的受理、立案、侦查、调查、处罚和强制措施的实施情况；（五）治安、交通、户政、出入境……等公安行政管理法律、法规的执行情况；（六）使用武器、警械以及警用车辆、警用标志的情况；（七）处置公民报警、请求救助和控告申诉的情况；（八）文明执勤、文明执法和遵守警容风纪规定的情况；（九）组织管理和警务保障的情况：（十）公安机关及其人民警察依法履行职责、行使职权和遵守纪律的其他情况。"

② 《公安机关督察条例》第 10 条规定："督察人员在现场督察中发现公安机关人民警察违法违纪的，可以采取下列措施，当场处置：（一）对违反警容风纪规定的，可以当场予以纠正；（二）对违反规定使用武器、警械以及警用车辆、警用标志的，可以扣留其武器、警械、警车车辆、警用标志；（三）对违法违纪情节严重、影响恶劣的，以及拒绝、阻碍督察人员执行现场督察工作任务的，必要时，可以带离现场。"

四、我国警务督察制度建设

学者们和公安决策层都把我国警务督察工作的历经划分为三个发展阶段。1995 年，《人民警察法》颁布实施，[①] 开始了督察工作艰辛的起步初创阶段。2001 年，第一次全国公安机关警务督察工作会议，标志着督察工作初创阶段的结束并迈向规范和深化发展的阶段。2006 年，第二次全国公安机关警务督察工作会议，标志着督察工作走向正规化和科学发展的阶段。

（一）警务督察制度现状

全国公安机关已建立督察机构3000 多个，有专职督察民警近万名。《公安机关督察条例》实施以来，警务督察部门共开展现场督察活动 400 多万次，受理核查检举控告近百万件，发现查纠各类问题数以百万件计，发督察通知书、建议书、决定书 10 多万份，决定对 1 万多名违纪民警停止执行职务、对近万名违纪民警采取禁闭措施。在确保警令畅通、推动工作落实，强化执法监督、保障执法为民，维护民警权益、改善队伍形象等方面起到了重要作用。

公安部回顾督察发展进步的历程，总结的经验教训如下：一是只有领导高度重视，督察工作才能凸显职能优势——有权威。二是只有紧扣中心工作和重大警务部署抓落实，督察工作才能重点突出——有作为。三是只有敢于揭露矛盾，解决问题，督察工作才能求真务实——有质量。四是只有大胆实践，勇于探索，督察工作才能与时俱进——有突破。五是只有建立、实行秋毫无犯的自身铁律，督察队伍才能令行禁止——有战斗力。[②]

目前警务督察工作中存在着大量需要解决的问题：一是对督察工作的认识不到位，需要与时俱进、不断更新督察理念。二是督察部门孤军作战，未能形成监督合力，需要推进警务督察体制改革。三是业务工作的肤浅，坐等举报，警务督察成了公安机关第二纪检委，应付性和零碎的督察工作占了很大比例。四是重心失衡，需要加强自身建设，强化督察职能。[③] 当然，处于发展中的中国警务督察

---

① 有学者认为，1997 年 6 月《公安机关督察条例》发布施行为标志，开始了督察工作艰辛的起步初创阶段。这是值得商榷的。

② 公安部督察委员会：《公安督察工作十年回顾与展望》，载《人民公安报》2007 年 6 月 22 日，第 2 版。

③ 骆科臻：《基层公安督察存在问题的对策》，载《人民公安报》2005 年 8 月 9 日，第 7 版；陈晓旭：《关于我国警务督察工作的几点思考》，载《森林公安》2005 年第 3 期；周鑫：《警务督察应由被动向主动转变》，载《人民公安报》2004 年 7 月 6 日，第 7 版；刘正强：《关于公安督察制度的前瞻性思考》，载《法学杂志》2003 年第 1 期；王玉琪、张守恒：《从公安信访体制的弊端论警务督察机制的完善》，载《公安研究》2001 年第 7 期。

需要解决的问题不仅仅是这些。

（二）强化警务督察的理念和原则

警务督察必须从思想上克服一些错误观念，需要进一步强化下列理念和督察原则。

第一，督察是人文关怀和人权保障的结合。完善和强化警务督察，全面开拓警务督察工作新局面，必须确立“人文关怀”和“人权保障”两个工作理念。“人文关怀”是“以人为本”的思想和现代管理理论在警务督察工作中的具体反映和体现，更是现代警务督察工作的基本价值目标所在。“人文关怀”要求督察民警在工作中彻底改变“重管理、轻服务”的思想，牢固树立“有情执法”意识，注重人性化督察。人权是公民私权最基本的内容，是公民个人对国家和社会提出的正当诉求。“国家尊重和保障人权”写入《宪法》从而成为我国的基本准则和根本目标。保障人权就成为民警执法为民的重要基础。必须正确认识和处理打击犯罪与保护人权的关系，彻底改变以往“重打击，轻保护”的错误思想，强化“人权”理念，将人权保障作为全部工作的重中之重，既要防患于未然，又要及时发现和纠正执法中存在的“苗头”性问题，尽量避免侵犯人权现象的发生。“人权保障”是警务督察工作的重要历史使命，而且，民众呼声就是督察信号。①

第二，坚持“查纠与保护”并重的方针。警务督察是“啄木鸟”，更是“保健医”，警务督察制度体现了平衡论：既要“控权”，即依法对警察执法主体行使职权、执法执纪情况进行监督，防止权力滥用和腐败，维护公民、法人和其他组织的合法权益；又要“保权”，保障警察依法履行职责，维护警察合法权益，保证警务效率。② 坚持“查纠与保护”并重的方针，做到既敢于查纠问题，又理直气壮地维护民警执法权益。严肃执法执纪和热心维权服务，是督察职能辩证统一的两个方面，二者相辅相成，不可偏废。目前，全国32个省级公安机关均已成立“维权委”，并在警务督察部门成立“维权办”。把“监督就是关爱”体现到工作的每一个方面、每一个环节，充分履行事前、事中的监督提示作用，抓预防，抓苗头性、倾向性问题。同时，要认清“护短是贻害，揭短是关爱”，避免“关爱”变成“溺爱”。

第三，督察在先。树立“督察在先”的理念和工作原则。督察在先是警察

---

① 鞠旭远、孙莉：《理念的确立与制度的健全——对公安警务督察的前瞻性思考》，载《理论学刊》2005年第5期；沈宫轩：《让执法更透明——江苏公安警务督察工作纪实》，载《人民公安报》2004年12月30日。

② 朱建伟、王瑞明：《试用平衡理论探讨公安督察制度的几个问题》，载《公安大学学报》2000年第1期。

队伍建设的基本原则。注重事前、事中监督，监督工作前移，动态监督，以变应变、以动制动。保持与一线警察的经常性接触，由单纯惩戒向全面预防、教育、保护的方向转变，努力做到润物细无声、防患于未然。

第四，确立“教育在先”，体现“自治优先”，注重“细节管理”，贯彻督促、查纠、防范、保障相统一。从督察查纠执纪向督察各单位落实内部自律机制转变。由被动式、处置型、事后督察向主动式、预警性、事前事中督察转变，由传统式、粗放型、随意性督察向开拓式、集约型、效能型督察转变。专职督察与各警种部门的自我督导要产生良性互动。做好“三个不放过”，即投诉的问题没有查清不放过，民警没有受到教育不放过，整改措施不到位不放过的原则进行剖析教育。①

第五，“零投诉”作为努力目标，把投诉的正态降解作为依赖路径。“零投诉”是指一年内本单位和在编民警没有发生一宗有效投诉至领导机关查办，投诉至本单位自行妥善解决的除外，其目的就是要让基层民警学会主动去倾听民声，了解民意，真正做到执法为民。同时，要防止和避免“家丑不可外扬”的“面子工程”，投诉明降实升。

第六，发散思维，综合手段，探索督察规律，提高督察效能。警务督察也不是孤立的法律问题，法律问题不是孤立的，对督察对象可能存在和发现的问题及其预防治理的可能性、可行性进行全方位考察、运用综合手段进行预防和治理。比如，认清和处理好警务督察内部及其相关的各种公共关系。② 有学者认为，在警务督察制度中注重行政伦理建设不失为一条有效的路径选择。加强行政伦理建设，通过道德教化，使执法者走向文明、严格、客观、公正的执法道路。③

（三）警务督察体制改革

公安机关内部监督的职能机构中，除了警务督察以外，还有纪检、监察、法制、信访和审计等机构。这些机构存留与撤销，它们之间职能的调整与协调，是警务督察体制问题。体制问题是警务督察效能的决定和保障性因素。目前，警务督察体制中存在的问题，警务督察效能发挥的重要影响因素，其改革问题是需要

---

① 刘佩锋：《论警务督察制度完善之行政伦理制度安排》，载《人民公安报》2006 年 11 月 25 日，第 7 版；吴小虹：《完善警务督察管理的几个方面》，载《森林公安》2006 年第 1 期。

② 比如，摆正警务督察工作中“小数”与“整数”的关系，“虚数”与“实数”的关系，“负数”与“正数”的关系，“已知数”和“未知数”的关系。参见李成军：《警务督察可借鉴数学理论》，载《人民公安报》2002 年 4 月 23 日，第 7 版。

③ 刘佩锋：《论警务督察制度完善之行政伦理制度安排》，载《人民公安报》2006 年 11 月 25 日，第 7 版。

研究的重要议题。

警务督察体制如何改革，目前的主要观点和做法是：

一是第二十次全国公安会议提出的在地市以下公安机关试行纪检、监察、督察、审计等部门合署办公，得到学者的理论支持，并认为警务督察的这种发展标志着新机制的出现。①

二是把警务督察从传统的隶属于各级公安机关内的监督，重新定位为独立于地方公安机关之外而直属于公安部的独立监督，或至少是独立于本级公安机关。应当表现为人事、财政经费和工作方法独立，督察机关的权威是不容置疑的。②

三是将纪检、监察部门作为外部监督力量，其人事、财权等与被派驻机关脱钩；将信访、举报等部门作为警务督察机制的信息情报部门并予以职能重设；剥离法制部门的执法监督职能，将其纳入警务督察职能范畴。③

四是按照公共选择理论的主要观点，在督察机构内逐步实现“党政分开”，实现“一长制”。公安机关内部长期以来实行的是“党组集体领导和首长负责相结合的制度”，督察机构也不例外，必须改革这种体制，在督察机构内部实行督察长负责制。④

前三种观点和做法是对警务督察公共关系角度基础上的体制调整，都属于改良型的思路和做法，对三者扬长避短就可以得到更为美好的改革设想。第四种观点是对现有警务督察组织内部的决策和责任机制的调整，这一点是值得肯定的。因此，笔者认为，把警务督察体制改革的目标应该定位为：一是将纪检、审计部门作为外部监督力量，其人事、财权等与被派驻机关脱钩；二是取消监察部门，职能划入督察部门；三是将信访部门作为警务督察机制的信息情报部门并予以职

① 黄菊良、胡永明：《加强执法监督是预防职务犯罪的关键》，载《上海公安高等专科学校学报》2006年第4期；王在山：《我国公安行政执法制度研究》，山东大学2006届法学硕士学位论文；吴小虹：《完善警务督察管理的几个方面》，载《森林公安》2006年第1期；刘雪屏：《公安机关执法监督问题探析》，载《云南警官学院学报》2006年第1期；陈河北、胡春丽：《警察权程序控制问题探究》，载《福建公安高等专科学校学报》2005年第6期；谢生华：《论警察权的监督机制》，载《甘肃政法学院学报》2004年10月（总第76期）；胡杰：《减少监督成本提高监督效率》，载《人民公安报》2004年5月22日，第1版。

② 刘佩锋、高山：《论中国公安督察的路径选择和制度设计的价值预设》，载《公安研究》2006年第6期。

③ 王瑞丰：《论警务督察制度的规范化建设》，载《河南公安高等专科学校学报》2006年第5期；刘正强：《关于公安督察制度的前瞻性思考》，载《法学杂志》2003年第1期；王玉琪、张守恒：《从公安信访体制的弊端论警务督察机制的完善——兼论如何建立公安监督体系的“外转内”工作机制》，载《公安研究》2001年第7期。

④ 匡阳：《浅谈警务督察管理体制的创新》，载《铁道警官高等专科学校学报》2006年第4期。

能重设；四是剥离法制部门的执法监督职能，将其纳入警务督察职能范畴，增加法制部门的执法仲裁职能，对督察中的执法分歧进行公开裁决；五是警务督察工作实行督察长责任制。警务督察作为本级的内部职能机构不变，督察不宜于与纪检、审计部门合署办公。在此基础上，把警务督察体制向公安机关以外的警察机关延伸。

（四）推进警务督察效能机制

警务督察效能是公安机关警务督察部门督察理念、督察方式、督察措施、督察手段、督察质量、督察效率、督察效果等在实施警务督察过程中的综合反映。在现有警务督察体制的基础上，提升督察效能，充分发挥其“督查、防范、服务、保障”的作用和优势。督察部门必须建立健全下列机制：

第一，打铁先要自身硬，健全督察教育培训机制。俗话说：“打铁先要自身硬”，己不正，不足以服人；己不强，不足以管人。只有抓好督察队伍政治、业务等方面的建设，努力提高督察民警的自身素质，才能有效地提高督察工作的质量，真正树立起警务督察部门的监督权威。督察职能作用主要是通过督察民警的日常工作来实现的。完善自身制度建设，促进督察整体水平的提升。抓好以下三方面的工作：一是注重素质培养，充分发挥党组织核心作用。二是坚持理性思考，充分发挥分析研判能力。三是注重岗位练兵，充分发挥整体工作能力。①

第二，领导率先垂范，健全领导干部督察机制。警务督察部门要坚持“治警必先治长，治长务必从严”的原则，树立督察无禁区的思想，切实建立健全一套严格规范、制约有效的领导干部督察机制。实现督察重心由“督警督事”向“督官督权”的拓展延伸，保障领导权和决策权的正确行使，促进警务督察效能的提高。

第三，预警为本，健全督察信息研判机制。开创预警机制，要定期和不定期地对公安队伍的现状和公安工作的开展进行整体分析、综合评估，建立具有较高参考价值的数据库，找出易发生问题的环节、部位和重点人员；找出督察的盲点、热点、难点。及时、准确地向决策者和队伍管理者提供预警信号，督察前移，力争将问题解决在萌芽、隐患消除在初始，实现督察方式从常规、被动督察向超前、主动督察转变。

第四，科学规范，健全督察权力运作机制。做好以下几个层面的工作，一是在警务督察工作整体上处理好几组关系，主要是领导重视警务督察工作与提高督察民警素质、警务督察工作点与面、监督防范与服务保护、督促落实与绩效考

---

① 孙凯、史君：《找准切入点拓展警务督察工作的新内涵》，载《上海公安高等专科学校学报》2006 年第 2 期。

核、优来优走与督察工作长远发展。二是对警察行为进行分类研究。[1] 三是讲究方法，增强督察效果。四是警务督察系统必须在遵循行政执法公开、参与、便民原则的基础上，从增强程序观念、加强对违反程序规定的监督和追究等方面来培育警务督察人员的执法程序化观念，从而使我国警务督察真正体现法治特性。[2]

第五，程序正当，健全督察内容深化机制。推进督察程序建设，推动督察方向由粗犷向精确转变，督察目的由纠现象向纠根本转变，督察层面由基层向机关和基层兼顾转变，督察内涵从查纠到查究和宣扬相结合转变。认真审视当前督察工作现状，实施精确分析，主动参与并渗透到公安业务、执法中去，实施精确督察，保证监督准确到位。以准确数据做支撑、以典型案例做警示，找准问题症结，实施精确指导，切实解决执法执勤中存在的问题。不仅要及时发现和纠正工作部署不落实、执法不作为等问题，更为重要的是，要针对问题追根溯源，实现纠防并举。

第六，律人先律己，健全违法违纪惩治机制。“法严则人思善，治弛则物生恶”。警务督察工作是一项原则性较强的工作，受督察的对象都是公安机关内部的事务和本部门的同志，包括督察者本身，没有强有力的组织支持就难以打破情面，难以顺利开展工作。健全督察督办机制。要逐步健全领导督办和督察专办有机结合的督察督办机制。坚持一级抓一级、一级负责一级，实行过错追究制、倒查追究制和问责追究制。

第七，注重督察艺术，健全策略导向机制。督察工作要实现自我发展与跨越，必须善于用发展的观点和辨证的方法认识问题、分析问题、解决问题，在工作方法上求实、求活、求变，做到督之有“方”，察之有“略”。要转变单纯查处观念，注重纠建并举；要科学运用督察手段，力求灵活多变；要注重督察结果的运用，突出跟踪整改。解决好督察能力和督察水平不过硬，督察方法单一，不会督、不敢督、督不深、督不透，致使督察工作表面化、简单化、单一化等问题。

第八，兼职“啄木鸟”和“护林人”，健全保健双重机制。履行好“双重”职责，警务督察既要当“保健医”和“啄木鸟”，同时又要当“护林人”。要在“勤”、“善”、“勇”、“敢”四字上下工夫，确保督察工作落到实处。“督促、查纠、防范、保障”是督察工作的基本职能，敢于把影响队伍建设的“害虫”毫不留情地揪出来。同时，切实维护民警的合法权益，为民警严格执法撑腰壮胆。

---

① 关于督察行为的分类，可参见缪金祥、范颖华、朱坚：《警察职务化犯罪与警务督察机制》，载《湖北警官学院学报》2006 年第 2 期。

② 缪文升、汪海霞：《关于完善我国警务督察程序理念的法哲学思考》，载《山西警官高等专科学校学报》2006 年第 4 期。

原公安部督察长祝春林曾说："督察警来自于警察这个英雄的群体，面对这样一支始终保持忠诚政治本色的队伍，一定要把民警看做自己的同志、战友加手足兄弟，怀着深厚的感情去开展工作。"

第九，以公平正义为核心，健全督察绩效考评机制。"赏不可虚施，罚不可妄加"，构建督察质量控制体系：从职能作用看，建立健全督察查纠的督察质量控制、保障服务督察工作的质量控制、防范制约督察工作的质量控制和参谋协调督察工作的质量控制。从职能分工看，建立健全督察基础工作的质量控制、现场督察工作质量控制和受理投诉工作质量控制。①

第十，提高科技含量，健全督察网络机制。舍得花眼前小量有形"票子"，换回不可估量的无形和有形"票子"。依托公安局域网，建成接报警电话录音系统，对报警电话同步录音、同步存储、同步备份。利用计算机与局域网建成内部管理视频系统，在基层所队和窗口单位的讯问室、候问室、报警接待室和接待办事大厅安装摄像探头，实现实时录像、存储；督察部门与协同办案系统建立链接，建成网上执法督察系统，对办理案件的程序、质量和涉案物进行随机、跟踪和有针对性督察。将公安部研发的系统纳入网上督察系统之中，对警务督察公文流转、现场督察立项等工作实行计算机管理，建成督察信息管理系统。为确保督察成果，建立与警务督察信息系统和在线练兵、警务数字化协同系统、信息指导平台、报警录音系统的链接，公布投诉电话和相关网址，简化部分窗口运行的操作程序，使操作更加方便快捷。通过制定详细的工作流程和工作规范，积极探索督察工作标准化。开设网上"督察提示"，及时发布履行职责、行使职权、遵守纪律和内务管理等方面存在问题和不足提出整改的信息，增强督察工作的预警性，体现人性化督察。

第十一，督促整改，健全督察结果运用机制。建立健全督察成果运用机制，有效督促问题整改是提升警务督察效能的关键。要积极研究和探索督察成果的运用机制，加强督察成果的运用和转化，充分发挥督察成果在公安机关抓队伍、促业务中的重要作用。

第十二，全方位督察公开，健全信息快速反馈和保障机制。要继续深化"110"受理群众举报投诉联动机制和重大督察事项报告制度。要积极利用公安内部网，不断完善和加强督察信息专报制度，增强督察信息的可用性和实用性，提高指导和决策督察工作的能力和水平。做到件件有回音，事事有着落。

第十三，整合力量，健全督察组织协调机制。在现有督察体制短期内难以改变的情况下，需要健全督察组织协调机制，扬长避短，避免和减少内部损耗，形成积极合力。明确组织协调的内容、范围、形式和程序，有效整合内部监督资源

---

① 李载平：《构建警务督察工作质量控制体系》，载《公安研究》2006 年第 6 期。

和监督力量，进一步理顺与纪检、监察、信访、审计、法制等部门的关系，进一步完善监督工作机制，优化运作机制。

第三节 警务公开

近些年，政务公开已经成为世界性潮流，截至目前，全球已有40多个国家颁布了统一、完整的信息公开法，30多个国家的相关法律也在制定之中。① 政务公开与警务公开是种属关系，但是，警务公开与其他政务公开相比，从理念、制度设计到机制运行，都是最难的，警察系统内外公认程度欠缺、各方冲撞明显，在被动状态下推出的有限制度最难以实现，也正是警察权自恰机制的主要阻碍因素，需要成为警察权自恰机制建设的重点。

一、警务公开的价值

警务公开的价值，首先反映的是警察机关及其工作人员与社会大众和权利人的关系，揭示的是国家推行警务公开的动机和目的；其次，表示警务公开所具有

---

① 随着我国依法行政工作的进展，政府信息公开原则正在被逐步具体化为各项法律制度。从近年来法制建设的发展脉络看，1988年6月1日开始实施的《村民委员会组织法（试行）》首次写入了村财务公开的内容。1998年《村民委员会组织法》确立了村务公开制度。但村务公开不属于政务公开，随后的警务公开和检务公开等信息公开都是政策在推动。2002年1月，辽宁省沈阳市人大开历史先河，以《关于加强政府信息公开、保护公民知情权的议案》的方式，要求沈阳市各级政府公开政府行政程序和相关政务信息，建立“阳光下的政府”。广州市政府制定的《广州市政府信息公开规定》自2003年1月1日起施行，这是我国第一部为政府信息公开单独立法的政府规章。上海市政府制定的《上海市政府信息公开规定》自2004年5月1日起施行，这是我国第一部为政府信息公开单独立法的省级政府规章。上海市人大常委会修订后的《上海市档案条例》2005年1月1日开始实施，首次将政府信息公开的内容写入法规。广东省人大常委会制定的《广东省政务公开条例》于2005年10月1日起实施。省级人大为政府信息公开单独立法，在全国这是第一次。《政府信息公开条例》将于2008年5月1日开始实施，把我国政府信息公开法制建设提升为行政法规。《信息公开法》已经列入全国人大常委会五年立法规划。但是，仅仅作为行政法规的《政府信息公开条例》立法时间之长、困难之大、发布后的准备实施期限之长是其他立法之中罕见的。所以，学者指出，政府信息公开制度的建设，本身就是一场思想观念的革命，中国迈向政府信息公开时代需要突破观念壁垒，而观念的扭转不是一朝一夕的事。参见周汉华：《政府信息公开条例将带来六大变化》，载人民网时政栏目：http：//politics. people. com. cn/GB/1026/5398479. html；吴兢、黄庆畅：《中国政府迈向“信息时代”仍需突破观念壁垒》，载中国网新闻栏目：http：//www. china. com. cn/news/txt/2007～02/14/content_ 7829371. htm。

的对社会大众和权利人有意义的、可以满足人们需要的功能和属性。① 从内容上讲，下文的法律价值和中国核心价值的分析都是警务公开的特有价值，但是从产生价值上讲，行政公开都具有类似的机制。所以，在此分析基础上，进一步分析警务公开的特有价值，探索警务公开在内容和机制上都存在的具有特殊地位的价值。这里的特有价值分析，一是立足于警务公开是行政公开中最难的，而又比其他行政公开更迫切需要做的；二是主要体现在是与其他行政公开在价值内容、相互关系和产生机制等方面在程度上的区别。

在我国，可以把警务公开价值的认识提高一个层面，放在社会主义核心价值体系的层面予以认识。根据2006年中共十六届六中全会《中共中央关于构建社会主义和谐社会若干重大问题的决定》，社会主义核心价值体系包括四个方面的基本内容，即马克思主义指导思想、中国特色社会主义共同理想、以爱国主义为核心的民族精神和以改革创新为核心的时代精神、以“八荣八耻”为主要内容的社会主义荣辱观。这四个方面的基本内容相互联系、相互贯通，共同构成辩证统一的有机整体。以爱国主义为核心的民族精神和以改革创新为核心的时代精神，以“八荣八耻”为主要内容的社会主义荣辱观，就是大力弘扬民族优秀文化传统，积极借鉴人类有益文明成果，充分调动积极因素，凝聚力量、激发活力，进一步打牢全党全国各族人民团结奋斗的思想道德基础，形成全民族奋发向上的精神力量和团结和睦的精神纽带，为构建社会主义和谐社会提供重要保证。②

核心价值体系是警察权应该追求实现的目标和服务的对象，也是警察权运行的指引和内在决定因素。实行警务公开，才能体现出是在核心价值引导的轨道上运行，是警察权应然的运行的轨道，做到人民安居乐业和社会长治久安。警察权的特征，特别是对公民基本人权广泛和深入的强力影响，以及强烈的政治敏感性，使警务成败和效能良差，对马克思主义指导思想、中国特色社会主义共同理想、以爱国主义为核心的民族精神和以改革创新为核心的时代精神、以“八荣八耻”为主要内容的社会主义荣辱观这些中国核心价值的作用和意义，是一般行政可望而不可即的。

1987年提出了“稳定压倒一切”，稳定就是秩序的核心内容，稳定的直接决定因素，也是稳定的具体权力义务的载体，就是警务。

在中国，追根溯源，警务公开从出现之始，就显示出了明显的效益。1987

① 警务公开的价值分析，可参见张超：《警察权原论》，武汉大学2008届法学博士学位论文。

② 参见《建设社会主义核心价值体系六人谈》，载人民网理论频道：http://theory.people.com.cn/GB/49150/49152/5054976.html。

年，辽宁省本溪市石桥子派出所就有所谓的“立牌服务”，1988 年第 1 期《人民公安》在推介其做法时评价其意义有四：一是方便群众；二是便于群众监督；三是职责分明；四是加强警民关系。

1999 年，公安部决定在全国公安机关实行警务公开的背景，是 1998 年的政法队伍整顿效果不理想，需要建立一种阳光下的警务运作机制，把公安队伍建设推向纵深，并实现警务法治。警务公开便应运而生，它被认为适应了发展社会主义民主，健全社会主义法制，依法治国，建立社会主义法治国家的需要，可以起到方便民众、服务民众，推进公安队伍建设，从源头上杜绝和防止腐败，促进公安机关严格、公正执法，保障和维护民众合法权益不受侵犯的积极作用。实施警务公开以后所取得的阶段性成果证明：警务公开是正警风、得民心、树形象的“阳光工程”。

中国核心价值体系对警务公开的指导和意义，中国核心价值的现实提升对警务公开效果的依赖，是行政公开中最为明显的。

二、我国的警政理念革命

我国警政理念的革命，需要做好两方面的工作，一是建立成熟的理论作为指引，让研究者和决策者可以理直气壮；二是理论联系实际，提升警政理念。

（一）加强警务公开理论研究

理论是行动的指南。在我国，从 2000 年下半年开始，全国各级公安机关很少出台直接推动警务公开向纵深发展和制度建设的措施。① 一方面，在理论层面，一些人对警务公开及与之紧密相关的基本问题不清楚，存在太大太多也许本不该有的争议；另一方面，由于理论的匮乏，警务公开实践成了“没娘的孩子”，在徘徊，“逆水行舟，不进则退”，一些地方已经出现了不进反退的尴尬局面。加强和推进警务公开的理论研究之重要和迫切可见一斑。

警务公开的理论研究，包括对警务公开的理论支撑、警务公开的必要性、警务公开的社会历史文化背景、警务公开的基本理论、警务公开理论层面的制度设计、警务公开的国内外现状和发展趋势、警务公开的法律救济等方面进行全面、深入、系统的研究、探讨和争鸣。包括警务公开理论研究等警学研究，都需要大量的警务工作的第一手资料作为研究对象，否则，“巧妇难为无米之炊”。多年来，我国警学研究的发展速度未能驶上快车道和研究成果难以让人慰藉，应该说，与警务工作的神秘性和警务人员不适宜的保密观是分不开的。所以，加强警

① 值得一提的是，从 2004 年 1 月正式开始实施的公安机关新闻发言人制度。除了外交部新闻发言人制度以外，公安部和教育部是国务院组成部门中首先建立了新闻发言人制度的两个部门。

务公开的理论研究，在这里包含一个重要问题，就是要首先向警务公开理论等警学研究者全面公开警务，鼎力支持有关研究，为学者们提供尽可能的便利条件。警察机关领导以及一线民警都应当参与到警务公开等警察学理论的研究中来。应当大力推动警学研究成果与警务实践的结合，使这些科研成果真正成为警务工作的指南针、推进器。

（二）提升警政理念

现代宪政以人权保护为终极目的，就理所当然地决定了现代警政理念应以人权保护为核心，警务工作应以服务和保护人权为出发点和归宿。这与中国警察机关全心全意为人民服务的宗旨是一致的。基于此，服务、透明、程序化、公平、正义、有限政府、责任政府和诚信政府等宪政的理念和要求，都应当统领警政理念，落实到警务工作之中。

观念不是孤立的，也不是“无根之水”，它只是人的素质的一个方面，由人的素质所决定。中国几千年人治社会中占统治地位且目前仍大有市场的“用人第一，法律次之”思想和西方柏拉图《理想国》中“哲学王”统治的理论从一个侧面说明，在制定、实施、推进一项制度中，无论如何不可忽视人的素质和发挥的作用。在警务公开中，警察要有过硬的法律和业务本领，更要有对警务公开高度的认同感、保护公民合法权益的法律意识，从二者的关系和相互作用分析，素质是观念、意识的重要基础，在执法领域，一个知识涵养和文化修养低的人很难有先进的观念和前卫的意识，即便有这些观念和意识，因担心自己的业务能力不济，而会对其排斥。相反，素质较高的人比较容易产生较先进的思想，先进的思想才会指导先进的实践，先进的实践又会推动其增加知识的积累、执法水平的提高和执法观念的成熟、升华。俗话说得好：“打铁先得自身硬。”警务公开对警察的观念和素质要求都比较高，警察只有观念到位，才会心甘情愿地把警务公开工作做得彻底、到位，只有本领高强，才会有能力做好警务公开工作，缩小其实然价值与应然价值的差距。[1]

三、推进我国警务公开机制建设

推进警务公开机制建设的基础是建立健全权威的警务公开法律依据体系，这也是推进警务公开机制建设的关键。[2] 在构建警务公开法律依据体系的过程中和

---

① 有些具体做法，可参见孟富强：《一项推动公安工作和队伍建设的战略举措》，载《人民公安报　山东周刊》2003 年 5 月 8 日，第 11 版。

② 警务公开法律依据体系构建，可参见张超：《警务公开制度研究》，武汉大学 2001 届法学硕士学位论文。

构建以后，需要做好警务公开机制的以下工作：[①]

第一，明确、规范警务公开主体。警务公开的主体是警务公开工作的承担者和运作者。把某个警务工作公开的主体明确为某个警察机关或某个警察时应该体现以下基本要求。[②] 这几项基本要求是：合法；权力义务一致；合理；效能；平等；具体明确。

第二，扩充警务公开的内容。警务公开内容的扩展是推动警务公开建设呈现新局面的核心问题，可以从社会、社区和个案这三个层面对警务公开的内容进行界定和扩展。

第三，强化和完善警务公开的程序：[③]（1）警务公开的时间（时机）。对警务公开的时间的确定，可行的办法是确立一个原则作为指导，区别警务工作性质、划分警务工作阶段予以明确。对于原则的确立出现两种倾向的观点，一种是权利本位；另一种是权力本位。在我国确立警务公开的原则，我们比较倾向于第一种观点。[④] 确立原则之后，把警务工作分为六类：治安管理处罚；治安事件、治安灾害事故查处；刑事执法；[⑤] 抽象警务行为自作出之日起应迅速正式公布；重大案件事件实行定期通报制度；其他警务信息的公开时间应以不对权利人行使权利或维护合法权益产生消极影响为最低标准。（2）警务公开的期间。警务公开的适宜期间应依据警务公开的时间中对警务工作划分的阶段而定，在哪个阶段公开哪个阶段的警务信息，在每个阶段内再确定更适宜的公开期间；前后承接的阶段中，前一阶段应公开的警务而未公开或未能公开，应及时补救，在后一个阶段公开，由此产生的后果，依过错责任而定，但应举证责任倒置，由公安机关对相对人承担责任的过错负举证责任。（3）警务公开的地点。在我们参阅的资料中几乎没有提到有关公开的地点问题。我们认为，警务公开的地点也是影响权利

---

① 警务公开机制建设，可参见张超：《论警务公开的制度构建》，载《公安大学学报》2002年第5期。

② 这样做，一方面，可以为警务工作的具体公开主体奠定法理基础；另一方面，也是为了提高警务公开的实然价值，因为警务公开的主体是警务公开效果的重要决定因素之一，如果确立不当，会增加警务资源的消耗，加重民众为获取知情权和相关法律救济的负担，降低警务公开的实际效益。

③ 因公安工作的广泛性、复杂性与民众互动的多样性，而使程序性规范和要求多种多样。警务工作目标的实现要求警务公开等警务工作程序效力刚化，原则坚定，又要在此基础上给予一定的自由裁量权。

④ 注意，不是“打击违法犯罪，保护人民”，简单语序之别体现的是两种观念和两种警务战略，意味着谁是主角、谁是配角，意味着谁是目的、谁是手段。

⑤ 可以把它分为受理、立案、侦查三个阶段，侦查阶段对于犯罪嫌疑人还可以而且应当进一步细分。比如，可以将第一次讯问界分为两个阶段，也可以采取强制措施将其界分为两个阶段。

人权利（包括警务公开本身这一程序性权利）实现的一个重要因素。对警务公开地点的确定，可以考虑确定一个原则建立一项制度。这个原则是方便权利人，即公安机关最大限度地为权利人了解警务提供便利的条件。对于公安机关或执勤民警违法变更或设立警务公开地点给相对人造成损害的，应依法予以赔偿。[①]（4）警务公开的对象。警务公开的对象的确定在"警务公开的内容"部分就可以分析出来。一是社会层面，警务公开的对象就是社会大众。二是社区层面，警务公开的对象就是在该社区的所有公民、法人和其他组织。[②] 三是个案层面，警务公开的对象包括治安管理和处罚相对人，依法享有警务知情权的其他相关人员，刑事执法中的犯罪嫌疑人及其辩护人、被害人、翻译人员、鉴定人员、勘验人员、证人、依法享有知情权的与犯罪嫌疑人或被害人有关的人员。应该特别一提的是，不论按上述警务公开的内容分类属于哪个层面的警务信息，只要法律不禁止，都应该允许或者说欢迎大众传媒予以采访报道，使这些警务信息的公开对象扩展向全社会，推动警务公开的全面深入开展，并可成为树立警察机关诚信文明形象、对警务公开实施有效监督和权利人合法权益得以保障的重要途径。（5）警务公开的方式。警务公开的方式是指将警务公开的内容向社会、当事人或其他有关机关和人员公开的途径、方法和程序的总称。换句话说，就是警务公开的主体把警务公开的内容在合法、合理、科学的时间向警务公开的对象公开的途径、方法和程序的总称。警务公开的方式可以依不同的标准进行分类，除了常见的分类，还有一个非常重要的分类就是主动公开与依申请公开（也可叫被动公开）。[③]（6）警察机关进行警务公开的具体操作程序。警察机关进行警务公开

---

① 我们在警察题材的影视作品和小说、报告文学中有时可以看到这样的场面——当事人："你们抓我干什么？你们带我去哪里？"警察："少废话，到地方你就全知道了。"这里的警察行为最明显的问题，就是在适宜的地点没有告知当事人应当享有的权利，应属于程序违法。

② 这里的社区公民，包括其户籍所在地在此社区的公民，住所在此社区的公民，经常居住地在此社区的公民，在此社区有居所的公民，在此社区工作的公民，在此社区登记或居住或工作的流动人口（含暂住人口），在此社区治病、疗养的公民等与此社区存在一定法律关系的公民。

③ 之所以我们说这是一个非常重要的分类，是因为随着程序公正理念在法律规范和执法实践中的确立，应当主动公开而警察机关未主动公开或依申请才公开作以弥补，就会因为程序违法而导致与之相关的整个警务活动归于无效。比如，20世纪80年代末，曾轰动全中国的美国电视剧《神探亨特》，在亨特抓获一名重大犯罪嫌疑人时，激动之余，忘记了告知当事人"你有权保持沉默"，"你有为自己辩护的权利，也有请律师为你辩护的权利"，结果法官认为警察违反程序执法侵犯了当事人的诉讼权利，从而宣告当事人无罪释放。这种程序公正理念在西方发达国家是普遍现象。多年来，国内学者也一直强烈呼吁把这一理念引入中国的司法实践。

的具体操作程序由各级警察机关按警种、部门、岗位，依据有关的法律、法规、规章，本着方便民众、服务民众、便于落实、保障落实的原则，在广泛征求民众和警察的意见和建议的基础上予以制定，并且要在工作中建立有效的信息反馈、监督机制（如引入听证制度），不断地查漏补缺，提高程序的可操作性、实用性、服务性和高效性。（7）相对人等权利主体需要办理的具体手续及流程。它是指权利主体为了享有警务知情权，而需要办理的具体手续，以及办理这些手续的先后流程、办理地点和相关事宜。这里包括两种情况：一是本应警察机关主动公开的，但警察机关没有及时主动公开；二是依当事人申请才公开警务的。在这两种情况下，权利人需要通过什么途径、方法，以什么方式，找哪个岗位警察或具体哪位警察办理哪些手续来提出警务公开的要求，并在得不到满意的答复时应该如何进一步维权，确保警务知情权实现。

四、推进警务改革、增加资源投入、增强育警力度和实效性，提高警方的支付能力

在世界范围内，第四次警务革命的理念和实践已经处于成熟期，第五次警务革命正在孕育和发展之中，我国也在理念和机制层面反思和极力追求改革和提高。

在我国，作为警察执法主力军的200万公安民警，约占全体国民的15‰，民警的整体素质偏低，公安部曾言，至少有1/3的刑警不能胜任本职工作，① 存在大量的非执法主体，他们不符合公安民警条件，不能授衔。从公安机关的办公装备上看，“一张纸、一杆笔，口干舌燥问一天，抄抄写写到深夜”依然是普遍现象。②

我国的警务资源是典型的“稀缺资源”，而警务公开需要足够的高素质民警和一定的物力、财力作为基础，所以，实施警务改革、加大资源投入势在必行。实施警务改革，需要从警务指导思想、警务战略构想、警力配置、警务战术运作和警务评价标准等各个方面对警务工作进行“伤筋动骨式的改革”。直接增加人、财、物等资源的投入是必要的，但就我国国情而言，是有限的，且有较长的周期，所以，在争取财政加大支持进行“开源”的同时，更直接、更能立竿见影的办法是通过警务改革、增强育警力度，进行“节流”、“挖潜”，实现“无增长改善”。在培育警察人力资源方面，主要是做好两个方面的工作：一是把好

① 鲍遂献：《更快、更严、更实、更高——中国公安改革备忘录》，载《人民公安》1998年第19期。

② 张超：《固本强基、依法治国，实现社会长治久安》，载《当代法学》2001年第6期。

"入口"，夯实"地基"。从2003年起，全国所有的省、自治区、直辖市都开始实行省级统一招警考试。但是，作为一项制度和相关的配套制度需要加快建设。2009年开始在全国试点的公安院校招录培养体制改革，在摸着石头过河中积极推进，有望打开警察人力资源培养的新天地。二是固本强身，培养"后劲"，实现警力资源的"可持续"释放。目前，我国公安民警的整体素质有待提高。一方面，现有民警的素质不是一次能够提高到位的，更重要的是另一方面，知识更新在加快，公安工作面临的形势变化莫测，日新月异，公安民警需不断"充电"才能赶上形势。所以，在职民警的培训应作为一项重要制度予以建立、完善和有效实施。[①]

五、改革和加强奖惩等制度和机制建设，坚决克服形式主义

要采取有力措施，加强制度建设，完善和有效启动奖励、激励和错案责任追究等机制，努力克服形式主义。特别是要不断地完善公安机关依法实行警务公开的内外部监督制约机制，落实公民、法人和其他组织依法享有的警务知情权等权利的救济制度，并采取积极有效的措施，逐步拓展权利救济途径。要让警察认识到，要取信于民、让民众切身体会到：警务公开不是一个形式，更不是花架子，[②] 而是警察队伍立警、树立警察机关良好形象、推进警务法治建设、全面服务民众、实现社会长治久安的根本性战略举措。[③] 在我国，开创警务公开的全新局面，将会使警察队伍和业务建设的面貌焕然一新，从根本上打破被动的工作局面，强力推动警察队伍和业务建设大步迈上新的台阶，完成警察机关神圣的使命！

第四节　警务控申研究

一、警务控告申诉概述

警务控申，包括了控告和申诉。控告、申诉和信访，是我国权利人对权利进行保护和救济的传统方式的称谓。控告，一般是指机关、团体、企事业单位和个

---

① 目前的民警培训，在观念、时间、装备、经费上都难以有效保障，形式主义比较严重，需要强力扭转。

② 有学者提出，把警务公开和警察队伍建设同部署、同落实、同考核、同奖励、同纳入警察机关量化考核范围内。参见徐小琴：《谈警务公开》，载《政法学刊》2000年第3期。

③ 马力：《警务公开研讨会论文观点综述》，载《警察学研究》2001年第4期。

人向司法机关揭露违法犯罪事实或犯罪嫌疑人，要求依法予以惩处的行为。[①] 申诉，是指公民或者企事业等单位，认为对某一问题的处理结果不正确，而向国家的有关机关申述理由，请求重新处理的行为。信访，是群众来信来访的简称。指人民群众致函或走访有关部门，反映情况，并要求解决某些问题。简言之，指群众通过信函或面谈的方式反映问题。警务控申与信访，是指民众认为警察机关或者警察的执法行为危害了或者威胁到自己的或者其他应该保护的合法权益，向警察机关提出控告、申诉或者进行信访，要求警察机关依法行政、保护相关权益。控申和信访是我国传统社会形成的法文化，是警务相对人权利保障和救济的常用路径，包括警务控申与信访在内的各类控申与信访案件事件，近年来，每年都在千万起以上。[②]

申诉分两种：一是诉讼上的申诉，是指当事人、被害人及其家属或者知道案件情况的其他公民，认为人民法院已经发生法律效力的判决或裁定有错误，向人民法院或者人民检察院提出要求依法处理，予以纠正的行为。二是非诉讼上的申诉，是指公民或者企事业等单位，因本身的合法权益问题不服行政部门的处理、处罚或纪律处分，而向该部门或其上级机关提出要求重新处理，予以纠正的行为。第二种含义的申诉，随着法学研究和法治建设的进步，已经被"行政复议"一词所取代，这一含义的"申诉"停止作为执法监督和权利救济的法律概念予以使用。2006 年 3 月 1 日以前实施的《治安管理处罚条例》使用"申诉"；[③] 1990 年国务院《行政复议条例》颁布实施；1999 年《行政复议法》颁布实施，"行政复议"在法律文本层面取代了第二种含以上的"申诉"；2006 年 3 月 1 日开始实施的《治安管理处罚法》取代了《治安管理处罚条例》。在警察法体系中，"行政复议"正式全面取代"申诉"，[④] 在其他一些单行警察法和附属警察法中，已经比较早地开始使用"行政复议"。

---

① 李建明：《关于刑事诉讼参与人控告权保障制度立法的思考》，载《法商研究》2008 年第 5 期。

② 参见：《中国法律年鉴》，中国法律年鉴社出版 2011 年版。

③ 《治安管理处罚条例》第 39 条规定："被裁决受治安管理处罚的人或者被侵害人不服公安机关或者乡（镇）人民政府裁决的，在接到通知后五日内，可以向上一级公安机关提出申诉，由上一级公安机关在接到申诉后五日内作出裁决；不服上一级公安机关裁决的，可以在接到通知后五日内向当地人民法院提起诉讼。"第 40 条规定："对治安管理处罚提出申诉或者提起诉讼的，在申诉和诉讼期间原裁决继续执行。被裁决拘留的人或者他的家属能够找到担保人或者按照规定交纳保证金的，在申诉和诉讼期间，原裁决暂缓执行。裁决被撤销或者开始执行时，依照规定退还保证金。"

④ 《治安管理处罚法》第 102 条规定："被处罚人对治安管理处罚决定不服的，可以依法申请行政复议或者提起行政诉讼。"

公安机关是警察机关的窗口和主力军，对警务控申与信访的研究、取得的成果及其与法治建设的发展轨迹和进步，可以从公安机关的相关法治警务建设中窥其一斑。比如，1995 年发布实施《公安机关受理控告申诉暂行规定》，2005 年取而代之的《公安机关信访工作规定》。

1995 年，《公安机关受理控告申诉暂行规定》发布实施，规定，公民、法人和其他组织对公安机关和人民警察的违法失职行为，有权依照有关法律、法规和本规定向公安机关提出控告和申诉，并有权要求公安机关在规定期限内给予答复。公民、法人和其他组织在控告、申诉活动中应当对控告、申诉的真实性负责，不得捏造和歪曲事实；应当自觉遵纪守法，维护社会秩序和工作秩序。公安机关依法保护控告、申诉人的合法权利，对公民、法人和其他组织依据本规定提出的控告和申诉都应当接受，不得置之不理或者敷衍塞责，不准将控告材料转给被控告人；不准对控告、申诉人歧视、刁难和打击报复。公安机关保障控告、申诉活动的正常进行，对于控告、申诉活动中的违法行为应当及时制止，依法查处。公安机关受理公民、法人和其他组织对公安机关和人民警察的违法失职行为的控告和申诉。①

《公安机关受理控告申诉暂行规定》分章对控告的管辖和受理、申诉的管辖和受理进行了比较详细的规定。随着法学研究的深入和法治建设的发展，该《规定》需要修改和推进。2005 年上半年公安机关“大接访”以后，废止了《公安机关受理控告申诉暂行规定》，在《信访条例》的基础上，发布实施了《公安机关信访工作规定》。对公安机关信访工作的总则、信访工作机构及职责、信访事项的管辖、信访事项的办理、信访事项的管督办作出了系统的规定。②

二、控告、申诉现状及其成因分析

（一）控告、申诉的现状

全国人大信访局每年受理的信访案件就达到 10 万件，最高人民法院每年处

① 《公安机关受理控告申诉暂行规定》第 4 条规定：“公安机关受理公民、法人和其他组织对公安机关和人民警察下列违法失职行为的控告和申诉：（一）对属于本机关管辖范围的案件拒绝受理或者受理后拖延不办的；（二）无正当理由对依法提出的复议申请拒绝受理或者不予答复的；（三）人民警察玩忽职守致使他人人身、公私财产或者公共利益受到损害的；（四）在执法活动中违反法定程序或者滥用职权、刑讯逼供、徇私舞弊的；（五）认为公安机关做出的处理决定或者检验、鉴定结论违背事实或者违反法律、法规的；（六）认为公安机关和人民警察有其他违法失职行为的。”

② 《公安机关信访工作规定》，中华人民共和国公安部令第 79 号，2005 年 7 月 26 日公安部部长办公会通过，2005 年 8 月 18 日发布实施。

理的来信来访案件已经超过15万（人）次，至于全国各级信访部门每年受理的信访案件总量，最保守的估计也不会少于1000万件。[①] 这还不包括到各级各类大众传播媒体反映情况和“告状”的。而在这近乎天文数字的信访案件中，大部分都属于涉法上访。[②] 随后公布的官方统计数字证实了这一媒体记者的调查估计。[③] 全国人大和国务院信访部门的有关负责人表示：80%以上反映的是改革和发展过程中的问题；80%以上有道理或有一定实际困难和问题应予解决；80%以上是可以通过各级党委、政府的努力加以解决的；80%以上是基层应该解决也可以解决的问题。但是，现状表明，信访问题是一个积重难返而又需要紧急缓解的社会问题和法律问题。[④]

上访，对于个人而言，绝大部分是诉说冤屈；而对于一个国家而言，上访则是反映社会矛盾的“晴雨表”，涉法上访更具体的反映出立法、执法、司法水平和公民对立法、执法、司法的认可和接受程度。如此天文数字的信访案件，可见我国的社会矛盾和立法、执法、司法水平之一斑、问题之严重、解决之迫切和现有解决机制之捉襟见肘；从另一个角度讲，广大人民群众对党和国家之信赖、之倚重，盼望解决问题之殷切。如果立法、执法、司法水平不能有效提高，建立长效妥善处理机制，把握主动权，使如此天文数字的信访案件“消肿”，将如此之多的社会矛盾及时得到缓解，那么，就会丧失有利时机和主动权，国家就会产生严重的“消化不良”及其并发症，或者信访案件在问题没有解决的情况下被迫或自动“消肿”，其后果都要比现在糟糕的多，中国共产党的执政地位、人民的

---

① 郭国松：《审视信访》，载《南方周末》2003年11月13日。有人可能会说这个数字不能代表信访的真实数字，存在严重的“水分”，因为存在严重的“一稿多投”问题。我们认为，第一，尽管从全国范围内看，存在严重的“一稿多投”问题，但能够达到如此数字，也可见信访案件根基数量之巨大。第二，不看总量，仅看全国人大信访局每年受理的信访案件就达到10万件，或看最高人民法院每年处理的来信来访案件已经超过15万（人）次，这些数字已经足够庞大了，这里面的“一稿多投”问题应当可以忽略不计吧。第三，数量达到如此程度，关注数量本身已经不重要了，重要的是探究问题的根源，寻求“消肿”治本之策。参见中国法律年鉴社每年出版的《中国法律年鉴》提供的数字更是有力的证据。

② 据全国人大信访工作经验交流会透露，从全国人大信访内容来看，来信中约34%、来访中约75%属涉法问题。

③ “据官方统计，中国去年全年信访超过1000万件。国家信访局局长周占顺在去年接受《半月谈》采访时也坦陈：信访活动目前相对活跃，统计1993年群众来信来访总量开始回升以来，信访数量上升现象已持续10年。”赵凌：《国内首份信访报告获高层重视》，载《南方周末》2004年11月4日。

④ 在互联网上以“信访”和“80%”作为检索词，可以搜索到10万条以上相关信息的报道。以“信访”作为检索词进行搜索，可以得到300万条以上相关信息的报道。简单浏览这些信息，就可以看到信访的社会现状和法律问题的概况。

安居乐业、国家的长治久安、“依法治国”的进程如何，恐怕都不堪设想！笔者认为，既然涉法上访最直接和更具体反映的是立法、执法、司法水平和公民对立法、执法、司法的认可和接受程度。那么，首先就应当结合公民对法律的需要审视和探讨我们的法律制度，探索建立妥善处理涉法上访的长效机制。希望我们的努力能够起到杯水车薪、抛砖引玉之效。

（二）涉法上访问题难解的成因分析

“治病救人”的关键首先是通过“望、闻、问、切”，了解“病情”，查到“病因”，然后对“症”下“药”。目前的信访存在着“两多”现象：一是信访机构繁多、庞杂。从中央到地方，各级党委、人大、政府、公、检、法以及相关的职能部门，均设有信访接待机构。而且信访部门职能与相关部门存在比较严重的交叉。二是信访数量大。与“两多”现象相对应的却是另一种局面。《瞭望》周刊的报道说，大部分信访事项有头无尾，不了了之，与庞大的群众信访量相比，信访立案数只是一个相当小的数字；“对上访群众来说，反映的问题要被立案就跟买彩票中彩一样难。”“群众投诉到人大的大部分案件，在没有任何监督措施和处理意见的情形下层层转办，然后被不明不白地‘消化’掉了。许多上访群众反映说，人大的信访机构就像‘第二邮局’。”① 不仅人大的信访机构如此，其他的信访机构也基本上是一样的。庞大的信访机构、天文数字的信访案件和低效率的处理，这样的结果就会产生“马太效应”，形成恶性循环，信访案件数字就像只气球被“吹”得不断膨胀，胀破之时就是超过社会承受能力之时。

那么，为什么会形成目前这种状况，并且还在进一步恶化呢？

从社会大环境看，这是一个走向权利的时代，民主制度的发展和依法治国的实施势不可当，广大公民的权利意识正在逐渐觉醒。从上访的主体上看，尽管他们大多是来自社会的最底层，但他们有和电影《秋菊打官司》中“秋菊”一样的朴素的对权利的诉求和对“死理”的执著。如果权利救济的渠道不畅，矛盾的社会化就势不可当，已经出现并引起广泛关注的农民的有组织抗争就是典型表现。这是现在上访问题比过去大量增加的一个重要社会根源。

在法治社会，司法机关为公民提供的是真正有效的、最彻底的、最主要的和最终的救济。但是，中国的司法救济体系目前非常薄弱、滞后，使得司法机关不仅难以吸纳、解决矛盾，甚至把大量地方性的、部门性的，并且大多数都是很小的争端推向社会，推向党政部门，推出本地，导致大量的公民到省城、北京上访。千百年来，盼望遇到“包青天”为民做主，是被儒教文化浸透的深植于中国国民骨子里的一个传统。这种文化沿袭至今，便是上访鸣冤。中国的法治还没

---

① 赵东辉：《信访的体制瓶颈亟待突破》，载《瞭望》2003 年第 40 期。

有建立权威，老百姓不相信法律，只好去寻求人治，这是中国的老百姓几千年来的习惯。我们现在有一个最大的误区，那就是老百姓在权利被侵害后习惯找领导，领导也喜欢批示，再加上媒体的渲染，更强化了老百姓相信上访而不相信法院的观念。有学者认为，虽然上访者获得高层首长亲自接待或直接批示的机会微乎其微，但是，这种偶然性的救济机会仍会给他们带来一线微弱的希望，也正是这种尽管很微弱的希望起着社会安全阀的作用。

推进信访制度建设，对“症”下“药”，需要对信访制度的两个基本问题予以认真分析。

第一，关于信访机关的法律地位问题。一种观点认为，应当制定《信访法》，加强信访部门的权力。另一种观点主张取消信访机关，理由是这个部门没有发挥调节社会矛盾的作用，搞乱了法治建设。司法系统的人士还提出，只有同级人大及其常委会才有权依照法定程序对司法进行监督，法院不可能凭信访部门的意见和领导的批示立案、再审。有关人士呼吁：如果信访部门行使权力符合法律的规定，就将其纳入法律框架内，否则就撤销。

也有学者走的是“中间道路”，认为，从严格的法治角度讲，这种将权利救济的希望寄托在诸多偶然因素尤其是首长的指示上、扬人治抑法治的上访制度，是法治的“敌人”；但对于偏重程序正义的法律救济来说，信访救济又是一种替代性纠纷解决方式，对于某些在当地投告无门的上访者来说是一个可能的出路，对于被司法不公困扰的社会是一个必要的安全阀和矫正机制。因此，信访又是法治的“朋友”。

第二，关于信访部门的职权问题。要发挥信访部门的作用，必然要赋予信访部门相应的权力，那么，这个权力属于什么性质呢？它与相关机关执法权力的关系是什么？与司法的终极性权力又是什么关系呢？如果认为信访部门的工作性质本身与法治精神相悖，担心它会变成另一个司法机关而不给它权力，那信访部门又如何存在呢？而如果没有信访机关，这么多的社会矛盾让老百姓到哪里诉说？

上访实际上涉及公民权利救济问题，这就需要确定是否将信访工作纳入权利救济体系。现在的信访是过去长期以来以行政方式治理国家的一种非常救济手段，这种救济的方式具有以下几个特征：首先，它不是一个专门的机构，更不是司法机关，而是在各级国家机关内部设立的一个部门；其次，它处理问题的手段主要是受理并接待群众的来信来访，但并不保证信访中所反映的问题能够解决，有的甚至连程序都进入不了；最后，根据“归口管理，分级负责”的信访规定，群众反映一级国家机关的问题，最终还必须回到这一级国家机关去处理，这使得很多上访者只能循环往复地不断到上级上访。

越来越多的上访案件，使得信访部门有限的权力、效率与老百姓获得救济的愿望之间存在很大的矛盾，再加上信访工作带有明显的人治色彩，单靠它自身的作用，根本无法解决今天错综复杂的社会矛盾。

很多学者认为，要解决上访问题，首先是挖掘现有的司法潜力，应当由法院受理的案件，法院必须受理。同时，要结合时下正在酝酿的司法体制改革，扩大法院受案范围，将一切行政行为纳入司法审查的范围，并且规定法院无法定理由不得拒绝受理案件，否则，应当追究法官乃至法院领导的责任。在司法救济体制上，可以借鉴英国“衡平法院”的做法，在普通法院体系不能给公民提供有效的救济时，建立一套特殊的司法救济程序，或者叫做“权利救济法院”。遇到普通的程序解决不了的案件，可以向省级“权利救济法院”起诉，还解决不了，就上诉到最高法院的“权利救济法庭”。近年来，高举司法改革大旗的学者都在呼吁：要让司法拥有足够的权威，保障它独立、中立以及良好的法官素质，这样才能使公民的权利救济渠道畅通。

也有学者呼吁建立类似国外的督察专员制度，由中央直接管理，派往各省。对于群众的控告，属于案件性质的，可以帮助上访者启动司法、行政复议等程序，对腐败问题，可以转交中纪委、监察部等部门处理。督察专员本身没有裁决权，也不干预法院审判，他可以向人大、政府等部门建议，修改相应的法律、法规以及政策的调整等。

一些学者提出，应当“洋为中用”，建立现在世界颇受青睐的申诉专员制度。但是，如此一来，就要改变整个信访的受理范围。因为申诉专员制度受理公民投诉的内容仅仅限于失当的行政行为，其范围要远远小于现行信访制度几乎无所不包的受理范围；而且申诉专员在调查处理中的权限和案件运行程序等方面与我国现行的信访制度中相关内容相差比较大。所以，即便是建立现在世界通行的申诉专员制度并且能够充分有效地发挥作用，只能会比较好地解决针对失当行政行为上访的救济问题，而不能解决涉法上访的救济问题。

综观我国现状，在这样一个法治精神依然薄弱、人治传统依然强大的社会中，应该更多地强调对司法救济制度本身的完善，而不应过分强化信访救济这种非司法救济手段。不过，也正是因为建设法治社会是一个极其漫长的过程，当用尽司法救济仍无法获得权利保障时，当司法腐败导致人们丧失对司法的信心时，我们仍然必须为人们保留将信访作为“底线救济”的权利。

（三）推进涉法上访解决机制建设

基于以上的分析，笔者认为，对于现行的信访体制和运行机制应当进行“伤筋动骨式”的改革，才能够建立妥善处理涉法上访的长效机制，为构建和谐社会奠定良好的基石。

第一，在信访的组织体制上，明确信访部门的法律地位，彻底改变现在机构庞杂、部门林立、职能重叠的状况。只在人大、政府和检察院设立信访组织系统，政府各部门、人民法院和其他所有公共职能部门设置的信访组织系统予以撤销。如此设置，是根据人大、政府和人民检察院的性质和法律地位决定的。人大是国家权力机关，代表人民行使国家权力，所有代表都是依法选举产生，是民意的代表和化身，是联系人民的纽带，“一府两院”由它产生、对它负责。这里自然应当有人民“说话的地方”，这里自然应当设置信访部门、建立公民的利益表达机制。检察院是法律监督机关，负责监督法律的实施，监督所有部门和人员执行法律的情况，并依法进行处理。所以，检察院应当视信访为重要的启动法律监督的信息来源，自然应当在检察院建立监督法律实施的信访组织系统。政府是法律执行机关，但并不是一种完全的法律保留，法律授予政府大量的自由裁量权。政府行为超越法律由检察院进行法律监督，在法定的自由裁量权以内如果行为失当时，考虑到政府执法行为的专业性、政府效率、救济效率和实施成本等内容，在政府系统内部建立信访组织系统，负责对政府及其部门的失当行政行为影响的公民权利进行救济。

第二，关于信访部门的职能和权限问题。上述设置的信访组织因其所在的部门的性质和法律地位就已经决定了其所应当具有的职能和权限。

人大作为国家权力机关，主要职能是立法，产生国家执法、司法机关并对其产生的国家机关的执法、司法活动进行监督，需要强调的是，人大的监督更多的属于政治制度安排，不直接介入执法、司法活动，而主要表现为以提案的形式向有关机关就事件有关问题提出质询，对相关部门的办理情况进行评议，对有关部门和人员进行组织处理或依法提出处理意见。所以，人大系统信访组织的职能应当定位是全面接待各类信访案件，对于属于本级人大职责范围内的依据人大监督职能和程序进行处理，对于不属于本级人大职责范围内的应当告知信访人到有职责接收该信访的机关。检察院依据其法律监督机关的职责设立的信访组织，其职能就是处理涉法上访，充分发挥法律监督机关的职权依法处理信访案件。政府系统的信访组织借鉴世界上颇受青睐的申诉专员制度，专司处理因失当的行政行为引起的信访案件。强调一点的是要建立完善的权、责、利、效相统一的法律制度和运行机制。所有的信访案件不能出现泥牛入海的后果。

第三，完善现行的行政复议制度。目前，完善行政复议制度重点是要做好几项工作：一是增强法制部门的独立性和权威性，一律确定为本机关“一把手”主管的部门，这样，在不对现行组织结构做任何的变动的情况下，可以比较好地增强在行政复议方面的独立性。二是借助政务公开的时代东风，推进行政复议的公开，进行政务透明的制度变革和设置，特别是要建立充分的行政复议透明程序。三是扩大行政复议的受理范围，将包括抽象行政行为在内的所有的行政行为都直接纳入行政复议的受理范围。

第四，推进司法改革，提高行政诉讼的实效。近几年，从法学界到法律界，我国的司法改革可谓雷声震动、风起云涌。在建立妥善处理涉法上访长效机制方面，我们认为，当前着重应当解决好几个方面的问题：一是司法组织体制改革，推进司法独立，实现权、责、利、效的统一。二是简易程序和普通程序的设置进一步科学化，简易程序真正做到足够简约，普通程序要做到足够精细。三是加强司法公开，裁判文书必须有详细的说理内容，把裁判过程说清、把裁判根据说透，以清晰的语言、扎实的证据、严密的逻辑和透彻的说理征服当事人。四是改革审判监督机制，审判监督程序的启动权归检察院一家所独有，解决司法审判反反复复、无休无止的问题。

第五，提高国家赔偿标准，精简赔偿申办程序，解决国家赔偿“雷声大、雨点小”的问题，提升国家赔偿信誉，树立政府良好形象。需要强调的是，不能以所谓的财政支付能力为由降低国家赔偿标准和数额，“赔的心疼”可以有效地刺激依法行政、依法司法。

第六，解决党的组织“越俎代庖”问题。一些部门为了规避行政诉讼，以党组织的名义从事各项政务活动，进行执法；也有一些党组织则是为了拦权主动帮忙打理政务，越权执法；再加上党政关系本身界定上的模糊性。这样的结果只有一个，就是败坏党和政府的形象，损害法律的权威，增加涉法上访的数量和规模。党应当是依法执政，人大、政府和司法机关按照自己的法定职权尽职履责。

第七，做好上述各项制度的衔接和配合。这里的制度衔接和配合主要是指行政复议、行政诉讼和信访这三项制度要实现“平滑”衔接，达到“直通车”要求。如此不懈努力，建立妥善处理涉法上访的长效机制应当是充满希望的，也许任重而道远，但前途肯定是光明的！

第七章　专论四：警务合作研究

第一节　国际警务合作

国际社会合作打击跨国犯罪的努力是多角度、多方位的，既有警察合作，又有司法合作，也有外交合作，而且许多合作项目需要各职能部门共同参与。国外不少学者把这种合作称为国际执法合作，而国内大部分学者则习惯于称之为国际刑事司法合作或国际刑事司法协助。

简单地说，国际警务合作是指各国警察机构之间为了打击跨国犯罪进行的相互协助与合作的一切活动。事实上，国际警务合作是很难从国际司法合作中完全剥离出来的。警务与司法两者本身就同根共源，概念上也有重叠交错的地方。而且由于各国的司法制度和警察体制不同，一些国家的警务合作具有独立的体制和领域，而另一些国家的警务合作则采取交叉体制，混同于刑事司法合作系统。因此，把国际警务合作从国际司法合作中剥离出来，孤立地研究其制度框架、组织机构和实施途径，既不可能也不具有现实意义。国际警务合作是国际刑事司法合作的一个重要组成部分。

一、国际警务合作研究总体认知

正是由于国际警务合作从理论到实践都尚未从国际刑事司法合作中独立出来，国内外学术界的相关研究仍然比较薄弱，虽然有关国际警务合作的内容可以在许多研究跨国犯罪或者国际刑事司法合作的书籍和文章中找到，但系统的专门著述非常少。目前国外关于国际警务合作的专著主要是两本，一本是 Mathieu Deflem 的《国际社会警务管理——国际警务合作的历史沿革》（*Policing World Society*：*Historical Foundations of International Police Cooperation*），另一本是 Daniel J. Koenig 和 Dilip K. Das 编写的《国际警务合作——世界观察》（*International Police Cooperation*：*A World Perspective*）①。《国际社会警务管理——国际警务合作的

① 许燕：《全球化时代的跨国犯罪与国际警务合作》，暨南大学 2005 届硕士学位论文。

历史沿革》一书总结了19世纪中叶到第二次世界大战结束期间，美国、德国以及其他欧洲国家进行警务合作的历史，并对其进行了社会学分析。该书的作者Mathieu Deflem是美国南卜罗莱纳大学社会学系助理教授，长期从事法律及社会控制方面的研究。该书的独创之处是在解释国际警务合作发展的原因方面，在原有的马克斯·韦伯（Max Weber）社会学理论和全球化理论的基础上创新地发展了一种官僚政治理论。作者提出，国际警务合作发展的前提是，各国警察机构从本国政府中分离出来，成为相对独立的职能部门，并对控制国际犯罪具备专业的知识。该书2004年出版后，在学术界引起了强烈的反响。《当代社会学》杂志称之为社会控制学专家及国际警务研究人员必读的一本书。弗吉尼亚社会科学系教授Donald Black评论说："该书是一本学术性强、具有突破性的书，对警务全球化这一长期受人忽视的社会学课题进行了探索……在未来的许多年中将产生强烈的影响。"《国际警务合作——世界观察》一书从多个角度对国际警务合作做了实践和理论方面的观察。该书收集了一些高层警务人员与权威犯罪学专家针对有组织犯罪、非法移民等跨国犯罪问题提出的最新的国际合作策略和观点，采用跨文化的比较研究方法，提供了大量翔实的资料数据，填补了警务文献方面长期以来的一项空白。编者Daniel J. Koenig是维多利亚大学社会学教授，Dilip K. Das是纽约州立大学社会学与刑事司法学教授，在刑事司法与国际警务方面颇有研究。[①] 国内目前尚无此方面的专著。中国人民公安大学治安系向党是我国目前研究国际警务合作领域的专家，曾应《公安大学学报》的邀请撰写了一篇名为《国际警务合作研究》的专题文章，内容包括六部分：国际警务合作概述、国际警务合作机制、国际侦查协作、国际侦查措施——追缴犯罪收益、中国开展引渡的条件与程序以及中外警务合作的现状及趋向。如若能按约完成，将是国内研究国际警务合作的系统论作，但是，不知何故未能如约完成。另外，向党于2002年撰写的《加入世贸组织对公安工作的影响》一书，用接近两章的篇幅论述了中外警务合作的现状、困难、合作机制的完善以及中外警务合作的条约体系。为中外警务合作研究提供了基本框架和一些重要的数据、案例。中国社会科学院世界经济与政治研究所国际战略研究室卢国学编著的《国际刑警组织》一书系统论述了国际刑警组织产生的背景、历史发展、机构设置、运作方式、斗争对象和主要成就，是国内迄今为止对国际刑警组织介绍得最详尽的一本书。但该书的研究范围过于狭窄，对于国际刑警组织以外的国家间警察合作几乎很少涉及。国内关于警务合作的相关专题研究的论文，主要涉及警务合作的理论制度体系研究、区际的警务合作研究、欧盟框架下的警务合作研究、中国与东盟的警务合作研究等，这是我国国际警务合作研究的重要组成。总之，从国内外现有的文献资料来

① 许燕：《全球化时代的跨国犯罪与国际警务合作》，暨南大学2005届硕士学位论文。

看，有关跨国犯罪和刑事司法合作的研究较多，有关国际警务合作的研究较少；有关警务合作的具体领域的实务介绍较多，理论分析较少。这表明，国际警务合作目前还处在实践摸索阶段，未形成成熟的系统理论。

二、国际警务合作的概念、特征和原则

中国人民公安大学的向党在其《国际警务合作概述》一文中对国际警务合作给出了这样的定义：国际警务合作是指“不同国家的警察机关之间，根据本国法律或者参加的国际公约，在惩治国际性犯罪，维护国际社会秩序领域相互提供援助、协调配合的一种执法行为”。其基本特征：一是国际司法合作的主要组成部分；二是各国警察机构在执法领域的一种合作；三是以国际刑警组织为主梁道，协调不同国家之间打击刑事犯罪；四是灵活性与效益性；五是具有国内与国际双重法律性质的执法活动；六是建立在对等互惠基础上的一种协作关系。他认为国际警务合作的范围有狭义和广义两种：狭义的警务合作范围是指国际刑警组织框架内，主要围绕案件侦查进行的合作；广义的警务合作范围是指包括各国间开展的刑事司法协助的有关内容。[①] 学者付凤也曾对国际刑事警务合作的概念、类型、原则进行了探究。她指出，广义的国际刑事警务合作包括狭义的国际刑事警务合作和国际刑事警务协助，即一国警务主管机关依法请求其他国家主管机关或者向其他国家主管机关依法在预防、打击和侦查犯罪方面提供便利和支持，或者互相提供帮助的工作制度。狭义的国际刑事警务合作，指主权国家之间为了打击和预防犯罪而互相帮助和支持，互相配合的工作制度。国际刑事警务协助，指一方主管机关在打击和侦查犯罪方面向另一方国家主管机关提出协助请求而依法提供的便利。她采用的是广义的国际刑事警务合作概念，认为具体的合作类型包括：国家间刑事警务合作；区域性刑事警务合作；国际级别刑事警务合作。关于国际刑事警务合作的原则，付凤指出，刑事警务合作特别是具体案件中的侦查协助活动应遵循下列原则：一是双边处罚原则。即该行为依各当事国的法律均应受到处罚。值得注意的是，双边处罚原则不能成为刑事警务合作的全局性指导原则，因为该原则只适用于具体案件中的侦查协助活动。二是特定原则。请求国只能就请求中提出的犯罪行为追诉或者刑罚，请求书之外其他犯罪行为追诉或者刑罚非经被请求国书面同意不得进行。三是互惠原则。互惠原则是刑事警务合作的基本原则。被请求国在满足请求国的请求时，也期望请求国将来能够向其提供对等的协助。四是特定事项拒绝合作的原则。例如，死刑、本国公民、政治性犯罪

---

① 向党：《国际警务合作概述》，载《公安大学学报》1997 年第 3 期。

和军事犯罪、财税犯罪及违反诉讼法的行为等。[①]

三、国际警务合作的范围、内容和方式

对于警务合作的范围、领域和方式，大家在进行探讨的时候界限比较模糊，区分得并不明显。向党在《国际警务合作概述》一文中指出国际警务合作的范围有狭义和广义两种：狭义的警务合作范围是指国际刑警组织框架内，主要围绕案件侦查进行的合作；广义的警务合作范围是指包括各国间开展的刑事司法协助的有关内容。付凤在对国际刑事警务合作概念分析时指出广义的国际刑事警务合作包括狭义的国际刑事警务合作和国际刑事警务协助。其中国际刑事警务合作的具体内容包括：信息交流、物品返还、缉捕犯罪嫌疑人、传唤证人、物品鉴定、控制下交付。[②] 蒋传洋、罗旭红在其《国际刑事司法协助和警务合作的范围和程序规则》一文中分析了国际刑事司法协助与警务合作的范围和程序规则，但是他并没有区分国际刑事司法协助和国际警务合作，他们所论述的警务合作的范围和程序规则其实是国际刑事司法协助的范围和程序。何理认为，刑事司法协助和警务合作是在相互尊重国家主权和平等互惠的基础上，按照缔结的条约和协议的规定，我国公安机关及其侦查部门通过外交途径或国际刑警组织与其他国家的警察机关所进行的办案互助措施，其内容有进行犯罪情报信息的交流与合作、协助进行犯罪调查与取证、引渡刑事犯罪嫌疑人和在逃人员等，并应遵守有关国际条约、协议和我国法律的规定。[③] 沈惠章认为，国际警务合作是跨国界的执法活动，是我国应当在国际刑警组织的框架内开展双边和多边合作，运用国际侦查协作和简易引渡等国际警务合作手段，全力拓展中国公安机关与国外司法机关合作的新领域，形成一个广泛的警务合作机制。他认为国际警务合作的领域包括在国际刑警组织的框架内开展国际警务合作；用缔结条约的方式建立紧密型的警务合作；在国际侦查协作当中建立联合型警务合作。其中缔结条约的方式包括缔结刑事司法协助条约、引渡条约及国家间的双边和多边警务合作条约。沈惠章所指的“联合型警务合作”在合作方式上有很大的突破，是国家之间为了完成特定的警务“共同采取警察行动”，互相支持，互相协助，互相帮助，联合作战的一种形式，由他国代为行使刑事侦查权转变为直接入境行使侦查权，由委托办案变为共

① 付凤：《全球化条件下的国际刑事警务合作》，载《安庆师范学院学报（社会科学版）》2007年第3期。

② 付凤：《全球化条件下的国际刑事警务合作》，载《安庆师范学院学报（社会科学版）》2007年第3期。

③ 何理：《谈办案协作、刑事司法协助和警务合作》，载《浙江公安高等专科学校学报》2000年第6期。

同办案。[①] 关于国际警务合作的方式，闵剑在《对当前国际警务合作方式的探讨》一文中专门进行了探讨。文章指出国际警务合作，是不同国家的警察机关在警察事务领域为完成特定的警务相互提供支持、援助、协助、配合的一种执法活动。国际警务合作是跨国界的执法活动，一国警察可以跨越国境在另一国行使侦查权。各国通过跨国界的警务合作，在国际社会建立起预防和控制犯罪的网络，为在全球范围内侦查犯罪、获取证据、缉捕犯罪人提供了一个合作的平台。我国应在国际刑警组织的框架内开展国际警务合作，运用国际侦查协作、刑事司法协助等警务合作方式与有关国家开展合作。作者认为以国际刑警组织为依托，在国际刑警组织框架内开展国际多边合作是当今国际警务合作的发展趋势；通过缔结中外刑事司法协助条约和引渡条约，广泛开展国际刑事司法协助、强化双边警务合作是当今国际警务合作的重要渠道和模式；实施国际侦查协作是当今国际警务合作的重要手段。国际侦查协作在合作方式上突破了传统的由他国代为行使刑事侦查权转变为直接入境行使侦查权，由委托办案变为共同办案，由间接协助发展为直接协助，提高了境外办案效力。跨境追缉、联合侦查、境外调查取证、控制下交付、追缴犯罪收益等侦查协作手段已经成为国际警务合作的重要方式和手段。[②]

总的来说，对于国际警务合作的范围一般有广义和狭义之分，而研究者一般是从狭义的角度对国际警务合作的内容、方式进行探讨。合作的内容主要是围绕犯罪的侦查、证据的获取及犯罪嫌疑人的缉捕展开的信息的交流和行动配合。合作的方式包括两大趋势，一是合作的稳定性趋势。这个包括继续完善在国际刑警组织框架下的合作，以及广泛的缔结双边及多边合作的条约协定；二是合作的方式灵活趋势。形式由他国代为行使刑事侦查权转变为直接入境行使侦查权，由委托办案变为共同办案。

四、侦查协作

对跨国犯罪案件进行联合侦查是国家间共同采取司法行动预防和惩处跨国犯罪的有效手段。各国应本着维护国际社会的和平与安宁的精神，互相合作，开展联合侦查跨国犯罪行动。在合作过程中应遵守国家主权原则、平等原则、不干涉内政原则、互惠原则。各有关合作方都要在法律许可的范围内，积极选择各种有

① 沈惠章：《拓展国际警务合作新领域的探讨》，载《新疆警官高等专科学校学报》2004 年第 4 期。

② 闵剑：《对当前国际警务合作方式的探讨》，载《上海公安高等专科学校学报》2005 年第 1 期。

效的途径、方式和方法，密切合作，共同开展侦查行动，完成侦查任务。[①] 赵永深认为跨国犯罪侦查就是针对跨国犯罪进行的司法行动。从其最一般的意义上讲，跨国犯罪联合侦查是指两个或两个以上的国家就某个特定的跨国犯罪案件共同采取侦查行动，调查取证，缉捕犯罪人的一种侦查措施。它的特征是：跨国犯罪的联合侦查是由两个或两个以上国家进行的，其执行主体是国家授权的具有警察权能的机关；联合侦查是一种侦查活动；联合侦查仅限于跨国犯罪的侦查领域，而不能超出这个限度；联合侦查的活动方式有别于国际侦查协助。后者通常是一国委托另一国进行的。这种新型的侦查形态在本质上属于国家间共同采取的联合侦查活动，是国际警务合作的重要形式。[②] 向党认为，国际侦查协作，是指各国的警察机关在跨国犯罪或国际犯罪侦查领域，为获取犯罪证据而进行各种形式的协同与配合。侦查协作的特征是：国际侦查协作以惩治国际性犯罪为宗旨；国际侦查协作以所在国侦查机关为主；国际侦查协作以侦查破案为目标；国际侦查协作是最直接的警务合作；国际侦查协作依靠协议保障实施；国际侦查协作是刑事管辖权在双方之间的相互转移。[③]

关于跨国犯罪联合侦查的形式和范围，从理论上讲，国家间联合侦查可在各自国家现行法律许可的情况下进行，因而凡是本国法律所规定的侦查都可列入合作范围，从调查取证、临时拘留和逮捕到采取各种侦查措施和手段来侦查破案，都可以进行联合侦查。而从实际可能性来讲，联合侦查往往都是有针对性地就具体的案件确定具体联合侦查的方式和方法。比如，联合收集犯罪情报、联合查获毒品、联合通缉在逃人员、联合解救人质、联合扣押赃款赃物、联合查缴文物等。[④]

五、国际警务合作的意义和必要性

国际警务合作有利于增强涉外刑事管辖的效力；国际警务合作有利于提高国际执法能力；国际警务合作有利于巩固各国的友好关系；国际警务合作有利于保护国家和公民的合法权益；国际警务合作有利于各国侦查机关之间的优势互补。[⑤] 冷战后，中国提出以“互信、互利、平等、协作”为核心的新安全观，努力营造长期稳定、安全可靠的国际安全环境。新安全观需要新思维。在以合作求安全、以协商求安全，建立新的安全机制维护安全和坚持反霸反恐并重的思维。

① 赵永深：《论跨国犯罪的联合侦查》，载《公安大学学报》1997 年第 2 期。
② 赵永深：《论跨国犯罪的联合侦查》，载《公安大学学报》1997 年第 2 期。
③ 向党：《论国际侦查协作》，载《公安研究》1998 年第 5 期。
④ 赵永深：《论跨国犯罪的联合侦查》，载《公安大学学报》1997 年第 2 期。
⑤ 向党：《国际警务合作概述》，载《公安大学学报》1997 年第 3 期。

新安全观强调重视非传统安全威胁的因素，而国际警务合作是对付恐怖主义和跨国犯罪的有力武器之一，因此，应该用新安全观的视角来看加强国际警务合作的必要。①

六、国际警务合作的成本论

市场经济环境下，应当对国际警务合作进行成本理论分析，寻找资源合理化配置的途径，逐渐建立具有约束力的国际警务合作机制，并通过国际警务的职业化进程以及国际警务专业型警察的建立，形成中国国际警务的“托拉斯”，从而实现国际警务合作的成本最小化和资源配置的最优化。世界各国不是所有的警务机关都有对外联络的资格，我国也规定一定级别的公安机关才能对外联络、进行专门调查。这种资源的有限性决定了国际警务的稀缺性，也决定了其对合作方式的选择性，如不进行成本预算和分析，容易浪费。文章分别从有形成本和无形成本、时间成本和机会成本分析如何有效利用资源来安排国际警务合作，而后对现阶段我国的国际警务合作中如何来降低成本、优化空间进行了分析。具体来说，包括：一是从利益中建立依赖关系，建立有约束力的机制；二是从国际警务专业化到建立专业型警察；三是从教育和培育中挖掘国际警务合作的成本空间；四是从国际司法与内务的有机结合中建立中国国际警务“托拉斯”；五是树立起从双边到多边、再到区域的警务合作趋向的发展理念。②

第二节　区际警务合作

一、什么是区际警务合作

区际警务合作，学者也常常称之为区域警务合作，是介于世界性的警务合作和国家间的警务合作之间的一种警察合作方式。就合作的主体而言，区域警务合作的参与者比世界性的警务合作的数量少，但比单纯的双边警务合作要多些。就合作的范围而言，区域警务合作肯定不像国家间的双边警务合作那样，但可能会比世界性的警务合作宽泛些。就合作的复杂程度而言，区域警务合作要比双边警务合作复杂得多。后者的合作程序相对固定，合作过程相对简单些；而前者的合作程序则很复杂，合作过程也不易控制。就合作的法律效果而言，区域警务合作

---

① 赵宇：《用新安全观的视角看加强国际警务合作的必要》，载《政法学刊》2006年第4期。

② 张杰：《国际警务合作成本论》，载《中国人民公安大学学报》（社会科学版）2008年第5期。

会产生多层次的权利义务关系，无论是小区域警务合作，抑或是大区域警务合作都是如此。作为国际警务合作的一种形式，区域警务合作同样要遵守国际警务合作的规则，发挥国际警务合作的功能。区域合作是地理相邻或相近的国家的警察所乐于接受的一种形式，是符合地缘政治需求的一种形式，是国际警务合作的基本形式之一。其基本作用在于符合警务便利原则，有利于预防和控制跨境犯罪，有利于促进区域警察联合与交流，有助于合作各方共同协调行动完成其特定的共同使命。当今世界，区域警务合作有几种比较典型的模式，如欧洲联盟模式、申根协定模式、北欧模式、东欧模式、东盟模式，这些区域警务合作模式各有其特点，其成功经验具有借鉴之处。①

二、欧盟框架下的警务合作

（一）“特雷维集团”

在1951年至1953年创建欧共体期间，警察事务并未受到关注。后来随着恐怖主义及毒品交易这类新的威胁出现，一些欧共体国家的政治家认为有必要考虑真正的警务合作，即使不得不牺牲一点国家主权为代价。因此就产生了“特雷维集团（Trevi Group）”和“申根集团（Schengen Crovp）”。1976年，欧共体12个成员国的内务部长与司法部长在罗马聚会，决定成立一个旨在对付恐怖主义的专门集团，即后来以著名的罗马喷泉命名的“特雷维集团”。虽然最初创建的目的是为了加强打击恐怖主义的合作。但“特雷维集团”对于有组织犯罪和其他重要的警务问题显得卓有成效。于是现在有四个不同层次的“特雷维集团”。“第1特雷维”（Trevi Ⅰ），成立最早，负责恐怖主义问题，成员每隔6个月聚会一次，“分析存在的威胁”。“第2特雷维”（Trevi Ⅱ），侧重于以下几个问题：交流经验，互通有关扰乱治安、民间骚乱，尤其是足球比赛时寻衅闹事方面的情报。“第3特雷维”（Trevi Ⅲ），主要是对付有组织犯罪。“92特雷维”（Trevi 92）成立得最晚，签署“单一欧洲公约”后，为了克服1992年开始在欧共体内实行人员与物资自由流动而带来的安全真空问题，成立了该集团机构。1990年6月，各国部长通过了加强警务工作打击恐怖主义和其他形式的有组织犯罪的“行动纲领”。该纲领中的大多数欧共体成员国都互派了联络官。在缉毒方面，除了建立训练有素的缉毒官联络网，为了最广泛地收集和交流工作情报还创立了欧洲情报机构。②

---

① 赵永深：《论区域警务合作》，载《政法学刊》1999年第2期。

② 李福臻：《欧共体内的警务合作》，载《吉林公安高等专科学校学报》1997年第2期。

（二）申根协定体系与欧盟警务合作

为取消边境控制，实现人员的自由流动，1985 年 6 月 14 日，比利时、荷兰、卢森堡、法国和德国在卢森堡申根市缔结了《比荷卢经济联盟国家与德国和法国关于逐步废除共同边境检查的规定》（简称《申根协定》）。1990 年 6 月 19 日，申根缔约国又签署了《关于执行申根协定的协定》（以下简称《执行协定》）。《执行协定》于 1993 年 9 月 1 日生效，直到 1995 年 3 月 26 日该协定才对创始国和 1991 年加入的葡萄牙与西班牙发生实际效力。而后，该协定陆续对欧盟新加入的成员国以及 8 个非欧盟成员国生效，《申根协定》体系的适用领域进一步扩大。

《申根协定》取消了缔约国境内的边境海关检查和护照控制，在促进欧洲融合的同时也使《申根协定》辖区逐渐形成一个统一的犯罪市场。为了强化对犯罪的打击，《申根协定》缔约国不得不在《申根协定》框架内采取一系列措施，加强彼此之间的警务合作。为此，申根缔约国确立了以下警务合作方式：一是在宏观的层面上，按照《执行协定》成立了《申根协定》的执行委员会。执行委员会实际上也就是缔约国的部长级协调机构，通过每年的会晤，商讨解决有关问题，制定相应的规则和规章。二是在操作层面上，缔约国建立了具有可操作性的警务合作制度和警务合作组织。例如，《申根协定》要求缔约国全面检查本国的移民制度和刑事政策，统一涉及此类事项的法律、规则，并就与边境检查有关的警务合作进行具体安排。为了有效地收集、传递和分析情报，缔约国根据《执行协定》组建了申根信息系统（the Schengen Information System，简称 SIS）。SIS 是申根合作的核心部分。三是除了现有合作形式外，欧盟和申根缔约国也在考虑警务合作的进一步发展以实现职能的深升级。《申根协定》体系对于欧盟警务一体化之意义重大，但是其局限性也是非常明显的，例如，申根成员国与欧盟成员国不一致的问题，申根体系的政府间的性质问题等。①

（三）其他的警务合作形式

第一，欧洲刑事警察组织（Europol）。欧洲刑事警察组织（下文称 Europol）不是取代各成员国打击刑事犯罪主管机关的机构，而只是它们的重要补充。各成员国的主管机关在对犯罪的预防、侦查和惩处等各方面仍享有完全的主权，它们的刑事管辖权在实质上没有受到 Europol 的任何限制。从《Europol 公约》的规定来看，至少在决定设立 Europol 之时，欧盟各成员国在警务合作方面的主流意愿仍然局限在各国相应部门的合作之上。

第二，警察局长特别工作组（European Police Chiefs Task Force）。警察局长

① 刘为军：《论申根协定体系与欧盟警务合作》，载《法学杂志》2006 年第 6 期。

特别工作组最初是应欧盟委员会 1999 年提出的要求建立的，它由当时所有的欧盟成员国、欧盟成员国候选国以及挪威和冰岛的警察首脑组成，目的在于发展欧盟内部不同国家、不同执法当局之间的个人的非正式联络，以便交流办案经验以及关于当前跨境犯罪趋势等方面的情报，协调各国各地区警察的实际执法活动，促使不同国家和地方警察机关或其他执法部门之间更主动和更密切地进行合作。欧洲警察学院（CEPOL）。

第三，成立欧洲警察学院的目的是“协助培训成员国的高级警官”和“支持与完善解决欧盟成员国在打击犯罪、犯罪预防和维护法律秩序与公共安全方面面临的问题，特别是这些问题跨境出现时的共同措施”。

第四，欧洲警察维和部队。2000 年 1 月召开的欧盟委员会授权组建一支由文职人员组成的国际维和部队，以帮助处理危机情况，控制欧盟境外国家发生的冲突。该部队的职员从欧盟内部的警察部队（包括具有军事地位的宪兵或国家警察）中招募，经特别训练后执行任务。至今，欧洲警察维和部队已经多次参与了地方危机管理，在其中扮演了冲突预防和调停者的角色。①

尽管欧盟成员国在欧盟层面或其他层面上已经存在诸多合作形式，也取得了一定成效，但该现状离欧盟的实际需要还有相当距离。加速警务一体化进程一直是欧盟及其成员国关注的重要议题。欧盟警务一体化将逐步规范化，规范化反映在将警务一体化纳入各种条约和法律的规定之中。欧洲刑事警察组织的职能将有限扩大，目前的 Europol 是妥协的结果，与最初的创意相差甚远。或许可以作一些推测，随着 Europol 工作经验的积累和欧盟成员国合作需要的进一步强化，Europol的业务范围还将进一步扩大，最终成为欧洲联邦调查局也并非没有可能。而且欧盟有可能建立新的共同警察组织，成员国之间的警务合作将得到强化，以联合侦缉队为主体的双边或多边合作将在一定程度上弥补欧洲刑事警察组织之功能不足。② 另外，缺少共同的自然语言和执法语言是欧洲警务合作所要面临的根本性障碍之一。犯罪分子正日益利用欧洲各国的语言障碍以及不同的业务通信操作惯例和技术差异在欧盟内外犯罪。为克服越境警务通信中存在的障碍，欧盟开发了一些语言工程和业务通信项目，为打击越境犯罪作出了贡献。③

---

① 刘为军：《欧盟警务一体化的现状与发展趋势》，载《福建公安高等专科学校学报（社会公共安全研究）》2005 年第 2 期。

② 刘为军：《欧盟警务一体化的现状与发展趋势》，载《福建公安高等专科学校学报（社会公共安全研究）》2005 年第 2 期。

③ 薛向君、马爱国：《欧洲警务合作中的语言工程和业务通信》，载《江苏警官学院学报》2008 年第 2 期。

第三节 中国法区间警务合作新机制建构理论与实践

一、概况

关于大陆和港澳台之间的区际警务合作研究，重点集中在对区际警务合作的概念、特征、性质，合作的基本原则，合作的主要范围，合作的主要内容，合作的模式等的研究上。香港回归以后，如何处理内地与香港，以及澳门、台湾的警务工作问题，这是关系到当地治安的重大问题，也是关系到社会的稳定和协调发展的实际问题。这个问题的解决不仅仅具有理论意义，而且具有重要的实际意义。内地与港澳台之间的警务合作的性质在法律上通称为区际警务合作，即同一个国家内部不同法域或特定地区的警察机关在警察事务领域互相给予支持、便利和援助的一种活动。由于内地公安机关与港澳台警察部队之间没有隶属关系，内地警务与港澳台警务各自独立，内地各级公安机关对港澳台地区警察机关没有指挥、监督权，所以，关于内地与港澳台警务合作具有不同于国际警务合作，也不同于联邦国家内部不同地区的警务合作，不同于大陆地区各省、直辖市、自治区公安机关之间的合作，这种合作是基于自愿原则进行的，一方不能强迫另一方作或不作某种合作，也不能以行政命令方式解决合作中的问题。①

学者在对“一国两制”与“九二共识”的内在联系分析的基础上，提出在“一国两制”新进程中，建构中国法区间警务合作新机制。他指出鉴于“法域”、“区际”在语义和概念内涵上存在多种理解，将二者使用在中国两岸四地警务合作上，在理论和实践上常常引发不同理解甚至歧义。对此，用“法区”作为“两岸四地”的抽象概念，把中国两岸四地警务合作称之为“法区警务合作”。关于在“一国两制”新进程中，如何建构中国法区间警务合作新机制，学者提出：第一，以“大中华共同体”理念作为我国法区警务合作新理念；在社会理论和政治理论中，“共同体”是一个更具感染力的术语。它意味着一种共同的价值观，达到认同的程度，它建立在各成员之间权利、义务和责任的相互关系基础之上。第二，以“法区警务合作”新概念统合两岸四地的警务合作。第三，拓展两岸双方对口直接合作途径，逐步实现两岸定期会晤与经常性合作的紧密结合。第四，共建两岸四地法区多边警务合作的综合协调机构。第五，逐步建立四法区多边刑事司法协助和警务合作制度。②

---

① 赵永深：《我国内地与香港警务合作问题研究》，载《法学家》1998 年第 3 期。

② 荆长岭：《“一国两制”新进程与构建中国法区警务合作新机制》，载《政法学刊》2008 年第 5 期。

经过多年的努力，内地与港澳台之间的区际警务合作取得了一定的成绩，总结起来，经验主要包括建立多层次的工作会晤制度、情报交流机制和案件交流、协作机制；优化打击跨境刑事犯罪模式，联合开展行动；重拳打击跨境有组织犯罪，健全缉毒合作机制；严厉打击涉枪、绑架勒索等严重暴力犯罪；建立经济犯罪侦查协作机制等。[①] 在今后的合作中，要继续明确规范化建设的指导思想，逐步完善各项合作的机制，加快制度规范化建设，使更多日常的警务合作能够更加顺利地开展。

二、中国法区间警务合作的原则

通过理论上的探讨和磋商，把跨境犯罪和社会治安问题作为一个共同的问题来看待和解决，以一国为基础，在尊重有关规定的前提下，以互不隶属、互相支持、互相配合为基本原则，通过签订海峡两岸和香港、澳门地区的警务合作协议，解决合作中出现的各种实体和程序问题，尤其对一些敏感和难以解决的问题提供对策选择。[②]

具体来讲，海峡两岸和港澳地区警务合作制度建立应该遵循以下原则：

第一，必须以一国为前提。因此，不能用一般一体化区域组织内的国家和国家的关系来看待和处理相互之间的警务合作关系，尤其在借鉴世界上类似区域组织的做法来确定彼此合作的基本准则时应充分考虑这种差异。

第二，警务合作一体化必须以相互尊重有关规定和治权为合作前提。

第三，警务合作一体化必须以相互支持、相互协助、平等协商、互不隶属为共同遵守的合作原则。在合作的过程中，各方的执法不管体现在合作协议中，还是在具体的执法过程中，都应该以相互支持和相互协助为出发点，求同存异，在预先确定的原则下，灵活处理合作过程中出现的问题。

第四，警务合作必须以将跨境犯罪问题作为共同的问题来解决作为合作的根本目标。跨境犯罪已经是一个共同面对的、带有普遍性的社会和治安问题，各地所要解决的都是问题的全部，而不是其中一部分，不能把它切割处理。只有集合共同力量、以一体化的角度和基础、分工合作、及时通报犯罪讯息、联合侦办案件、协助调查取证、配合追逃追赃，才能真正成功解决问题。

第五，警务合作必须以尽快签订及有效执行有关协助协议为合作规范。[③] 关于这一原则的理解和执行，需要把握以下两点：一是不适用“双重归罪”原则。

---

① 李松梅、陈平：《粤港澳刑事警务合作的规范化建设》，载《中国刑事警察》2007 年第 6 期。

② 黄少泽：《海峡两岸及港、澳地区警务合作》，载《人民检察》2008 年第 19 期。

③ 黄少泽：《海峡两岸及港、澳地区警务合作》，载《人民检察》2008 年第 19 期。

国际司法协助的一条重要原则是“双重归罪”。然而，粤港双方的协作属区际司法协助范畴，应适用行为地犯罪原则，只要行为人违反了行为地的法律，按照行为地法律规定应当承担刑事责任的，被请求方就应当给予协助。如果按照“双重归罪”原则，就会使某些人为了规避某一法域的法律责任而逃到另一法域，使犯罪行为得不到制裁。二是日常合作和定期会晤相结合的原则。日常合作是指普通情况下随时进行的正常合作关系。粤港两地警方必须建立专门处理日常协助事务的机构，保证协作请求随到随办。定期会晤是指粤港警方定期举行联席会议，讨论解决具有共同性的问题。通过定期会晤，可以就一些带根本性的问题取得一致意见，制订出共同的协作规则。①

三、中国法区间警务合作的内容

内地与港澳台之间的区际警务合作应当包括刑事警务合作、海上的治安合作、出入境管理合作等方面的内容。其中刑事警务合作应当是合作的重要方面，由于我国内地公安机关与台湾警方之间没有开展正式的刑事警务合作，只是偶尔通过第三者进行零星的非正式的合作活动，所以这里只研究内地与港澳之间的刑事警务合作。目前，内地和港澳之间，已经形成了一种高效的日常工作机制，并对维护各法域的社会安全发挥了重要的作用，其基本内容至少应包括以下几个各个方面：犯罪情报线索的交换和通报；协助调查取证；追缴、扣押赃款赃物；送达刑事法律文书；缉捕在逃人员；移交在逃人员；协助搜查、协助讯问犯罪嫌疑人等。海上的治安合作主要包括海上缉私、海上反偷渡、海上求助和防止非法捕鱼。出入境管理主要涉及内地居民出入港澳台地区的相关问题进行合作。②

四、中国法区间警务合作的模式

有学者认为，我国区域刑事司法协助的模式无非有二，一是“中央立法模式”，即由中央立法机关制定统一的法律协调本国内部不同法域之间的区际司法协助问题；二是“借助国际公约模式”，即不同法域可借助在各法域有效的涉及司法协助的国际公约，进行区际的司法协助。“中央立法模式”当然是最理想、最有效的方式，但显然与特别行政区基本法的规定相悖，难以得到特别行政区的认同；“借助国际公约模式”是利用三地均已认可并适用的国际公约，且不说这类公约寥寥可数，而且“借助公约”改变了区域刑事司法协助的属性，不符合国家主权的统一性。

---

① 黄文雅：《关于加强粤港警务协作中几个法律问题的探讨》，载《公安研究》2000 年第 5 期。

② 赵永深：《我国内地与香港警务合作问题研究》，载《法学家》1998 年第 3 期。

根据三地的实际情况以及警察工作的专有性和复杂性，三地警务合作的最佳模式应该是“部门协作模式”，即由内地公安部与香港特别行政区警务处、澳门特别行政区保安司在广泛深入磋商的基础上就警务合作的范围、程序、条件、费用、限制、协助遣返、合作的生效与终止等问题作出原则性的安排，涉及的具体问题则在“安排”规定的“框架”内由具体执行机构加以协商。之所以采用“部门协作模式”，由内地与港澳最高主管当局为主体对三地的警务合作进行原则安排，目的是集中管理，统一和平衡提请警务合作的标准，保证重点，杜绝重复、混乱现象；而具体执行机构就具体案件的协商则是考虑案件的特殊性以及具体警务的复杂性，将原则性与灵活性相结合，针对三地法域差异较大的实际，以便警务合作的顺利进行。①

基本路径是达至目标的具体方法，没有具体的实施措施，“原则安排”就无法实现。三地警务中央机关就区域警务合作协议达成原则安排后，还需要从宏观和微观层面上设定具体的路径，才能保证区域警务合作的顺利进行，因此，三地区域刑事司法协助中警务合作应按以下基本路径进行：第一，成立会商委员会。委员会人员由区域核心警务职能部门行政长官组成，任务是通过每年的会晤具体安排有关的警务合作，商讨解决有关问题，制订相应的规则和规章确保本区域的警察机构依区域“安排”和自身职责互相协助，以预防和调查犯罪。会商委员会是区域警务合作行政长官级的协调机构。第二，设立区域警务合作联络机关。区域警务合作联络机关负责各区域警务合作的具体事宜，诸如对外发出或接收警务合作请求，跟进和协调执行请求警务合作情况，向相关区域和会商委员会决策机构通报警务合作的进展等。第三，建立区域犯罪情报信息网络中心，有效地收集、传递和分析情报。第四，建立刑事案件的区域协查机制。在三地间建立统一的联合调查机构，促进信息交流和执法合作，提高打击犯罪的效率，包括案件的调查，证据的收集、扣押和保全，证人、鉴定人的保护及出庭作证的安排等。区域之间还应就委托调查取证的一般时限、取证情况汇报、证据移交、鉴定的运作及程序等具体事项作出规定。第五，建立刑事司法文书异地委托送达、执行机制。第六，规范三地警务合作的程序。警务合作应当按一定的程序进行，一般经过提出委托、审查委托、接受委托和执行委托这四个具体的步骤。②

另一种相类似的合作模式是“委员会模式”。在各法域设立一个官方性质的“区际司法协助委员会”，祖国大陆方面由最高人民法院、最高人民检察院、公

① 高智华：《区域刑事司法协助中警务合作的模式与路径》，载《中国人民公安大学学报（社会科学版）》2009 年第 1 期。

② 高智华：《区域刑事司法协助中警务合作的模式与路径》，载《中国人民公安大学学报（社会科学版）》2009 年第 1 期。

安部、司法部和国务院港澳办、台办的代表参加，并可邀请一些专家、学者作为成员，最高人民法院院长任“区际司法协助委员会”主席，港澳台地区也设立相应的官方性质的“区际司法协助委员会”。这一“委员会”的职责不仅负责刑事案件的区际司法协助，还应负责民商事案件，甚至行政案件的司法协助。“委员会”模式不仅严格遵循了港澳基本法关于区际司法协助的规定，而且体现了平等协商的要求。同时，这一模式能较好地适应区际刑事司法协助的复杂情况。因为两岸的司法机构设置、案件管辖等都有很大差别。“委员会”模式比较理想化，建立和实施的过程还有很多难题需要解决，但随着两岸四地经贸关系更加紧密，建立这一模式已成为必要和可能。①

五、中国与东盟在非传统安全领域的警务合作

近年来，中国积极与东盟各国加强对外合作关系建设。中国与东盟各国在政治、经济、文化等多个领域的交流与合作得到了进一步的加强与发展。但是，中国与东盟同样也共同面临着非传统安全的严峻挑战。依据中国与东盟《关于非传统安全领域合作联合宣言》对非传统安全内容的界定：中国与东盟严重关注贩毒、偷运非法移民包括贩卖妇女儿童、海盗、恐怖主义、武器走私、洗钱、国际经济犯罪和网络犯罪等非传统安全问题。此外，其内容还应包括自然灾害、事故灾难、公共卫生事件、社会安全事件等几个方面。

警察是维护非传统安全的重要力量，警察的功能符合维护非传统安全的需要，警察的业务范围与非传统安全范围存在交叉关系，警察组织的目标与维护非传统安全具有吻合性，如果警务合作机制缺乏，会带来一系列的不利影响。基于警务合作对维护中国与东盟非传统安全的重要作用，应当选择中国与东盟的警务合作机制的构建作为中国与东盟在非安全领域合作的“突破点”。②

中国与东盟警务合作的领域目前主要包括：一是禁毒合作；二是反恐合作；三是打击非法移民、洗黑钱等跨国有组织犯罪；四是南海海上安全合作。应该说，中国与东盟在这些方面的合作都取得了一定的成效，为维护地区安全与保障双方的经济作出了贡献。

中国与东盟非传统安全领域的合作机制正在逐步形成。但不可忽视的是，由于中国与东盟国家在法律制度、司法体系、宗教信仰等方面存在较大差异，使得双方警务合作也存在许多问题，需要多方面加以完善。目前存在的问题主要是合

---

① 张建良、熊安邦：《中国区际警务合作模式的探析》，载《云南警官学院学报》2009年第1期，63～66页。

② 姚川：《非传统安全视野下中国与东盟警务合作机制研究》，载《东南亚纵横》2008年第2期。

作的渠道或机制问题，合作的领域问题，合作的技术手段问题。但是基于中国与东盟之间高速发展的经济关系以及中国与东盟在安全观念与战略利益上的重合，使得二者间的警务合作发展前景广阔。①

对于中国与东盟警务合作机制的构建，下一步还需做好以下工作：第一，中国与东盟警察首长会议机制化。通过举行中国与东盟警察首长会议，开展多边或双边会谈，探讨在非传统安全领域内开展警务合作的方式和内容，并根据会议联合宣言的宗旨和原则制定中长期合作规划，指导中国与东盟在警务合作领域作出具体决策并监督合作措施的执行。第二，设立常设高级警官和专家专门工作组。高级警官和专家专门工作组具体负责处理中国与东盟各成员国之间警务合作的具体事务，其直接向警察首长会议负责。第三，中国与东盟各成员国之间应向各国首都相互派遣高等级的警务合作联络专员，负责处理临时性的警务合作与联络事宜，以此提高中国与东盟各成员国之间开展警务合作的应变能力。第四，举办中国与东盟警务论坛。以论坛的形式加强各国间警察学术交流，增进相互之间关于警察制度、警察法律、警务理论以及警察文化的了解，提高应对非传统安全挑战的警务合作理论研究能力和水平。②

六、中国与其他国家和地区间的警务合作

在中国数字化期刊中，涉及中国与其他国家和地区间的具体某领域开展相关合作的论文比较多，例如，中国在上合组织框架下开展的反恐合作、中美之间的反恐合作、中国与俄罗斯之间的反恐合作、中国与南亚之间的反恐合作等，但是关于中国与其他国家和地区间的警务合作专题研究较少，主要涉及 GMS 国际警务合作、中缅边境管理中与缅甸地方民族武装势力开展警务合作，以及中国与吉尔吉斯斯坦之间的警务合作。

（一）GMS 国际警务合作

GMS 是指由亚洲开发银行所界定的澜沧江—湄公河次区域，即以澜沧江—湄公河为纽带，由柬埔寨、老挝、缅甸、泰国、越南五个国家和中国云南省共同组成的地域范围。由于历史原因，中越、中老边境地区的治安状况对周边国家会产生直接影响，因而维护地区和平稳定、降低犯罪危害，是 GMS 国家的共同利益，所以，开展国际警务合作也是共同的愿望。目前，我边境地区开展 GMS 国际警务合作的领域，主要涉及禁毒合作、跨境刑事犯罪、边境地区治安管理、警务人员业务培训等。双方合作的方式主要包括联络官制度，边境会晤、会谈制

① 聂会翔：《中国与东盟警务合作现状与前景》，载《东南亚纵横》2007 年第 5 期。

② 姚川：《非传统安全视野下中国与东盟警务合作机制研究》，载《东南亚纵横》2008 年第 2 期。

度，联合执法，情报信息交换，警务协作，境外替代种植等。经过双方的努力，合作取得了一定的实效，签订了一系列的双边条约，形成了警务联络官制度，对周边国家的禁毒政策的制定产生了一定的影响。GMS 国际警务合作中存在的问题主要包括合作尚未制度化，私人关系仍起很大作用，操作中还有违规做法，合作基础仍不稳定。对于加强 GMS 国际警务合作的建议主要是健全合作机制，拓宽合作范围。①

（二）中缅边境管理中与缅甸地方民族武装势力开展的警务合作

中缅两国建交多年以来，双方在和平共处五项原则的基础上共同维护边境安全，增进了双方的胞波情谊，促进了双边贸易的发展。然而，由于与我云南接壤段缅甸地方民族武装势力的存在，给双方的边境安全、出入境管理和边境地区治安管理等增加了复杂性和特殊性。加强与缅甸地方民族武装势力在边境管理中的双边警务合作，具有极其重要的现实意义和非常深远的历史影响。1997 年 3 月 25 日，在缅甸仰光正式签订的《中缅合作协定》规定了双方维护两国边境地区的法律和公共秩序以及进行合作的范围、内容和方式。这些规定为我们开展双边警务合作确定了法律基础，开辟了广阔的合作领域，加强两国边境管理起到了积极的作用。具体在合作中要遵守统一、对等、归口管理原则，关于合作的形式此前均是以会谈会晤形式，协商解决某个具体问题。一事一谈，无后续整理和总结。这样的形式弊端肯定是很多的，应当采取较为规范的形式为宜。余江、王朝佐建议在《中缅边境管理与合作的协定》的框架内，就某几项需要合作的具体内容的方式、方法、时限、目的要求等，以备忘录加实施细则的形式固定下来，成为合作的执行规范，从而取得更好的实效。具体来说可分为四个层次：建立县市级的对等联系制度；建立及时处理边境日常事务的联络官制度；建立对口部门间的业务联系制度；制定专门的合作细则或合作协定。②

（三）中国与吉尔吉斯斯坦的警务合作

吉尔吉斯斯坦不仅在地理、历史上与中国密切，作为一个多民族国家，独立后的社会转型和社会价值取向也对中国边疆民族关系、社会安定、经济发展产生重要的影响。随着该地区国内国际局势变幻，恐怖主义、吸毒与毒品走私、日益悬殊的贫富差距、饥饿等构成吉尔吉斯斯坦最尖锐的问题，其社会与民族、经济与政治、历史与现实等方面的因素，形成了深化中吉警务合作的障碍。具体来讲，中国与吉尔吉斯斯坦警务合作的障碍主要表现在：第一，内外环境不确定性

① 向群、土绍芳：《GMS 国际警务合作》，载《中国刑事警察》2006 年第 5 期。

② 余江、王朝佐：《对中缅边境管理中与缅甸地方民族武装势力开展警务合作的思考》，载《云南公安高等专科学校学报》2001 年第 1 期。

的增强，一边是大国的争夺，另一边是内部局势的不稳定。第二，不同的反恐观与方法论添加了中吉警务合作的障碍。第三，两国社会中犯罪特点不同，中吉警务合作共同打击犯罪的外延在扩大，如恐怖主义阵线延长，中国警方要面对一些属人管辖权和属地管辖权均属于吉尔吉斯斯坦主权范围内的犯罪。这种犯罪的交织性在中亚地区赋有普遍性特征，是中吉联合打击犯罪要解决的障碍之一。第四，吉尔吉斯斯坦面临的警务体制美式化或欧式化也是发展中吉警务合作的障碍。[①] 另外，对吉尔吉斯斯坦的情报工作具有一定特殊性，因为对吉尔吉斯斯坦的情报工作关系到新疆地区的安定。吉尔吉斯斯坦复杂的国情加剧了情报交流工作的复杂性，尤其是关于分裂分子及各种犯罪形势的情报。因此造成情报获取难，且暴露容易。[②]

① 张杰：《中国与吉尔吉斯警务合作的障碍分析》，载《武汉公安干部学院学报》2006年第4期。

② 张杰：《中国与吉尔吉斯斯坦警务合作面临的几大难点》，载《新疆大学学报（哲学人文社会科学版）》2007年第1期。

第八章　境外警察法研究扫描

第一节　英国警察法研究扫描

英国是近代警察制度的发源地，学者对英国警察制度研究的热点问题主要包括：警察制度的发展史、警察体制、警衔制度、警察教育等。

一、英国警察制度的发展史

英国警察制度的发展史被学者们划分为四个时期：中世纪的英国警察、早期警务改革、近代警察制度的产生与发展及20世纪20年代以后警察组织发展。①

中世纪时期的英国警察被学者归纳为具有以下特点：一是全民皆警。二是治安地方负责制。社会治安、犯罪问题由地方居民和团体实际负责。三是没有专门的警察组织和职业警察。四是警务活动主要是与犯罪有关的，不涉及一般行政管理和治安行政管理。

学者们认为，早期警务改革起源于1640年英国爆发资产阶级革命，英国的社会矛盾空前激烈、犯罪活动激增，迫使资产阶级对旧警察制度进行改革。英国警察史学家提出，约翰·菲尔丁是第一个使英语“警察”一词具备了近代含义的人。菲尔丁兄弟之后对改革警察制度作出了卓越贡献的是帕特里克·科奎豪恩。菲尔丁兄弟和科奎豪恩的改革思想与实践，为近代英国警察制度的最终建立奠定了基础。1829年6月19日正式生效的《大都市警察法》标志着一个新的警察时代的诞生。被学者突出介绍的是新警察的非武装性和文职性以及建警原则。

为了强调新警察的非武装性和文职性，新警察身着专门设计的不同于军人的制服——燕尾服，并佩戴特有的标识和警号，制服缀上铜扣子。因此，警察在英语中也被俗称为“cop”，就像在中文我们也常戏称警察为条子，在美国也戏称警察是cop。新警察除督察级以上警官配发短剑和手枪外，督察级以下警长、警员均不配发武器。这是英国历史上第一支着装的、享受国家薪俸的正规职业警察

① 马亚雄主编：《世界警察导论》，中国人民公安大学出版社2003年版，第7～9页。

部队。

为了确保新警察顺利完成任务，大伦敦警察厅在初建时就发布了由罗伯特·皮尔审定的“警察训令”。训令中列出了皮尔的建警原则，主要含义是：警察是在政府控制下的、以军队为榜样而建立的一支稳定有效的队伍；它采用科学的选拔与训练方法，以减少犯罪为其效益的标志；接近公众是警察工作的关键，彬彬有礼是警察质量的保证。“警察训令”所确定的礼貌、克制、最小武力、公平执法、公众满意以及预防犯罪为本等警察行为准则和警务原则，至今仍为英国乃至西方警界所谨守并奉为座右铭。①

英国1929年颁布的《警察训令》，是世界现代警察史上第一个专项警察法令，在世界警察史上具有里程碑的意义。《警察训令》提出的十二条现代警察立警原则，至今仍全部囊括在英国现代警察法律中。世界现代警察的诞生，是以英国大伦敦警察厅的建立为标志，而《警察训令》在大伦敦警察厅建立时，就以庄严的法律形式，不仅清晰而完整地对现代警察予以界定，而且百年来一直规范着英国警政和英国警察的行为。英国建立警察制度后，美国和其他资本主义国家竞相仿效，逐渐形成了各自的现代警察制度。即使在当今，英国在19世纪初的建警原则仍然具有极大的现实意义。英国警察在进入21世纪20年代以后，不仅在技术装备上而且在人员配备上产生了巨大的变化。这一期间英国国内经济萧条、工人罢工、人民生活动荡不安，为此英政府更加依赖于警方来维持其统治，普遍提高了警察的工资，此外，英政府还特别拨款装备警方。② 我国正在深化警务改革和不断完善警察法制，从渊源高度去探寻现代警察的历史发展及其经验教训，借鉴世界上立警、治警及警察立法的有益的东西，无疑会获得很多重要的启示。

二、英国的警察体制

对于英国的警察体制属于何种类型，警察学界有两种不同的观点：一种观点认为，英国的警察体制属于地方自治型；另一种观点认为，英国的警察体制属于集权与分权结合型警察体制。结合大量的英国警察相关资料，我们认为：早期英国的警察属于地方自治型体制，这一点，也为很多学者所认同。如学者就指出：地方自治是英国现代警察制度的最基本特征。③ 近年来，为弥补自治警察体制的

① ［加］苏珊·恩格：《罗伯特·皮尔的九条警务原则》，载《世界警察参考资料》1994年第11期。

② 王跃峰：《英国警察发展概况》，载《公安大学学报》1986年第3期。

③ 李温：《英国现代警察制度的产生、发展及其现行体制》，载《北京人民警察学院学报》2006年第2期。

劣势，英国加强了中央对地方警察的统一协调和领导，形成了中央与地方结合型的警察体制。学者是这样论述的："英国现代的警察制度是地方管理为主，中央控制为辅，但中央的控制日渐加强；内政部、地方警察当局、警察局长三者权力互相交织，共同管理警察事务；还有议会和法院监督限制警察权的滥用。"① 学者王大伟也论述道："从1829年创立伦敦大都市警察到今天的170多年中，英国警察的改革总体是在向中央集权型发展。旨在建立一种部分自治、部分集中、以自治为主的组织模式。"②

三、英国的警衔制度

英国警察实行警衔制。至于英国警察的警衔设置，资料记载不尽相同。第一种说法是：英国警察的警衔从低到高划分为10个等级，即警员、警长、督察、总督察、警司、总警司、指挥官、助理警察局长、副局长、局长。③ 第二种说法是：英国警察警衔分为5大类，13个衔级，即总监、副总监、助理总监，总警司、高级警司、警司，总督察、高级督察、督察，一级警长、二级警长、三级警长，警员。④ 第三种说法是：除大伦敦警察厅、伦敦城警察厅和皇家北爱尔兰警察局以外，英国其他警察局警官职系的职级从低到高依次为：警员、警长、督察、总督察、警司、总警司、局长助理、副局长、局长九个等级。⑤

四、英国的警察教育

（一）警察教育的演进及现行体系

英国的近代警察制度始于1829年。英国正规的警察教育培训工作亦起始于这一时期。1934年，大伦敦警察厅建立了大伦敦警察学院（Metropolitan Police College），用于对新警察（Metropolitan Police）的初级训练教育及在职警察的岗位训练教育。1944年开始，英国逐步建立了系统的全国警察教育训练体系。与英国警察集中与分散相结合的管理体制对应，英国的警察教育训练是一种由中央宏观指导、提供服务，但以地方为主的教育训练制度。英国十分重视警察教育培训，内政部（The Home Office）下辖的警察司（Police Authority）负责警察事务

---

① 金薇：《英国现代警察制度——读张越著〈英国行政法〉》，载《法制与社会》2007年第7期。

② 王大伟主编：《欧美警察科学原理——世界警务革命向何处去》，中国人民公安大学出版社2007年版，第486页。

③ 张志祥：《英国的警察体制》，载《山西警官高等专科学校》2002年第1期。

④ 毛志斌主编：《警察法》，河南人民出版社2005年版，第197页。

⑤ 马亚雄主编：《世界警察导论》，中国人民公安大学出版社2003年版，第104页。

的协调与管理，警察司下设警察教育培训部，负责制定全国警察教育培训总体规划、管理学校、指导教育培训、经费预算并直接负责高级警官的教育培训和各层次警察教育培训的教学计划、教材。教育培训的经费则由中央和地方共同承担（警察教育训练经费约占警察司经费的10%）。[①]

（二）警察教育训练的特点

学者们认为，英国的警察教育对我国公安教育有很好的借鉴和指导意义，公安院校要贴近实际办学，要紧密结合公安工作实际改革教学。总结了可供借鉴的英国警察教育训练的特点主要有：[②] 一是警察教育训练自成体系，与国家教育部门完全脱节。警察教育培训由警察部门负责，包括学校、训练机构设置、人员配备、经费等各个方面，在招生、教学、考试、分配等方面均不受国家教育部门的制约。学员受训后，不授予学历和学位。二是重视警察的正规化、系统化培养。英国警察教育培训严格遵循从低到高、晋升与培训相结合的原则。三是重视实践环节教学，突出实用性、针对性和为实战服务。英国的警察教育特别强调，警察培训不是为了教育学员，而是给予学员专业技术和技能。学校在教学中根据实际需要确定培训内容、整个培训方法实效、适用，注重把握四个标准：把从工作中总结出来，经过实践检验和科学论证的正确知识及时讲授给学员；根据学员各自的专长、兴趣有针对性地训练，拓展个人能力；根据各地治安的不同情况采取相应的训练；警察的教育培训采取学习—工作—再学习—再工作循环交替的“三明治”式教育，以提高警察的理论水平和实际工作能力。四是重视师资队伍建设和科研工作。英国警察院校既承担培训警察的任务，又是科研中心。教师有1/3是长期聘任，还有2/3是来自警察实战部门的既有理论知识又有实战经验的高级警官及社会名流。教师首先要通过国家规定的教师训练课程考试，取得证书，再进行其他专项考试，才能任课。专业教师既有教育的理论水平，又是破案专家。院校与教师一般都签订短期合同，教师在校讲学半年，再回到实战部门工作，经常轮换。因此，讲授的内容多是工作实践中最新的成果和经验。

五、英国的警察权

英国警察权的设置、控制及监督的某些做法，对我国警察权的研究有参考与

① 李光文：《英美警察教育架构对我国公安教育的启示》，载《湖北警官学院学报》2003年第1期。

② 关于英国警察教育的论述非常之多，本部分概括了部分学者观点，具体参见上海公安高等专科学校：《英国警察教育训练考察报告》，载《公安教育》2006年第5期；王大伟主编：《欧美警察科学原理》，中国人民公安大学出版社2007年版，第118页；马亚雄主编：《世界警察导论》，中国人民公安大学出版社2003年版，第127页等。

借鉴的意义。对英国警察权的介绍和研究的主要内容有：第一，英国的刑事侦查程序。学者认为英国警察机关非常注重保持警察权力和公众利益的平衡。如果两者不平衡，就会出现各种问题。就刑事诉讼来说，1984 年颁布的《警察与刑事证据法》和 1996 年新颁布的《警察与刑事证据法的实践法》是最重要的两部法律，它明确规定了警察应当做什么和如何来做。如果警察不按照这些要求去做，就会受到纪律处分。而警察要做好自己的工作又不犯错误，这两部法律就是保证。① 第二，英国警察的拦截与搜查权。学者以英国 1984 年《警察与刑事证据法》的内容为起点，结合此后有关法律的相关规定，论述了拦截与搜查权在行使条件和程序等方面的主要变化。警察的拦截与搜查权，作为英国刑事侦查活动的重要组成部分，最近 20 年来发生了一系列重要变化，从一个侧面反映了英国刑事侦查制度乃至整个刑事司法制度改革的方向和幅度。学者对英国侦查制度的关注和研究，对我国刑事侦查制度的改革和完善均有所启示。② 第三，英国警察投诉管理机制。学者对于苏格兰、北爱尔兰和英格兰以及威尔士的警察投诉管理机制进行了介绍和比较。学者认为，21 世纪警务活动的突出特点是人权理论在警务工作中的应用，为适应形势发展变化的需要，英格兰和威尔士、苏格兰以及北爱尔兰先后进行了警察投诉管理体制的重大改革。北爱尔兰首先于 1998 年成立独立于当地警察机关的具有类似于警察机关权力的“警察监察署”，负责调查当地的警察投诉案件。英格兰和威尔士于 2004 年成立类似于北爱尔兰“警察监察署”的“独立警察投诉委员会”。1962 年皇家委员会警察工作报告指出：“警察在维护法律与秩序、预防犯罪的工作中应当是强大的和有效率的，但是为了防止其对于个人自由的侵犯，警察权力又应当受到制约。”警察机关处于一种特殊的地位，随着警察自由裁量权的增加，社会对警察素质的要求越来越高，他们必须公平、公正、诚实，还要具有自我控制能力、容忍力、正确使用语言和采取行为的能力等。③

第二节　美国警察法研究扫描

学者对美国警察制度的研究主要集中在警察制度的概况、警察体制、警察教育制度等方面。

---

① 崔敏：《英国的警察制度和刑事侦查程序》，载《公安大学学报》1998 年第 5 期。

② 刘海鸥：《英国警察拦截与搜查权的发展变化》，载《河北法学》2006 年第 8 期。

③ ［英］丹尼尔·德纳里：《英国的警察投诉机制》，李温译，载《北京人民警察学院学报》2005 年第 4 期。

一、美国警察与警察法的发展史

有学者认为，美国警察与警察法的发展史可分为三个阶段：第一阶段是建国以后效仿英国建立职业警察制度；第二阶段是警务战略转变的准备期；第三阶段是社区警务。[①] 美国的警察发展始终是遵循一条红线来发展的，就是不断地贯彻实施以保护个人权利为中心的民主和法治，并以此原则来建设警察，指导警务。

笔者认为，美国警察与警察法的发展史的三个阶段为：

一是美国近代警察制度的建立。殖民地时期，英国移民将他们本土的中世纪的警察和治安制度带到了北美新大陆，当时的主要警察力量是警务官、巡夜看守等非专职人员。19 世纪中前期，由于整个国家的城市化、工业化的飞速发展和移民数量的增加，导致了贫富、种族和宗教等社会矛盾的激化，暴动、骚乱和一般犯罪的浪潮席卷各个城市，迫使美国人开始寻求建立新的更有效的警察制度。一些大城市决定仿效大伦敦警察厅建立专职警察机构。19 世纪末，美国近代警察制度的框架已基本完成。

二是美国警察的专业化运动。警察专业化运动的目标是："警察脱离政治，政治脱离警察。"警察的专业化运动在美国 100 多年警察史上历时 60 多年，基本实现了改革者的最初愿望：一是重新界定警察的职能，确认控制犯罪是一项只有警察负责的专门工作，警察是打击犯罪的斗士，因而警察应该严格执行法律，应该由专业人士来指挥，这样就在一定程度上消除了政治对警察的影响，使警察成为一支自治、高效、公平地执行法律、打击犯罪而且受人尊重的专业化队伍。二是警察专业化运动思想昭示着警察工作需要特殊的知识、技巧和能力，这些只有通过教育和训练获得。这一思想在美国产生了广泛而深远的影响。而且随着犯罪高科技化和警察科学技术的发展，无论是普通民众还是刑事司法人员都深刻地认识到科学技术和教育培训在控制犯罪中的作用，促进了美国警察科学和警察教育的发展。

三是美国警务战略的大转变——社区警务。美国警察专业化运动，虽然塑造了高度职业化和独立的打击犯罪的形象，彰显了控制犯罪的职能，提高了警察控制犯罪的专业技能，但美国的犯罪率并没有因此而有效地降低，而且自 20 世纪 60 年代犯罪率还逐年上升。美国警界开始对其专业化运动进行反思，认为高度职业化地位和独立性造成了他们远离所服务的社区，控制犯罪的职能掩盖了维持秩序的职能，不能从根本上消除犯罪产生的因素。于是，美国警察又另辟蹊径，进行了社区警务改革运动，进入了社区警务时代。

---

① 戴宜生：《美国警察史及其近期演变》，载《江苏警官学院学报》2007 年第 6 期。

二、美国的警察体制

学者认为，美国警察体制不同于欧洲许多国家和日本等资本主义国家的警察体制。它独具一格，是当今世界上最复杂而又最独特的一种警察体制。[①] 很多学者对当前美国的警察体制进行了介绍，概括学者的研究资料，[②] 美国的警察体制被归纳为具有以下特点：

一是警察机构的组织形式上有自己的特点，实行分权的管理体制。“美国是典型的地方自治型警察管理体制。”[③] 在美国，联邦政府没有统一的中央警察机构，警察机构一共有四种类型，即县警察机构、城市警察机构、州警察机构和联邦警察机构。在这四种警察机构中，除联邦警察机构直接受联邦政府或联邦级中央部门统一领导外，其他三种警察机构均直接受地方政府领导，与联邦政府没有垂直的上下级关系。联邦警察机构执行联邦法律，州和地方警察机构则执行各州的法律，警察机关无论大小，都相互独立，警徽、警车等的标志和式样各不相同，在各自辖区内享有独立执法权，呈现出高度地方自治的特点。我国台湾地区警察学专家朱金池说，美国为一个联邦国，由 50 个州所构成。州有州宪法与州政府，州下又有地方政府。而且地方政府、州与联邦中央之权限，系采分权制。因此，美国警察是一个典型的“政治民主，行政分权”型的组织，其警察组织制度在垂直化方面，有联邦警察、州警察和地方警察三大层级，然而各个层级警察组织各司其职，自主性很高，中央警察的集权化程度很低。[④]

二是美国有形形色色的警察，警种繁多。美国警察的种类繁多，许多政府机构和地方部门都设有自己的专门警察机构，诸如校园警察、地铁警察、旧金山的 BART 警察、铁路警察、公园警察等。

三是警察职能的多样性。在美国，没有一部统一的警察法。美国宪法采用联邦制，从而出现了联邦中央政府和地方州政府两套机构，州政府牢牢维护宪法所赋予自己的权力，并且制定和执行自己的法律。因此，县警察机构、城市警察机构、州警察机构和联邦警察机构虽然同属于警察机构，但它们各自实施的法律不同，其职能和权限也都有所差异。即使是同一类型的机构，职能范围和执法权力

---

① 毛志斌主编：《警察法》，河南人民出版社 2005 年版，第 198 页。

② 关于美国警察体制的著述很多，我们概括了学者的研究资料，具体参见王大伟主编：《欧美警察科学原理》，中国人民公安大学出版社 2007 年版；马亚雄主编：《世界警察导论》，中国人民公安大学出版社 2003 年版；公安部外事局编著：《美国警察体制概况》，群众出版社 2003 年版等。

③ 王大伟主编：《欧美警察科学原理》，中国人民公安大学出版社 2007 年版，第 88 页。

④ 刘芳：《美国市、县、州警察机构概述》，载《浙江公安高等专科学校学报》2004 年第 1 期。

也不尽相同，这就导致了美国警察职能的多样性。美国的警察不管户口，消防管理也独立于警察之外。

四是实行宣誓警察与文职警察相结合的队伍管理模式。在美国，雇用了大量的文职警员，使经过特殊训练的“宣誓警官”（即正规警员）能够集中力量发挥其最大的作用。

五是设立有警察委员会、警民关系机构和警务监督机构。警察委员会是确保社会各界对警察局监督的一种组织形式。全美各大城市都有类似的机构。这种委员会或者是由市长任命，或者是由地方民选议员组成。委员会没有指挥警察日常工作的权力，但却可对警察机关施加相当大的影响。同时，为了缓和警民紧张关系，美国大部分警察局都已先后建立起某种专门机构，来受理群众对警员的投诉，从而自然形成了一种监督机制。

三、美国的警察权

由于警察自由裁量权是警察权中最显著和特殊的部分，我国学者对美国警察权的研究首先主要是对警察自由裁量权的研究。美国警政界从 20 世纪 50 年代开始承认警察自由裁量权，学术界对警察自由裁量权的研究已经有一个世纪。学者认为：警察自由裁量权在被行使过程中受到很多因素的影响。在警察和公众的相互作用影响下，任何潜在的因素都可能影响警察的决定。从宏观方面来说，一定时期的社会政治经济对警察自由裁量权有很大的影响。从微观的角度来说，警察的工作环境、警察个体、犯罪现场和一些非法律的因素等都可能影响警察在执法过程中所实施的自由裁量权。警察自由裁量权随时随地存在于警务工作之中。由于警察自由裁量权自身的作用和价值，故可以说警察自由裁量权是一个非常矛盾的警察权力。美国一线警察运用警察自由裁量权频率最高的具体执法领域主要是在使用致命武器、处理家庭暴力、交通执法和处理轻微犯罪四个方面。①

四、美国的警察教育

对美国警察教育训练问题，从 20 世纪 90 年代开始就已经有学者进行研究，研究成果非常丰硕。② 学者对警察教育的主要论述包括：

---

① 汪勇、孙先伍：《美国警察自由裁量权初探》，载《公安研究》2007 年第 5 期。

② 美国警察教育是学者研究的热点问题，我们对相关的研究成果与资料中的观点进行了归纳。详细可参见公安部外事局编著：《美国警察体制概况》，群众出版社 2003 年版；王大伟主编：《欧美警察科学原理》，中国人民公安大学出版社 2007 年版；马亚雄主编：《世界警察导论》，中国人民公安大学出版社 2003 年版；朱启禄：《美国警察的培训与教育》，载《公安教育》1994 年第 3 期；汪勇：《美国的警察教育》，载《公安教育》1998 年第 5 期；李长群、赵琪：《对美国警察教育培训的考察与思考》，载《公安教育》1999 年第 5 期等。

一是美国警察教育训练制度的演变与发展。美国警察教育训练制度源远流长。18 世纪末建立了华盛顿公园警察训练中心，1861 年，又建立了财政部领导的特工局华盛顿训练中心。进入 20 世纪，美国的警察教育训练制度进一步发展，但并没有完全照搬英国的经验，而是在继承历史传统的条件下形成了自己的演变发展过程。这个时期，开始创办警察高等教育，建立了众多的警政学系和独立的警察院校。二次世界大战后，美国警察的教育训练有了更大的发展，形成了多渠道和具有广泛性、社会性的警察教育训练体制。突破了只有警察系统办学的单一模式。昔日始创于英国殖民地环境下的那种警察教育训练体系已经演变成一种全新的教育训练制度。

二是美国警察教育训练体制。美国警察的教育培训实行的是“分而自治”的独立体制，没有统一的部门主管全国警察的教育培训工作，而是联邦、各州、市和县警察局分别设置警察学院或培训中心。中国人民公安大学汪勇说：“美国是联邦制国家，其警察教育并无完整之体系，加之美国警察种类繁多且隶属不同机关，形成了各自训练的局面。”美国警察的教育训练是一种强制训练，采取的强制措施主要有两个方面：新警员必须先接受教育训练，否则不得任用；在职警察必须每年进行教育训练，否则不得继续任用或晋升。美国警察教育主要包括三个方面：基础教育、在职教育、大学教育。其中以基础教育、在职教育为主。基础教育对新进的警察施以任职必要的教育而言的，在职教育以全部在职警察为对象。在职教育分为一般教育和专业教育。

三是美国警察教育训练思想。美国的警察教育训练受实用主义思想影响较深。各类警察教育训练机构对自己的培养目标都十分明确。一方面，它们从实践出发，使理论教育围绕警务实践，并采取相应的实践教育手段以达到训练目的。另一方面，警察当局能够正视各训练机构对警察进行的各种层次的培训所存在的缺陷，并对此采取现实的态度。作为弥补措施，美国警察界把新学员在第一线教官指导下上街巡逻作为新警员最重要的训练，这种言传身教的习惯，体现了实用主义对美国警察教育训练思想的影响。包括我国在内的大多数国家，对警官的训练都没有达到美国这样的训练水准。我们认为，美国警察教育训练思想和我国公安院校招录培养体制改革专业的培训理念是一致的，公安院校招录培养体制改革专业实行的是“订单式培养”，在教学实施中应当始终贯彻“教、学、练、战”一体化的原则，理论教学紧紧围绕公安实战需要。

四是美国警察教育训练内容和训练方式。受实用主义思想的影响，美国警察教育训练的内容和方式很有特色。就训练内容而言，美国高等警察院校虽然侧重于理论教学，但所设课程除文史法律外，其他如警察制度与实践、执法管理、执法工作中的法律因素、警民关系等，实践性都很强。在警察学校和警察训练中心，教学内容的实践性更强。在教学方法上，存在两个方面的显著特点：第一个是注重实际技能的训练。高等警察学院虽然重视理论教学，但更强调教学走向社会、接触实际。这一点，在警察学校和警察训练中心尤为突出。它们普遍采取模拟教学，并以现代化的教学手段相配合。如武器使用中的射击训练，不仅设有室内外靶场，还有模拟街道、商场、银行、民房和包括罪犯在内的各种动态群体人像。在教学手段上采用电光声像，使学员有身临其境的感受。第二个是讨论式教学。这种讨论不仅仅是形式，它要求教员、学员共同研究警务工作中的实际问题。

五是美国警察教育师资特点。美国警察师资队伍起点高、选择严，实行专职、兼职、指导教师相结合的制度，对学生既注重理论知识的传授，又注重操作技能的训练，更注重实战综合能力的培养。为了保证师资队伍始终保持高水平状态，还作了若干具体的硬性规定。根据资料，师资选聘，一是要有学士、硕士以上学历，二是必须有五年以上的实际工作经验。① 根据我国国情和警察师资队伍状况，我们现在还不可能对师资队伍提出那样高的要求，也不能照抄照搬其模式，但确实有可借鉴之处。如加强兼职教官队伍建设，从一线公安机关聘请既有扎实理论功底又有丰富实战经验的民警担任教官，并规定最低授课时数，否则取消其教官资格。同时切实提高警察院校专职教师的素质，加强实践锻炼等，建立一支真正适应警察教育训练需要的、高素质的师资队伍。

第三节 日本警察法研究扫描

日本警察法对我国近代警察及制度产生的影响是直接而且重大的，所以，近代日本警察制度史成为我国学者介绍和研究的重点内容之一，其他内容在此基础上广为拓展介绍和研究。②

一、日本的警察体制

一般认为，日本的警察管理体制是中央集权与地方自治结合的模式。日本的警察组织分为国家警察机关和都道府县警察机关两部分，也有学者称为中央警察机关与地方警察机关。③ 都、道、府、县是日本中央政府之下的地方行政单位。作为国家警察机关，设置国家公安委员会及警察厅；作为都道府县警察机关，设

① 公安部外事局编著：《美国警察体制概况》，群众出版社 2003 年版，第 152 页。

② 日本警察制度研究会编写：《现代日本警察》，周壮等译，群众出版社 1990 年版，第 17 页。

③ 张绳祖：《日本的警察法与警察制度》，载《公安大学学报》1986 年第 3 期。

置都道府县公安委员会及都道府县警察机构。①

国家公安委员会是警察行政的中央管理机构。设置这一机构的目的在于，防止警察的官僚化和独断专行，避免警察受政党支配，保持警察在政治上的“中立”。其对警察厅的管理，意指决定警察厅的工作和建设的大政方针并监督警察厅的实施情况，不包括对各种具体警察工作或行动的指挥，而且这种“管理”只有通过警察厅长官方能进行。国家公安委员会受内阁总理大臣（首相）的监督，由1名委员长和5名委员组成。委员长由国务大臣担任，委员则由首相从社会各界选任。国家警察厅是警察系统的最高领导机构。其首脑称作警察长官，由国家公安委员会征得首相同意后任免。

都道府县公安委员会是地方警察的管理机构。其与都道府县知事的“所辖”关系及对都道府县警察的“管理”关系，与国家公安委员会与首相及警察厅的关系相似。所有由警察法和其他法律赋予都道府县警察的任务，均在其管理之下。另外，它还拥有任免地方主要警察官的同意权，特别是拥有对警视以下警官任免的决定权。都道府县警察的领导机关，在东京都称作警视厅，在道府县称作警察本部。都道府县又被分为许多警察署管辖区。警察署长接受本部长的指挥监督。警察署的派出机构，在城市称作派出所或交番，在乡村和渔村称作驻在所。城区内所谓的派出所一般只相当于中国城市的治安岗厅，较之其他任何执法部门，日本市民在日常生活中与社区警察的联系更为密切，并且由此获得很大的安全感。作为社区警察，其工作岗位就在社区，日常工作中为市民排忧解难，与市民融为一体，深得广大市民的信赖。可以说，日本社会稳定的治安局势很大程度上依赖于这套系统的保障。国家警察厅每年召开专题研讨会，探讨如何提高派出所的服务水平和质量，以适应日本社会国际化的发展需要。② 日本派出所高效的警务制度和融洽的警民关系闻名于世，新加坡等许多国家纷纷效仿。也值得我们学习和借鉴。

日本的都道府县在形式上属于自治警察，表现在作为地方行政委员会的都道府县公安委员会负责全面管理都道府县警察；都道府县警察所需经费，原则上由都道府县地方财政支付；都道府县警察中大部分成员属于地方公务员。但是，都道府县警察又在很大程度上具有国家警察性质，表现在警察厅长官在法定权限内有权指挥监督都道府县警察；都道府县警视正以上的警官属于国家公务员，由国家公安委员会任免（实际由警察厅掌握）；都道府县警察的特定经费（包括装备

① 对日本的警察体制从宏观到具体有详细的介绍，公安部外事局编著：《日本国警察及部分执法机构概况》，群众出版社2003年版。

② 关飞、田铁成：《日本的警察与警务概要》，载《中央政法管理干部学院学报》2001年第5期。

费、重要犯罪情报的收集费和侦查费、跨区罪犯的缉拿费等），由警察厅从国家预算中支付。

二、日本的录警和教育训练

日本国家警察厅与地方警察机关实行不同的录用制度和方法。申请加入国家警察厅者，必须通过日本国家人事局定期举办的国家公务员考试，然后再由国家警察厅的人事部门组织面试，从中选拔优秀分子进入国家警察厅。申请加入地方警察机关者，无论是高中毕业还是大学毕业，年龄都须在 28 岁以下，身高在 160 厘米以上，体重不得低于 48 千克，裸眼视力在 0.6 以上，没有生理缺陷，身体健康。没有犯罪前科、没有参加主张以暴力破坏日本宪法及政府的党派组织、不是受地方政府处分未满两年的地方公务员等。符合上述条件的申请者，才有资格参加“学科考试”，然后还要进行智商和心理测试。日本全国的主要城市实行统一的录用考试，然后按照考试成绩和考生志愿将其分配到各都道府县警察机关。录用新警察时，都要制作大量广告，宣传警察工作的光荣性和重要性，激励有志青年加入警察队伍。①

日本警察教育是单纯的职业教育，在体制上，实行中央集权制，无论是职前培训教育，还是职后的晋升培训教育，都十分强调全国统一。② 日本警察法有关条款规定，各级警察教育由国家警察厅统一负责，并制定统一的教学计划及实施细则，以便在内容和形式上保持一致，便于管理。日本的警察教育体系比较完备，除在首都东京设有全国警察的最高学府——日本警察大学外，全国 47 个都道府县均设有警察学校，相当于我国的省级警察培训学校。他们在教育过程中，特别重视人格教育和职业道德教育，强调理论联系实际。日本的警察教育不同于国民学历教育，重在职业素质的培养，这与美国的警察教育基本相同。在职业教育上，他们突出强调三个方面：一是把培养警察如何做人放在重中之重的位置，重在培养和提高警察的个人觉悟和个人修养；二是注意加强警察职业伦理道德培养，大力提高警察的职业道德水平；三是非常重视法律素质和警务技能培训。日本警察厅教育官员认为，警察的最高职责就是维护法律和人权，维护国家和社会公众的利益。警察应当比其他公务员具有更高的职业道德水平和人格修养要求。所以，日本警察教育把教育培训的重点，放在提高警察高尚人格和职业道德水准上。日本警察教育和警察管理体制中的很多东西，值得我们借鉴和学习。

---

① 马亚雄主编：《世界警察导论》，中国人民公安大学出版社 2003 年版，第 135 页。

② 王兴发、高春兴：《日本的警察教育和警察管理体制及启示》，载《山东公安专科学校学报》2003 年第 3 期。

三、日本警察的法制化管理

根据学者的研究资料，我们可以发现日本是非常重视警察管理的法制化的。第二次世界大战后，日本非常重视警察管理的法制化建设，先后颁布实施《国家公务员法》、《地方公务员法》、《警察法》、《警察法施行令》等法律、法规，对日本警察管理相关方面作出了明确的规定。①

在日本，警察职员一般是指从事警察工作的国家公务员和地方公务员。根据日本《警察法》，日本警察职员可以分为三种：警察厅职员，地方警务官，地方警察职员。警察厅职员的任用必须根据《国家公务员法》、《人事院规则》、《人事院指令》的规定，此外还要按照《关于警察厅职员任用的训令》来进行任用、晋升。日本警察职员在任用种类、任用标准、任用条件、任用程序上，与日本国家公务员的任用标准基本相同。根据规定，都道府县警察职员中警视正以上级别的警官称地方警务官，属于国家公务员。地方警务官的任用，国家公安委员会没有特别规定，应按照《国家公务员法》和《人事院规则》的规定执行。地方警察职员是除地方警务官之外的都道府县警察职员的统称，属于地方公务员，适用《地方公务员法》。②

用法律、法规明确规范警察管理，使得日本警察人事管理、警察教育、编制、经费、装备有法可依，有力地推动了警察各项工作的开展。当前，我国公安机关正在不断推进公安工作和公安队伍的正规化建设，日本警察管理法制化建设的经验和做法，非常值得我国公安机关学习和借鉴。新中国成立60年来，尤其改革开放以来，我国先后颁布实施了《人民警察法》、《中华人民共和国人民警察警衔条例》、《公安机关组织管理条例》、《公安机关人民警察录用办法》、《公安机关人民警察辞退办法》、《公安机关人民警察内务条令》、《公安机关人民警察训练条令》、《公安机关人民警察奖惩条令》等法律规章，用以规范公安人事管理的相关工作。可以说，我国公安机关在组织管理方面已经基本有法可依，但在公安机关组织管理现实工作中，受种种因素的影响，并没有真正地做到依法管理，一些法律、法规如《公安机关组织管理条例》出台之后，未能真正实施或者实施过程缓慢，这是导致长期以来公安队伍建设成效不稳定的根本原因之一。要从根本上解决这一问题，可以借鉴日本警察管理法制化的经验，严格依法管理，使我国公安机关人事管理、经费保障和装备建设走上法制化轨道。

---

① 李靖、彦玉英：《日本警察管理法制化建设的启示》，载《公安教育》2004年第3期。

② 穆津编译：《日本警察职员的任用》，载《公安研究》2000年第1期。

第四节　俄罗斯警察法研究扫描

一、俄罗斯警察的形象

早在20世纪80年代苏联解体之前，就有学者介绍苏联的莫斯科警察。学者对莫斯科警察的评价较高，认为莫斯科警察责任心强、亲切谦和、警容严整。莫斯科街面警力较多，市中心的大道上几乎每隔200米站立着一名警察，维持交通秩序和监督行人、车辆。即使在寒冬的深夜温度降至零下20摄氏度时，莫斯科街头的警察依然笔挺地在站岗。对违反交通规则的人，态度也很礼貌，显得很亲和。苏联警察的收入比一般工人还低。尽管这样，仍有很多年轻人向往从事警察工作，录用考试比较严格。招生简章中写着：凡30岁以下具有中学、中专教育水平，并完成了兵役义务的苏联青年均可报名考试。20世纪90年代，苏联解体以后，从学者的论述可以看出，当时的俄罗斯警察注重仪表、着装严整；勤勉守时，破案较快；有时处理问题脾气粗暴，爱动手。[①] 在俄罗斯经济萧条时期，警察滥用职权、敲诈勒索等现象也比较严重。当然，尽管存在这样那样的问题，但总体上俄罗斯警察还是恪尽职守，训练有素的，尤其是在俄罗斯人心目中享有较高的地位。

二、俄罗斯警察制度

对于现行俄罗斯警察制度，学者研究资料显示的主要内容是俄罗斯联邦警察体制、警衔制度、社会福利和保障制度、教育训练和税务警察制度。[②]

俄罗斯联邦警察分为刑事警察和治安警察。警察隶属于俄罗斯联邦内务部，而治安警察同时又是俄罗斯联邦执行权主体机关。俄罗斯联邦内务部部长领导俄罗斯联邦全体警察。内务部部长是俄罗斯联邦主体警察的领导，内务部管理局（总局）局长，其职务由俄罗斯联邦总统根据俄罗斯联邦内务部部长提名任命和罢免。刑事警察是俄罗斯联邦政府规定的改造消灭犯罪体系中的组成部门和成员。刑事警察的组成包括刑事侦查、刑事科学技术以及其他完成刑事任务的警察机关，同时也包括协助治安警察等所必需的其他业务单位。俄罗斯联邦治安警察机关的基本任务是保障公民人身及财产安全，保证公共安全，维护社会秩序，查明、制止和预防犯罪及行政违法行为，查处治安案件以及在其职权范围内追捕搜

---

① 唐复学：《俄罗斯警察印象》，载《人民公安》1994年第2期。

② 王淑合：《俄罗斯联邦警察体制及警察的社会保障》，载《福建公安高等专科学校学报》2002年第5期。

寻有关人员，并查明其所在地。治安警察机关应协助刑事警察机关履行其所担负的职责。治安警察的组成包括值勤警察、巡逻警察和岗警、国家汽车监察警察、单位住警、区段警察、临时拘留所及担负地方治安任务的警察。

俄罗斯刑事警察机关和治安警察机关都是侦查机关，其警察的警衔是一致的，共5等17级。警衔实行终身制，已授予警衔的警察终止任职时，应加上“退休”两个字。授予和剥夺警察警衔的程序由俄罗斯联邦法予以规定。

俄罗斯警察保障制度比较健全，刑事警察和治安警察都享有一系列社会福利和社会保障：第一，警察及其家属的健康保护及医疗救助。俄罗斯内务部各医疗机构给警察及其家属（配偶、18岁以下子女和由警察抚养的人）免费提供各种医疗救助。第二，警察的国家保险及牺牲或致残时的损害补偿。第三，警察的住房保障。第四，警察的住宅电话及其子女入托保障。第五，警察的免费乘车。警察在俄罗斯联邦领域内免费乘坐各种市内、郊区和地方的公共交通工具（出租车除外），以及农村地区的顺路车。第六，警察出差。警察出差、前往新工作地和往返休假地时，享有优先预订和租住旅馆房间，以及凭工作证、前往新工作地证明、出差和休假证明优先购买各种交通工具票证。第七，俄罗斯警察工作的法定时间为每周40小时，在法定时间之外加班的，应按劳动法的规定给予补偿。第八，警察的带薪假期。警察每年有30天的带薪假期，往返于休假地所需的时间另计。①

就俄罗斯警察教育而言，新中国成立后，我国的教育制度，包括公安教育制度和模式，从专业和课程设置，到教材和教学过程的安排，都是从苏联公安警察学校照搬过来的，直到20世纪60年代初中苏关系破裂，情况才有所改变，因此，中俄公安教育在历史上有相当多的共性。1991年苏联解体后，俄罗斯各级警察学校在中央内务部和地方政府的双重领导下，进行了警察教育的一些改革。俄罗斯警察教育有以下几个特点：十分重视师资队伍、教材及规章制度建设；在专业建设上以拳头专业建设为龙头，突出办学特色；注重课程设置和体系的优化；特别注重素质教育；学历教育和非学历教育并重。还有的学者指出，俄罗斯警察高等教育改革的思路是：将伦理道德教育正式纳入到警察高等教育中；以科研带动教学；用高等教育带动“警察行业”充分发挥高校自身的潜力；努力消除警察教育中理论与实践的断层；实行独特的招生机制。

---

① 毛志斌主编：《警察法》，河南人民出版社2005年版，第215页；王淑合：《俄罗斯联邦警察体制及警察的社会保障》，载《福建公安高等专科学校学报》2002年第5期。

第五节　法国警察法研究扫描

一、欧洲国家警察体制综述

欧洲各国现行的警察体制大体可分为三种类型。第一种类型是集权化警察体制，即所谓大陆模式或法国模式。欧洲大多数国家的警察体制属于这一类型，以法国、意大利等最为典型。第二种类型是分权化警察体制，以瑞士、荷兰等为代表。第三种类型是中央集权与地方自治相结合的体制。这一类型以英国、德国等为代表，其特点是中央与地方实行双重领导，经费由中央和地方共同承担。如果以区域作为标准来划分，欧洲国家的警察体制模式可以分成东欧、西欧、南欧、北欧和中欧五种模式。西欧模式是欧洲最典型的一种警察体制模式，其中又以法国、意大利、西班牙和比利时为代表，其特点是警察高度集中和准军事化。①

欧洲各国的警察体制及警务模式各具特色，即使属同一类型国家的情况也不尽相同。② 就国家警察机构的设置而言，欧洲国家的警察机构普遍设在内政部或者内务部，但内政部或者内务部本身都不是警察机构，它们的管辖范围要比警察的职能宽泛得多。同时由于各国的国情不同，警察部门的内设机构也不尽相同，管辖与职权范围也都有差别。一般来说，欧洲国家警察机关的内设机构主要分为行动部门、行政后勤部门、教育培训及科研部门三大块；在建制上又分成中央、地方和基层三级，警力主要部署在地方尤其是基层单位。有些国家把首都的警察机关划归中央内政部或内务部直接领导，列入中央警察机关序列，并由中央财政负担其经费开支。英国首都伦敦警察厅和法国首都巴黎警察总局便是如此。另外，秘密警察、特别警察、监狱看守以及警察机关的文职人员（含教育培训人员、科研技术人员和工勤人员等）一般都不统计在警察总数之内，有的国家的户籍人员、消防人员、边防人员也不列入警察编制。在警力配置方面，大约平均每 500 人口配备一名警察；配置比例城市高于农村，大城市高于小城市，边境地区高于普通农村。此外，还有众多的私人保安公司，它们在业务上受警察部门的指导和监督，在人数上往往超过正式警察。

欧洲警务工作的发展趋势是：一是注重法制建设。二是允许甚至鼓励多样化发展。欧洲许多国家的警察工作不仅在管理形式上，而且在实质内容上呈现出多样性的发展趋势。在英国国内，就有警务工作的集权化（新通过的法律赋予内

---

① 英文：《欧洲国家警察体制综述》，载《公安研究》2002 年第 3 期。

② 欧洲主要国家警察体制概况可参见公安部外事局、公安部人事训练局、公安部科学技术信息研究所编著：《欧洲主要国家警察概况》，群众出版社 2003 年版。

政大臣更大的权力，如任命地方警察局长)、分权化（如地方警政委员会作用的加强)、私营化（如将部分警察的附带职能委托或转让给私人保安公司履行）和“欧洲化”（作为欧洲警察组织成员国的责任和义务等）“四化”并举的趋势。其他一些国家也有类似的情况。三是重视现代化建设。这不仅表现在警察装备及科学技术手段上，更表现在队伍建设、思想观念更新、人员教育培训和警务问题研究等方面。例如，许多欧洲国家不仅在内政部（或内务部）及警察机关内部分别设有专门研究警务工作的机构，而且社会上也有很多专门研究警务工作的独立机构或者分支机构。四是加强国际及区域合作。五是注重警民关系。通过社区警务建立与社区机构和居民的沟通联系机制，树立良好的警察形象，鼓励群众积极参与预防犯罪的各种计划及活动。六是小机关、大队伍。欧洲许多国家的警察机构都很注意精简机关、充实一线执法人员队伍，把主要警力及其大部分工作时间用在街上，而不是在机关办公室里。① 这些思路和观点可供我国的警察体制改革及警务工作实践学习借鉴。

二、法国的警察体制

法国警察实行中央集权式的管理体制，警察管理体系职责清楚，警种分工明确，通过制度与法律强化协同，以形成打击犯罪的合力。法国的国家警察和宪兵是两个独立的分别垂直领导的系统，各自有明确的分工，通过制度规范其协同行动。中央设国家警察总局，隶属于内政部，日常的管理工作则由国家警察总局局长负责，在国家警察总局下设直属单位和业务局以及巴黎警察局。国家警察实行垂直领导，中央局根据不同业务要求在全国分设数量不同的分支机构，直属中央管理指挥；另一支国家治安力量国家宪兵，隶属于国防部。国家警察负责两万人口以上的城镇的治安，而国家宪兵负责所有农村地区、公路以及两万人口以下的城镇的治安。法国警察管理体制的发展趋势是鼓励和支持城市市政当局发展和增加自己的市政警察作为一种辅助力量，市政警察归地方城市的市政府领导，协助国家警察做一些维护治安的工作，没有刑事司法权。法国警察系统在加强对国家警察的垂直领导的同时，要求部门及分支机构认真听取和尊重地方政府对警察工作的意见。②

法国警察系统分为三部分，即国家警察、国家宪兵和司法警察。③ 其中，司法警察的主要任务是破获重大案件。司法警察还负责受理群众的各种投诉和举报，对案件进行调查。国家警察和国家宪兵承担维护法律、社会秩序和预防犯

---

① 英文：《欧洲国家警察体制综述》，载《公安研究》2002 年第 3 期。

② 程小白：《法国警察管理概述》，载《江西公安专科学校学报》2002 年第 5 期。

③ 华尔：《法国警察办理刑事案件的方法与程序》，载《人民公安》1998 年第 3 期。

罪、维护交通等任务。但登记犯罪、搜寻罪犯及罪证则是由国家警察和国家宪兵中的刑事调查单位及司法警察来完成的。法国的检察官对刑事侦查活动具有绝对的支配权。警察或其他人发现的犯罪，都必须向该区的检察官报告。

三、法国警察的招募与教育培训制度

法国警察的招募工作由国家警察总局行政管理局秘书处统一组织和实施。学者认为法国警察招募的突出特点是其分层次招募的开放性与竞争性。具体体现在：法国国家警察的衔级分为警监（共三级）、警官（共三级）、警员（共五级）。他们在警衔的三个衔级层次上都对外公开招募，而且都是通过考试竞争的方式进行选拔。法国采用的这种在三个层次上的开放性与竞争性的招募制度是为了避免警察职业经历的单一性，即避免担任警察指挥官的人员只有从事警察职业的一种经历，使警察相互之间的知识结构与经验具有互补性，同时，这种开放的招募制度也有利于吸纳社会的优秀分子充实警察的领导队伍，对于提高警察队伍的素质，保持其活力具有重要作用。① 还有学者认为，法国警察的招募观念独特，与英美截然不同。英国人和美国人认为，从事警察职业的最佳途径是从着装警察担任巡逻工作开始。他们认为只有首先从事巡逻、盘查等工作，获取“马路经验”，警察才能得到最有效的训练和锻炼。因此，英国和美国都是通过着装警察这一警种，从最低级别招收警察，然后通过内部逐级提拔晋升警官。法国人认为遵循这一途径并不合理。他们认为具有不同学历和能力的人以同样的级别和薪水加入警察组织，是不现实的。因此，法国警察招募是在警衔的三个不同层次上都同时对外公开招募，而且都是通过考试竞争的方式进行选拔，完全是开放式和竞争式的，从而保证了大批高素质的人才进入警察队伍。

法国十分重视警察的教育和培训。法国警员训练指导中心（DFPP）组织来自各部门的不同级别在职警官参加会议，汇报他们的初步研究成果，收集警官们关于招募与训练方面的看法和建议。警员训练指导中心把研究成果转化为十二项综合的训练目标，国家警察当局采纳并作出相应变化，以使每个警官能够在其工作中感到负有更多的责任，并因此产生更高的工作效率。② 法国内政部高度重视警察的培训工作，把培训作为提高队伍整体素质的治本之策，其培训经费在国家警察总局的预算中占第三位。③

---

① 熊一新：《论法国警察教育培训体制的特点（上）》，载《公安教育》2002 年第 10 期。

② ［英］萨普特·R. 克劳肖：《法国国家警察的十二项发展目标》，辛原编译，载《公安大学学报》1987 年第 3 期。

③ 程小白：《法国警察管理概述》，载《江西公安专科学校学报》2002 年第 5 期。

法国的警察教育被学者归纳为具有如下特点：① 一是完整的教育培训体系。法国警察教育培训体系是世界上建立最早、最完整的体系。二是贴近实战的课程设置与教学方式。法国警察院校的教学内容、课程设置和教学重点都立足于学员从事未来警务工作和担负的责任所需要的各种品质和能力的培养，并根据警务工作的需要而不断调整变化。法国警察院校最具特色的教学环节，充分体现在它的实习制度上，实习时间之长，实习范围之广泛，实习内容之丰富，实习方法之灵活自主，实习设计之周密，为其他高等学校所鲜见。实习为国家警察学院的学员深入警务工作实际，具体观察和了解社会治安问题，深刻认识法国警察制度及其运行机制提供了条件。三是开放动态的教师队伍。法国警察院校十分重视师资队伍建设，建立了具有较高水平的开放动态的教师队伍。法国警察院校的师资一般由三部分教师组成：（1）专任教师，即从治安、刑侦等业务部门选拔实践经验丰富、具有较高学历和理论水平的警官和警务专家到学校任专职业务教师，在学校任教5年后，再回到实战部门工作。（2）兼职教师，即聘请实战部门的在职警官以及法官、检察官、共和国专员、预审法官、宪兵官员、行政官员、法医学家等授课。（3）聘任教师，即聘请其他大学的教师，讲授犯罪学、社会学、管理学、心理学等公共课程。

法国警察的培训体制与培训管理工作有许多值得我们借鉴之处。我国的很多公安院校正在进行招录培养体制改革，如何根据改制生特点定位教学内容、课程设置和教学重点，使学员在从事未来警务工作时很快进入角色，提高警察培训的质量等问题都值得我们深思。

此外，法国警察的治安防控机制值得关注。受中央集权式管理体制的制约和支配，法国的警察治安防控机制表现出其自身的特色。在社区警务工作中，注重把主要警力用于社区，注重整治治安环境，预防犯罪，注重一警多能，发挥警察的主观能动性，注重警种之间的协同和社会联动；在大型活动的安全保卫工作中，强调提前采取措施，制订预案，明确责任划分，严密组织指挥体系，突出重点区域的防范和国际警务合作；在处置群体性事件中，贯彻跨地区出警和坚持“保持距离、互不接触”的处置理念，并给治安部队配备精良的装备，追求警察的零伤亡。②

---

① 熊一新：《论法国警察教育培训体制的特点》，载《公安教育》2002年第10期。

② 程小白、尹云：《法国警察的治安防控机制概述》，载《江西公安专科学校学报》2003年第3期。

第六节 德国警察制度研究扫描

一、德国的警察体制

一般认为，德国是实行自治型警察体制的代表国家之一，即“中央与地方分权的警察体制，有关警察制度的立法权及这些法令的执行权，分别由中央政权和地方政权机关掌握；全国没有统一的警察组织，各级政府或各政府部门各有自己的警察组织，各警察组织之间没有或仅有部分指挥监督关系”。学者认为：由于受德国政治体制和历史传统的影响，德国警察系统主要呈现为二元化的特征，即德国的警察系统主要由两部分组成：一部分是联邦警察机构，受联邦内务（政）部领导；另一部分是州警察机构，受州内务（政）部领导。当然，还有不属于联邦和州内政部系统管辖的法警、看守警、执行部分警察任务的海关官员、宪兵和铁路、邮电、税务等缉私缉税官员等。①

二、德国警察教育制度

德国警察教育有以下特点：一是既重视理论教育又重视实践教育。德国警察院校的一般做法都是安排学员到实战部门实习，在教学内容上，德国警校不仅要求学员学习那些基本的理论、概念，而且还从实战需要出发，开展案例教学，讲授大量与现实斗争有关的活的内容。德国警察教育培训理念和模式正在由以学科为导向向以实用为导向（亦可理解为能力导向）转变。② 在职集中教育训练也紧贴实战，讲求实用性，同时高度重视警察社会能力（即与公众打交道、为公众服务能力）的培养。二是注重警校教员同现职警官之间的互相交流。为了更好地提高院校的教学水平，更好地反映现实社会的信息，各警校除了拥有一定数量的专职教员外，还从各地警察部门选择既有实践经验又有教学能力的警官到学校担任专业教师，同时各警校也外派教员到警察部门任职锻炼，以取得实践经验。三是实行教育与晋升相结合的制度。在德国，每个警察都必须是警察学校毕业，受过专门的训练。从警后还必须定期到警察学校接受训练。而且，一个警官要想得到晋升，必须经过相应警察院校的训练。

① 常峰涛：《德国警察制度简述》，载《广西公安管理干部学院学报》2004 年第 2 期。

② 陈晓林：《德国警察教育训练考察》，载《公安研究》2008 年第 3 期。

第七节　我国港澳台地区警察法研究扫描

内地学者对我国港澳台地区的警察法研究正处于发展时期，研究成果也是值得内地警察法学习和借鉴的主要对象之一。[①]

一、香港特别行政区警察法研究

（一）香港特别行政区警察的组织机构及管理体制

香港回归时，警务处设五个部门，即行动处、政治部、人事及训练处、监管处、文职及政务处。[②] 进入21世纪，香港警务处设五个部门，即行动处，刑事及保安处，人事及训练处，监管处，财务、政务及策划处。[③] 由此可见，回归之后，香港警务处的组织机构进行了改革与调整。学者认为，香港警察管理体制的基本特点是它的直接指挥性。[④]

（二）香港警察的基本职责和权限

警察的主要职能是：防止和侦查罪案，维护治安，指挥交通，堵截非法入境者。对刑事案件处理方面的主要职责是：采取合法措施以防止刑事罪及犯法行为的发生；侦查刑事罪及犯法行为；拘捕一切可合法拘捕而又有足够理由予以拘捕的人；执行法院发出的传票、传召出庭令、手令、拘押令及其他法律程序文件；在刑事法庭出庭，并于有特别命令时在民事法庭出庭，以及维持法庭秩序、执行法律赋予警务人员的其他职责。

与内地公安机关职责不同的是，香港警察不承担消防、出入境管理及看守所工作，这些工作分别由消防处、入境事务处及惩教署等独立的纪律部队负责。

（三）香港警察的人事管理制度

从总体上看，香港警察人事管理制度有如下特点：（1）既与公务员制度相衔接，又体现出警察机关不同于一般行政机关、警察人员不同于普通公务员的特点。例如，在录用制度中，报考警员有身高与婚否的条件限制，而普通公务员则

---

① 毛志斌：《建设民主警察体制：我们向法制国家学习什么》，载《中国人民公安大学学报》2003年第4期；《公安高等教育发展中的几大矛盾》，载《公安教育》2004年第1期。

② 赵炜、马亚雄：《从香港警察的职务序列和机构设置看香港警队管理的基本特点》，载《公安大学学报》1997年第1期。

③ 温贵钦：《香港考察制度观感》，载《贵州警官职业学院学报》2003年第2期。

④ 赵炜、马亚雄：《从香港警察的职务序列和机构设置看香港警队管理的基本特点》，载《公安大学学报》1997年第1期。

没有；在奖惩制度中，有不同于普通公务员奖励条件而为警察人员专设的各种奖章、勋章，有专为警察人员制定的行为守则与纪律标准以及处分办法；在工资、津贴与福利制度中，警察人员的工资高于政府所有部门的公务员而且定期进行调整，警察人员享有各种普通公务员所没有的专业津贴；在退休制度中，警察人员可以提前退休并享受优于普通公务员的退休待遇。（2）法制化与正规化。除了贯彻、执行《香港公务员条例》、《香港警队条例》等法律所确定的基本原则与基本规定外，警察人事管理中的各项具体制度，也都是根据相应的规则、办法等规范性规定建立起来的。（3）体系完备。由编制管理、职位分类、录用、培训、考核、警阶与晋升、奖惩、解雇与辞职、工资津贴福利、退休以及监察等一系列具体制度构成的香港警察人事管理制度，形成了一整套比较完备的制度体系。

从加强城市公安机关建设的角度看，香港警队注重实战、突出效率、以人为本的组织及人事管理理念和经验，以及充分利用和规范管理社会人力资源来服务于警务工作的方法和制度等，都值得我们学习和借鉴。在香港，警察属于特殊公务员系列。警队人事管理工作除了具有一般公务员管理的特征之外，还具有纪律部队的性质。香港警队的人力资源主要由三部分组成，即纪律人员、文职人员和辅助警察。人事管理实行分类定编、分类管理。其中，纪律人员是警队的基本力量；文职人员是香港政府委派到警队工作的，由公务员司负责调配和轮换；辅警自成体系。纪律人员专指从警员到警务处长的各种职级的警察。他们分为军装和便装（刑事部）两类，其薪金标准在政府其他纪律部队和公务员序列中是最高的。纪律人员的岗位职级和警衔相对应，共分4级15等。纪律人员的招募、晋升、调任、奖惩和辞退等都有严格的规定和程序，由香港警务处人事部统一负责，不实行分级管理。

香港警察的录用制度在回归前后有一些变化。当前，香港警队秉持的招募宗旨是：招聘最优秀的人才加入警队服务社会。警察招考划分为两大体系，即督察的招募和警员的招募。警察招募的基本入职条件是：必须是在香港居留7年以上的香港永久性居民；须通过体能测试和视力测验以及符合体重、身高方面的最低要求；警员须中学会考三科（包括英文科）及格以上，督察须大学预科及格以上。投考督察的基本招募程序包括形体检测、初步面试、延续面试、最后面试、体检、人事审查（调查内容包括本人及家人的刑事记录、家庭背景、在校成绩及品格、工作表现及品格等）、最后评审（包括建议委任、市核建议、通过委任等程序）。获警察招募课高级警司委任后，即进入警察训练学校，参加为期9个月的督察入职培训，毕业后成为见习督察。投考警员的基本招募程序大致相同，不同点在于测试的内容相对较少、测试人员的职级相对较低、测试环节和关卡等相对从简，对警员综合素质的要求比督察略低一些。获委任后，也要进入警察训练学校参加为期7个月的学警培训。

（四）香港的警察教育训练

一是香港警察教育的宗旨：为警务人员提供优质培训，培养干练警务人才，提升警务工作效率。所以，香港警察教育的核心就是立足实战需要，围绕打造高质量培训课程开展各项工作。

二是香港警察教育模式。香港警察教育训练模式主要走职业训练之路，其特色体现在教育培训的针对性、训练内容的实战性、教学管理的规范性、教学形式的多样性、教育理念的人本性、招生制度的科学性等诸多方面。首先，所有新招收的警员都要受训。受训内容主要是法律常识、法庭程序、交通法规、体能训练、救护、步操、社会学（警民关系）和枪械使用等。女学警还要学习妇孺法规及如何访问女童。毕业后，绝大部分派往各警署任着装巡逻警员。从外来报考者中招收的见习督察，也要在该校受训，除上述一般的法律、社会知识和警务技能及体能外，还要接受作为一线指挥官的指挥训练。此外，警司以上均派往外国深造。香港的警察教育主要是警察培训教育。但是，他们也不是没有警察学历教育。从20世纪70年代开始，借助于地方大学的办学资源，香港警方设立有鼓励优秀警员和高级警员深造学习的“奖学金计划”，每年有计划地选派一批督察级以上的优秀学员到香港大学、香港中文大学等地方高等院校学习，修读全日制学士学位课程。

三是香港警察教育内容。在香港，警察教育的内容设置非常重视实用性和高质量。警察训练学校对初级警员的训练时间为27周，大部分时间进行的是射击、擒拿、一招制敌等单兵科目，课堂教学时间很少，机动部队学校对骨干警员的36周训练也主要侧重于围追、堵截、缉毒、打黑等战术训练，课堂教学占的比例也很小。近年来，为了对骨干力量和领导进行高水准训练，香港警方推行了海外训练计划。从警长到总警司，只要认为某警员具有发展潜质，他都有可能被送往海外接受训练。

四是香港警校学员就业方式。因为入校即入警，警察院校进行的都是培训教育，所以，学员学习结束，直接进入警察机关工作，不存在就业难的问题。

五是香港警察教育保障。香港警察的教育经费非常充足，训练场馆、设备器材、单警装备都是世界一流的，而且注重实用。香港警察训练学校投资近2亿港元的战训大楼极为先进。港府对警察教育的经费投入政策是很宽大的。内地很多到港交流的同行回来后的感觉是“要多少，给多少”。有一个小问题可以说明大问题：与内地做法普遍不同的是，即使对新入警人员的培训也是不收学费和食宿费的，不但不缴费，每个学员每月还能发给1万港币作为零花钱。充足的经费为警察教育提供了充足的保障。

六是香港警察教育机构的地位。香港警务处有一名副处长专门负责警察教育训练事宜。警察学院院长和训练部主管为总警司，训练发展科负责人为高级警司。教官大都来自于实战部门，具有丰富的实战经验，并在某一领域具有专业特长。教官实行定期轮换制。所有警察以到警察院校教学为荣，也非常珍惜到警察学院学习的机会，因为这与他们的职务、衔级晋升密切相关。所以，警察院校以其完善的运行机制和高质量的培训在警察机关和全体警员中占有重要地位。①

从学者对香港警察教育概况的论述，可以看出香港警察教育训练有如下特点：(1) 警察训练制度化、规范化。(2) 训练理念以人为本，终身学习。香港警队提倡树立“终身学习、充实自己、与时并进”的理念，着力打造一支学习型、知识型警队；(3) 训练内容注重实用，训练教材简明扼要；(4) 训练方式灵活多样，寓教于乐。香港警察的训练，大多采取小课堂、互动式、启发式教学，单纯的理论灌输不多，注意调动学员的积极性和参与意识，激发想象力和创造力。(5) 实行教官定期轮换制，把实战经验融入训练。

香港的警察教育训练有许多值得内地公安院校借鉴的地方，特别是在用人制度与训练理念、训练体制与考核制度、训练设施与科技开发等方面给了我们许多启迪。为此，内地公安院校应转变训练理念、突出实战要求，强化管理机制、改革培训体制，加大训练设施建设、建立配套保障体系，以提高警察训练的实效性。

(五) 香港的文职警察及辅助警察制度

香港特别行政区警察机关中的文职人员和辅助警察是香港警察的一大特色。香港对警察实行高薪制。为了少花钱、多雇人，他们把一些没有危险的机关内勤、技术及后勤工作岗位从纪律人员编制中剥离出来，实行文职制，享受一般公务员的待遇，进行专门化管理。因此，香港警察有“着装警察”（警队纪律人员）与“文职警察”之分。“文职警察”即在警队工作的普通公务员，他们未经宣誓、没有警察的执法权力和身份，也不受警队纪律的约束。②

辅警制度是香港警察制度的一大亮点，辅警是正规警队的重要支援力量。为了对辅警队伍实施管理，香港特别行政区制定有《香港辅助警察队条例》、《香港辅助警察队薪酬及津贴条例》、《香港警察通例》等法律、法规。辅助警察属于志愿及兼职性职位，其招募条件和程序与正式警察基本相同。但要求必须是另有固定职业者，利用业余时间到辅警队服务。辅助警察被招募后，由警务处发给聘书，不属于政府公务员。但实际上，辅助警察中大约40%的成员是来自于香港政府其他部门的公务员，其余的则是私人公司的职工，如门卫、人、职员、经

---

① 关于香港警察教育特点的论述，参见毛志斌、师维、孙振雷：《两岸四地警察教育的比较研究》，载公安机关内部刊物《当代警学》。

② 李健和、秦立强：《香港警察的组织、人事管理及启示》，载《中国人民公安大学学报》2005年第1期。

理等。警方审查并初步决定录用后，对其进行训练，训练合格并经过考试，才能成为一名辅警。辅警有着与正规警察相似而又相对独立的组织机构。辅警的首脑机关为辅警总部，隶属于香港警察总部行动处支援部。香港辅助警察与纪律人员一样评授警衔，着统一制服，但肩章上多一个“A”字，以与正式警察区别。警衔职级序列与正规警察相同，但最高设到高级助理处长为止，共分4级11等，并且每一职级前须冠以“辅警”。辅助警察的主要任务是执行法纪、维护治安，日常职责主要包括守卫及监视、防止罪案、管制各分区的交通及执行交通规例、人群控制、警署及报案室工作、通讯、社区关系等一般的内部行政及文职工作，但不参与侦缉调查和边境防卫工作，也不去看管武器库。从总体上看，辅警在工作时可履行法律赋予正规警察的职责并行使其权力，但“基于一些原则及实际因素，在委派辅助警察队成员执行每日的警察职务时，需要把一些限制条件考虑在内”。例如，少于两年警务工作经验的辅警只能在一名正规警察或经验丰富的辅警带领下执行巡逻工作；辅警不参与侦查、水警及边境巡逻工作。在工作中，辅警人员须服从同等或比自己职级高的正规警察的所有口头或书面合法命令；正规警察人员须服从比自己职级高的辅警人员的所有口头或书面合法命令。

（六）香港警察的执法监督制度

视违纪为犯罪，视警令如军法，视公务为神圣，是香港警察依法治警的重要特征。为了保障警察严格公正执法、维护良好的执法形象，香港特别行政区建立了完善的警察执法监督制度。香港警察执法监督制度的概况如下：一是香港警察执法监督制度的立法概况，从内部监督、内外结合监督和外部监督等多方面入手，形成了全方位的对警务人员违纪违法行为进行防范与惩处的监督机制。二是香港警察执法监督的主要方式有：内部监督、内外结合监督及外部监督。三是香港警察执法监督的主要机构包括：投诉和内部调查科；投诉警方独立监察委员会；廉政专员公署。

伴随着警察制度的历史发展，内地和香港均建立了各具特色的警察执法监督机制。比较而言，香港警察执法监督机构职责分工明确，各负其责，在履行职责方面环环相扣，实践中较少出现相互推诿或无人监管的情况，并且各机构履行职责不遗余力，严格执法，多年来执法监督成效显著，使香港警察在国际上享有纪律严明、廉洁奉公的良好声誉。而由大众传媒以及警方自身向市民作出的服务水平满意程度调查结果均表明，大多数市民对香港警察的表现是满意的。目前，为加强执法监督，我国内地业已建立了行政复议制度、行政诉讼制度、警务公开制度、警务督察制度、人民警察执法过错责任追究制度等一系列内外部监督制度，并取得了一定的成效。但由于监督机构过于分散，职责不明晰，监督渠道不畅，以及监督过程随意性较大，容易受到外界干扰等多方面因素的影响，整体监督效果不尽如人意，社会对人民警察的整体评价较低，警民关系不尽和谐。

当前，我国公安机关正在开展执法规范化建设及和谐警民关系建设，树立良好的人民警察形象和创建健康的社会执法环境已迫在眉睫。香港警察执法监督机制有益的经验和做法，对完善内地的人民警察执法监督机制具有良好的借鉴作用。我们应进一步加强警察执法监督的制度化和规范化，通过立法规范内外部监督的形式、程序、方法、手段；理顺和拓宽公民对警察执法活动的监督渠道，建立起一整套有关公民申诉控告监督的具体运作机制，完善投诉警察制度，使执法监督具有可操作性和法律保障。对警察的监察应分工负责、全方位展开。香港警察监察机制的建设历程及经验表明，仅靠某一种方式的监督有很大局限性。我国公安机关应进一步研究论证监督机构的科学设置和职能分工，使各种监督方式能自成一体，又相辅相成、环环相扣、密不可分。

二、澳门特别行政区警察法

（一）澳门的警察体制

澳门的警察体制有两大系统：一是行政治安警察系统，负责澳门社会治安管理，由保安政务司统辖；二是刑事警察系统，由司法政务司统辖，负责同刑事犯罪作斗争。①

澳门治安行政警察系统的最高指挥机关保安政务司下辖五个部门：治安警察厅、水警稽查队、消防队、保安部队事务司、保安部队高等学校和综合训练中心。这些部门分别各由一名警察总督领导。以澳门保安部队高等学校为例，澳门保安部队高等学校是专门为保安部队人员本地化进行培训而设立的。学校的主要任务是培训水警稽查队、治安警察厅、消防队的警官。澳门保安部队高等学校可称为澳门地区警察的高等学府。学校承担新警察的基础训练、警察的进修与晋升和警官课程，同时还承担本地区有关治安的研究和规划。在保安部队晋升高级警官，必须获得澳门保安部队高等学校的学历和学位。②

澳门警察的另一系统是由澳门司法政务司统辖的刑事警察。澳门刑事警察在澳门称为司法警察，是澳门负责同犯罪，特别是重大刑事犯罪斗争的警察。澳门司法警察由澳门司法政务司管辖，司法政务司同保安政务司是同级机构。澳门刑事警察的职责是侦缉严重罪案，包括对有组织犯罪、毒品犯罪、伪造犯罪等严重罪案的侦破。

（二）澳门的警察教育

一是警察教育模式。与警察队伍分类管理的模式相对应，澳门警察教育也实

① 雷明霞：《澳门警察》，载《吉林公安高等专科学校学报》2000 年第 2 期。

② 辛民、马黎：《澳门警察的高等学府——保安部队高等学校》，载《公安教育》2001 年第 10 期。

行分类教育模式。行政警察序列实行培训教育和学历教育相结合的教育模式；司法警察序列的警察教育实行单一培训教育，没有学历教育。二是警察教育内容。澳门警察教育的内容设置比较注重课程的系统性，同时也注重实用性。三是学员就业方式。与我国台湾地区相似，警察学历教育的毕业生按照专业不同，全部进入水警稽查队、治安警察厅或消防队担任警官。四是警察教育保障。在警察经费中，警察教育经费占有很大比例，能够满足教育所需。学员在校免费享受住宿、膳食、制服、学习必需品和津贴待遇。五是警察教育机构的地位。澳门警察教育机构在整个警察机构序列中占有极其重要的地位。校长一般为警察总监级高级警官。专业教官主要来自于实践部门的优秀警员。学校的工作环境比较宽松自由，自己的专业知识能得到价值体现，大家都愿意到学校任教。所有保安部队高级警官的晋升必须经过该校为期半年的培训和严格考核。招生报考录取比几乎达到20∶1。①

三、台湾地区警察法研究

（一）台湾地区的警察法律制度

台湾学者认为，警察法是为维持社会秩序、保护公共利益，依据国家治权的作用，对人民设定一般行为准则，并指示警察机关职权范围的国家意思表示。同大陆一样，台湾对警察法也有两种解释：狭义的警察法专指以“警察法”为名称的警察法典，在台湾专指1953年制定、1986年修正的“警察法”；广义的警察法泛指警察机关和警察人员所依据的一切警察法规。台湾警察法，是一个以“警察法”为“母法”或基本制度，由警察组织法、警察职权（作用）法、警察救济法三类法律规范为“子法”或具体制度形成的警察法律规范体系。②

（二）台湾地区的警察教育

台湾的警察教育分初级教育和高级教育两部分。初级教育由台湾警察专科学校负责完成；高级教育由台湾警官学校（“中央警察大学”）完成。③ 从台湾“中央警察大学”的历史沿革和现状可以看出，台湾的警察教育是学历教育和培训教育并重的，但是学历教育一直占主导地位。这一点与我国内地和澳门地区的传统警察教育模式具有很多的相通之处。台湾地区警察院校课程设置非常注重系统性、专业性和规范化。在具体课程安排上，不但囊括了警察业务所需的所有课

---

① 关于澳门警察教育特点的论述节选自毛志斌、师维、孙振雷：《两岸四地警察教育的比较研究》，载公安机关内部刊物《当代警学》。

② 有关台湾地区警察法律制度的研究资料非常有限，参见米建中、杨桦：《台湾警察法律制度概述》，载《河南公安学刊》，1991年创刊号。

③ 马藜：《台湾的警察教育》，载《公安教育》1996年第1期。

程内容，注重打造学生的警察“通才”素质，而且按照课程难易程度科学安排了学年进度，并兼顾到不同法系专业内容的统筹。这样的教学内容安排，充分体现出专业教育、通识教育及人格教育三方面兼容并蓄与均衡发展的办学方针。遵照“按需招生，计划分配”的原则，警察院校并不招收非警察专业类学员，在招生规模上也根据实际需要确定。学生毕业时要根据专业的不同，分别参加警察特考、海训特考或司法人员考试中的监狱官特考，及格后分配至相应的警察机关工作。报考警察院校是台湾年轻人个人发展的热门选择。学员在校求学期间享受公费待遇，学费全免，食宿、服装、教材等由学校全供，另外，学员还领取津贴，可以申请各种形式的奖学金。台湾警察教育机构的历任校长均由具丰富的警察实践阅历和较高学术水平的优秀高级警官担任。教学人员中大部分为专任教师，而且90%以上具有博士、硕士学位，一半左右具有日本、美国等海外留学背景，少部分为兼职教师，来自于实战部门、地方院校和退休教授。强大的师资阵容和毕业校友关系网保证了警察院校行业学术权威的地位。①

① 关于台湾警察教育特点的论述，参见毛志斌、师维、孙振雷：《两岸四地警察教育的比较研究》，载公安机关内部刊物《当代警学》。

致 谢

感谢河南警察学院院长毛志斌教授。作为较早的警察法学学者、河南警察学院警察法研究中心的创建人，他为中国警察法学研究的奠基与开拓，作出了艰苦工作和巨大贡献。

感谢河南警察学院警察法研究中心的同人，他们是孙振雷、张超、张小涛、孙卫华、贾建平、王瑛、王敏、申敏、刘琳璘、党敏、申铮铮等老师。他们用了三个月的时间，分别以“警察”和“公安”为标题、主题和关键词，在中国知网进行检索，建立了富有 10 万篇文章的警察法学研究数据库，并为本书的成稿做出了大量艰苦的工作。本书可以说是河南警察学院警察法研究中心集体智慧的结晶。

感谢中国人民大学宪法与行政法治研究中心许崇德教授，我有幸在他的指导下从事了“宪政进程中的警政建设”专题研究工作。感谢中国人民大学警察法治研究所，他们给了我很多启发和鼓励。感谢中国人民大学图书馆，该馆的旧馆为我提供了大量民国时期的警察学文献，受益匪浅。

感谢国家反恐办的同事，他们给我提供了法学实践的机会，并给予我太多的鼓励。

感谢武汉大学刑事法研究中心莫洪宪教授，作为我的导师，她的教诲时刻萦绕耳边，不敢忘记。

感谢我的妻子万红老师，我的女儿师若文同学，她们一直在默默地支持着我、支撑着我。

感谢所有帮助、支持我的人。

师维

2012 年 8 月 13 日于大连